재무제표가
만만해지는
회계책

재무제표가 만만해지는 회계책

초판 발행 2021년 6월 21일
3쇄 발행 2024년 8월 1일

지은이 남승록
펴낸이 유해룡
펴낸곳 (주)스마트북스
출판등록 2010년 3월 5일 | 제2021-000149호
주소 서울시 영등포구 영등포로 5길 19, 동아프라임밸리 1007호
편집전화 02)337-7800 | **영업전화** 02)337-7810 | **팩스** 02)337-7811
삽화 신똥(신동민)

원고 투고 www.smartbooks21.com/about/publication
홈페이지 www.smartbooks21.com

ISBN 979-11-90238-54-0 13320

재무제표가 만만해지는 회계책

'어? 이 회사 볼수록 괜찮네!'
주식이 보이는 회계수업

회계사 남승록 지음

스마트북스

회계는 세상을 읽는 비기다

회계를 싫어했던 내가 회계적 인간으로 진화하기까지

세상은
회계적으로
돌아간다

회계를 전공한 주제에, 나는 회계가 정말 싫었다. 회계 관련 수업은 최소학점만 이수했고 나머지 시간은 전부 인문대에서 보냈다. 그 결과 회계와는 전혀 상관없는 부전공만 세 개를 채운 채 대학을 졸업했다. 회포자(회계를 포기한 자)였던 셈이다.

졸업 후 먹고는 살아야 했기에 이곳저곳 일자리를 알아봤는데, 결국 회계법인에 입사했다. 이때부터 나는 전공을 등한시한 대가를 톡톡히 치르게 된다. 학생 때 게을리했던 공부를 회사에 다니면서 채워 넣어야 했다. 그런데 더 어이없는 상황은 그다음부터다. 막상 회계공부를 각 잡고 해보니 갑자기 회계가 재밌어지기 시작한 것이다. 그토록 따분하고 고역스러웠던 회계가, 갑자기 왜?

그땐 몰랐다, 세상은 회계적으로 돌아간다는 것을

그동안 내가 바뀌었기 때문이다. 정확히 말하면 회계적 인간으로의 진화. 대학시절 회계학은 내게 그저 낯선 학문이었다. 사회에 대한 감각이 전혀 없었기에 매출이니 손익이니 그 안에 담긴 의미를 알지 못했고, 맥락을 파악하지 못한 상태에서 회계를 접하다 보니 내게 회계는 복잡한 공식과 추상적인 용어로 가득 찬 암기과목에 지나지 않았던 것이다. 그런데 마침내 사회에서 몸을 굴려보니 회계라는 것이 조금씩 피부에 와닿기 시작했다.

첫 회계적 경험은 군대였다. 전투장비 지휘검열을 받으면서 조직에게 '자산'이 무엇인지 온몸으로 깨달았다(죽일 놈의 가스마개!). 그다음은 직장 초년병 시절 막내의 임무인 영수증 처리였는데 이건 그야말로 회계 그 자체였다. 어리바리하다가 '비용' 인정을 받지 못하면 피 같은 내 돈을 뚝뚝 떼어내야 했다. 회계의 존재 가치를 뒤늦게 실전에서 깨달은 나에게 회계는 마치 세상을 읽는 비기처럼 느껴졌다. 그렇다. 회계는 정말 멀리 있지 않다. 현실과의 접점을 깨닫고 나서야 비로소 회계가 재밌어졌다.

이 책을 쓰게 된 이유도 여기에 있다. 뒤늦게 느꼈던 회계의 즐거움을 다른 사람들과 나누기 위함이다. 혼자 힘으로 회계공부에 도전하는 취준생, 직장인들에게 도움이 되기를 진심으로 바란다.

회계는 정말 재밌는 것이다. 회포자였던 내가 하는 말이니 믿어도 된다.

경제뉴스, 상식, 교양 속 회계와의 접점 찾기로 시작하라

이 책은 본격 회계 입문서를 지향한다. 일단 읽히는 책을 만들기 위해 노력했다. 굳이 어려운 용어를 쓰지 않았다. 일상적인 단어로 설명이 가능한 부분은 최대한 그렇게 했다. 간혹 글을 쓰다가 '어렵지만 정확하게 설명할 것인가,

대략적인 뜻만 통하지만 쉽게 쓸 것인가'가 고민될 때는 주저하지 않고 후자를 택했다.

　책을 쓰면서 가장 염두에 두었던 점은 '당신에게 이 책을 읽는 시간과 비용은 어떤 의미인가?'였다. 그 고민의 결과 이 책은 재무제표 위주로 썼다. 실제 표를 살펴보면서 회계장부라는 것은 대체 어떻게 생겨먹었고 그 속에 어떤 논리와 원칙이 담겨 있는지 설명하고자 했다. 또한 여러 경제뉴스, 교양, 상식 등을 예시로 들어 당신의 일상과 가능한 많은 접점을 만들고자 했다. 접점, 회계를 이해하는 데 정말 중요하다.

　이러한 시도들이 당신을 회계적 인간으로 거듭나게 하는 데 마중물이 되길 바란다. 그리고 궁극적으로는 책 너머 일상 속 회계적 의사결정에 조금이라도 보탬이 되었으면 한다.

　이 책의 목표는 단순하다. 이 책을 집어든 당신이 재무제표를 직접 읽을 수 있게 안내하는 것이다. 회계적 문맹상태에서 벗어나, 수치화된 자료 속에서 정보를 추출하고 그것들을 이해할 수 있도록 할 것이다.

더 이상 팔랑귀로 투자하고 속아 넘어가지 마라

1장에서는 가장 먼저 그동안 회계를 멀리하게 만들었던 기본적인 회계원리와 원칙들을 가능한 한 쉬운 길로 들어가 살펴본다.

　2장에서는 재무제표를 소개한다. 왜 재무제표를 작성하는지, 재무제표에는 어떤 것이 있는지, 그 속에는 어떤 정보들이 담겨 있는지를 알아본다.

쫄지 말자, 진짜 별거 없다.

　3장에서는 재무제표 중 재무상태표에 대해 알아본다. 재무상태는 기업이 소유한 자원인 자산과 이 자산을 구입하는 데 들어간 돈인 부채와 자본을 말한다.

　4장, 5장, 6장에서는 각론으로 들어가 재무상태표를 구성하는 계정인 자산, 부채, 자본에 대해서 각각 알아본다.

　7장에서는 손익계산서에 대해서 알아본다. 손익계산서는 기업이 영업으로 벌어들인 매출에서 비용을 차감해 순이익을 구하는 식으로 작성된다.

　8장에서는 기업에게 피 같은 존재인 현금의 흐름을 보여주는 현금흐름표에 대해서 알아본다.

　마지막으로 9장에서는 초보자가 알아두면 실전에서 써먹을 수 있는 재무제표 분석 노하우 4가지를 소개한다.

이 책 한 권을 읽는다고 고용된 회계사를 자르고 직접 업무를 볼 수는 없을 것이다. 대신 당장 망할 것이 빤한 기업에 투자하거나, 사기꾼의 속삭임에 넘어가 인생을 낭비하는 것은 막을 수 있다.

　회계의 진짜 가치는 정답을 찾는 것이 아니다. 오답을 거르는 것이다. 회계만으로 미래를 예측할 수는 없다. 하지만 회계적 인간이 됨으로써 불 보듯 빤한 오답은 피해갈 수 있다. 그것만 해도 당신은 돈으로부터 자유로워진다.

2021년 6월 남승록

회계를 몰라도 살 수 있지만
회계를 알면 세상이 만만해진다!

1 꼭 알아야 할 회계원칙 8가지로 회계를 뿌시다!

누구보다 숫자와 회계를 싫어했던 괴짜회계사가 안내하는 회계의 쉬운 길로 들어가 보자. 8가지 회계원칙만 눈 딱 감고 배우면 그 뒤는 술술 풀린다.

2 회계맹도 회린이도 끄덕이게 하는 친절한 부가설명, 옆 단에 주목하라!

어? 이건 무슨 말이지? 이건 어디서 나왔지? 조금이라도 어려워지는 것 같을 땐 책의 옆 단에 주목하라. 궁금증을 풀어주는 친절한 설명이 가득하다.

3 1타 강사의 핵심요약처럼 머리에 쏙쏙 박히는 〈괴짜회계사의 한 줄 정리〉

회계를 어려워 해봤던 사람만이 회린이가 무엇을 이해하기 어려워 하는지 안다. 긴 설명을 한 방에 정리하는 핵심타파 한 줄 정리로 이해가 쏙쏙~

4

회계와 일상생활 속 접점을 찾는
〈여기서 잠깐〉으로 흥미는 올리고!

YG, JYP의 아이돌 제작비 회계처리 방식,
아카데미 시상식에 회계법인이 참가하는
이유 등 회계가 자리잡고 있을 것이라 생각
지 못한 일상의 조각을 통해 회계공부의 흥
미는 UP!

5

삼성전자, SK, 현대자동차 등
누구나 한 번쯤 들어본 기업의
사례로만 구성

초등학생도 아는 대기업의 사례와 재무제
표만을 수록했다. 익숙한 기업의 사례를 통
해 어려운 회계공부에 대한 허들을 최대한
낮췄다.

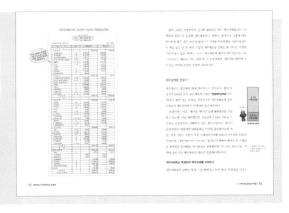

6

주린이가 실전에서 써먹을 수 있는
4가지 재무제표 분석 노하우 대방출!

회계는 돈의 언어. 재무제표 분석을 바탕으
로 하는 저자의 실전 투자 노하우를 배워보
자. 회계사인 저자가 매년 연봉보다 더 많은
돈을 주식으로 벌어들인다는 것은 '안 비밀'!

당신은 돈맹입니까?

여기 두 사람이 있다.

A: 저희 회사는 투자자들의 가치 증대를 위해 항상 노력하고 있습니다. 특히 이번에 출시한 신제품은 시장에서 좋은 반응을 얻고 있습니다. 부디 저희 회사 주식에 투자해주십시오.

B: 당사는 신제품의 성공적 출시로 매출이 전 분기 대비 20% 증가했고, 영업이익은 10% 증가했습니다. 실적 상승에 힘입어 연간 주당순이익 또한 15% 상향 조정합니다.

돈에 대해 약을 파는 사람, 그 약을 사는 '돈맹'

당신은 어떤 사람을 고르겠는가? 만약 장거리 비행 동안 옆자리에 앉을 대화상대를 고르는 문제라면 나는 더욱 인간답게 말하는 A를 고를 것이다. 하지만 돈이 걸린 문제에 있어서만큼은 무조건 B를 고를 것이다.

노력과 좋은 반응을 내세우는 A의 주장은 보다시피 추상적이다. 뭐 노력을 한다니 고맙기는 한데 실제 결과에 대한 언급은 없다. 이러한 미사여구의 가장 큰 문제점은 그 말이 사실인지 아닌지 알 길이 없다는 것이다. 칼 포퍼의 말처럼 이러한 주장에는 반증 가능성이 없다. 손실이 발생했을 때 A회사가 그것이 최선을 다한 결과라고 우겨버리면 도무지 답이 없다.

반면 B의 주장은 '매출 20% 증가', '영업이익 10% 증가'와 같이 구체적이다. 숫자라고 무조건 신뢰할 수 있는 것은 아니다. 숫자는 얼마든지 조작할 수 있으니까. 다만 수치화한 주장은 반증이 가능하다. 정말로 매출이 20% 늘었거나, 아니면 이 주장이 거짓말이거나. 중간은 없다. 돈이 걸린 문제에서 B의 주장을 더 신뢰하는 것은 이 때문이다. 이 주장의 신뢰성은 회계감사를 해보면 금방 알 수 있다.

회계라는 언어에 어둡다는 것은 돈에 관한 문제를 정확히 파악하는 것을 포기한 것과 마찬가지다. 돈의 문맹, 돈맹이다. 회계원칙에 따라 작성된 재무제표를 백날 들여다봐도 그 안에 어떤 정보가 담겼는지 읽어낼 턱이 없다. 무엇인가 잘 모르겠고 직접 판단할 수 없으면 불안해진다. 그리고 불안하기 때문에 남에게 의지하게 된다. 전문가라는 명함을 내미는 수많은 사기꾼들이 잘 먹고 잘사는 이유다.

나와 경제지식 연관 짓기, 회계에 답이 있다

학교에서는 경제를 교과목으로 가르치고 있다. 신문에서도 방송에서도 경제는 따로 다룬다. 일상 대화에서도 경제는 자주 테이블에 올라온다. 하지만 경제에 아무리 박식해도 막상 나의 생활에 적용하는 것은 쉽지 않다. 당장 내가 마주하는 문제들, 예를 들면 내 회사 또는 내가 주식투자를 한 회사의 요즘 실적이 어떤지, 또는 어떤 사업으로 돈을 벌고 있는지 혹은 창업을 준비할 때 비용과 매출과 수익은 어떻게 계산해야 할지와 같은 '나의' 문제와 경제지식을 연관 짓는 것은 어려운 문제다.

나는 회계 속에 답이 있다고 생각한다. 회계는 돈의 언어다. 돈과 관련된 정보를 일목요연하게 기록하고 정리하는 체계다. 지극히 실용적인 도구인 것이다. 회계라는 언어에 능숙해지면 회계로 작성된 돈에 관한 모든 정보를 직접 읽고 판단할 수 있다.

돈을 벌고 싶으면 돈의 언어, 회계를 배워라

내가 궁금한 기업의 회계정보를 직접 찾아보고 그 속의 내용을 획득할 수 있다는 것, 이는 꽤나 근사한 일이다. 회계를 이해한다는 것은 낯선 도시를 여행할 때 그 나라의 말을 능숙하게 할 수 있는 것과 같다. 누구와 마주쳐도 어떤 상황이 벌어져도 당신에겐 그저 즐거운 여정일 뿐이다. 당신은 이미 그 도시의 언어와 문화에 빠삭하니까.

유명한 주식고수의 분석과 전망을 마냥 수용하는 것이 아니라 이치에 합당한 소리인지 아닌지 직접 재무제표를 뒤져 확인할 수 있다. 만약 그것이 개소리로 드러난다면 분노할 것이 아니라 회심의 미소를 지으며 주식 HTS(Home Trading System)창을 띄우자. 그런 회계 정보를 파악할 수 있는 '회계적 인간'은 당신을 포함한 몇몇 밖에 없으니(실제로 나는 주식투자로 매년 연봉보다 높은 수익을 올리고 있다.).

회계를 익히면 회계적 인간으로 변모할 수 있다. 내가 가진 순자산은 얼마인지, 내가 원하는 목표를 위해 돈 관리는 어떻게 해야 할지에 대한 고민과 판단에 막연함을 걷어내고 정교함을 기하게 한다. 돈 계산은 전과 비교할 수 없을 정도로 더 정확하고 꼼꼼해진다. 당신이 어느 회사, 어느 부서에서 일하든 회계적 인간이 불리한 직장은 없다. 회계는 궁극적으로 돈을 추상적으로 여기는 것에서 벗어나 내 삶에서 돈의 의미를 찾게 해준다.

자, 이쯤 되면 결론이 나왔다. 당신의 주식계좌가 매번 촛농처럼 녹아 흐르는 이유, 밤을 낮 삼아 일해도 인사고과가 엉망진창인 이유, 돈에 휘둘리고 짓눌리는 이유, 바로 당신이 '비회계적 인간'이기 때문이다.

1장   회계 처음이세요? : 이것만 알면 기초회계 정복

2장 재무제표 볼 줄 아세요? : 회린이 맞춤 재무제표 수업

3장 투자하는 기업마다 망한다면 당신이 문제다 : 재무상태표

4장 자산 자세히 알아보기

5장 부채 자세히 알아보기

6장 | 자본 자세히 알아보기

7장 기업의 영업활동 성적표, 손익계산서

8장　다른 재무제표의 한계를 보완하는 현금흐름표

9장　돈이 되는 재무제표 분석 노하우 4가지

많은 이들이 '회계'라는 말만 들어도 겁을 먹는다. 어마어마한 숫자와 무슨 뜻인지 알 수 없는 용어가 수두룩하게 나올 것이라는 착각에서다. 그러나 회계는 생각보다 쉽다. 당신이 어릴 적부터 회계를 하고 있었다면 믿겠는가? 용돈기입장으로 알아보는 부기, 자산에 가격을 매기는 방식, 회계장부에 기록하는 원칙 등 기초회계를 쉬운 길로 들어가 탄탄히 다져보자.

회계 처음이세요?

_이것만 알면 기초회계 정복

용돈기입장으로 이해하는 단식부기

01

여기까지 읽은 독자라면 회계에 대한 중요성 혹은 필요성을 어느 정도 느끼고 있는 사람일 것이다. 바꿔 말하면 당신은 그동안 회계를 잘 몰랐거나 알아도 어렴풋이 알았다는 뜻이다. 우리는 왜 회계를 잘 모르는 것일까? 간단하다. 더럽게 어렵기 때문이다. 만약 회계가 누구나 쉽게 익힐 수 있는 분야였다면 우리가 지금까지 회계를 모르고 있었을 리가 없다.

회계가 어려운 이유

첫째, 용어가 낯설다. 재무제표, 감가상각, 주가수익비율, 자기자본수익률 등 일상생활에서 듣도 보도 못한 전문용어가 마구 등장한다.

둘째, 온갖 원칙과 규정이 있다. 이건 이러저러해서 비용처리를 해야 하고, 저건 또 이러쿵저러쿵해서 우변에 기록해야 한다는 식이다. 맞다. 회계를 업으로 삼고 있는 나도 자주 거지 같다.

회계에 입문하겠다고 결심한 당신에게 재무제표가 눈에 들어올 때까지 어느 정도 수고로움 혹은 거지 같음을 감수할 각오가 있을 것이라 믿는다. 당신이 한 가지 위안 삼을 점은 이 책은 회계학 교과서나 회계사 시험 수험서가 아니라는 것이다. 쓸데없이 복잡한 내용은 생략할 것이고 최선을 다해 쉬운 길로 우회하여 당신을 안내할 예정이다.

그럼에도 불구하고 도저히 대충 지나칠 수 없는 중요한 내용들이 있다. 이 장에서는 그 맥을 짚어보겠다. 집중하시라. 여기만 잘 넘어가면 술술 풀린다.

부기가 뭐지?

부기(簿記, bookkeeping)란 문서에 정보를 기록하고 입력한다는 말이다. 여기서 정보는 당연히 돈에 관한 것들이다. 단어가 낯설어서 그렇지 사실 누구나 살면서 몇 번은 해본다. 어렸을 때 쓰던 용돈기입장과 결혼해서 쓰는 가계부도 부기의 일종이다. 복식부기를 공부하기 앞서 어렸을 때 한번쯤은 써봤을 용돈기입장을 떠올려보자.

💰 철수의 용돈기입장 – 단식부기

내역	금액
수입 (용돈)	5,000원
지출 (지우개, 공책 구입)	(-2,000)원
지출 (불량식품 구입)	(-1,000)원
잔액	2,000원

용돈기입장에서 모든 거래는 두 가지로 나뉜다. 돈이 들어오는 거래는 플러스(수입), 나가는 거래는 마이너스(지출). 그리고 마지막에는 모든 플러스와 마이너스를 더하여 잔액을 계산한다. 위의 용돈기입장은 모든 거래를 한 줄로 기록했는데, 이러한 기록방식을 **단식부기**(Single Entry)라고 한다.

직관적이고 간단한 단식부기

단식부기의 장점은 직관적이고 간단하다는 것이다. 회계를 배우지 않았어도 용돈기입장은 누구나 쉽게 쓰고 읽을 수 있다. 이러한 직관성은 단식부기의 엄청난 장점이다. 그래서 용돈기입장이나 가계부처럼 개인이 사용하는 회계장부는 전부 단식부기로 되어 있다. 그뿐만 아니다. 2000년대 초반까지 대부분의 국가재정을 기록한 정부회계 장부 또한 단식부기였다. 한국은 2000년도부터 단계적으로 복식부기를 도입했다.

대신 단식부기는 복잡한 정보를 담기 어렵다. 모든 거래를 한 줄로 적기 때문에 돈의 입출입 외에 다른 정보를 적을 공간이 없다.

질문 학용품을 사는 것과 불량식품을 사 먹는 것은 같은 성격의 지출일까?

단기부기에서는 두 지출 모두 마이너스로 표현되지만 생각해보면 이 두 지출의 성격은 다소 다르다. 학용품은 두고두고 쓸 수 있는 물건(자산)이지만, 불량식품은 사 먹는 즉시 사라지는 소모품(비용)이다. 단식부기에서는 이 둘을 구분하지 않고 마이너스, 즉 지출로만 기록한다.

또한 단기부기에서는 이렇게 한 번 빠져나간 지출이 '그 뒤로 어떻게 되었는지'가 장부에 전혀 기록되지 않는다. 이를테면 내가 지금까지 구입한 지우개는 몇 개이고, 그중 몇 개를 잃어버렸고, 몇 개가 필통에 남아 있는지와 같은 이후 정보가 누락된다. 단식부기에서는 이러한 자산 현황이 장부 안에서 관리되지 않기에, 지출에 부정이나 오류가 발생해도 장부만 보고 이를 적발하기 어렵다.

단기부기는 자산현황이 기록되지 않는다

이와 같은 문제는 초등학생이 자기 용돈 정도를 관리할 때는 사소한 것일 수 있다. 백번 양보해서 지방자치단체의 경우도 예산을 들여 구입한 보도블록이 약간 남았다면 내년에 공사할 때 사용하면 그만이다. 경제활동의 주체가 단일 개인 혹은 국가일 경우 단순 오류는 시간이 지나면서 스스로 해결되기도 한다.

하지만 기업은 다르다. 기업의 모든 자산은 채권자와 주주들의 것이다. 여러 사람의 돈이 섞여 있는 만큼 자산의 관리가 철저해야 한다. 다른 주주나 채권자의 동의 없이 회사 자산을 마음대로 사용하는 것은 횡령, 즉 범죄다. 돈 관리를 더욱 철저하게 하기 위해서는 거래에서 발생하는 돈의 입출입뿐 아니라 좀더 많은 정보를 담아낼 필요가 있다.

효율성의 관점으로 봐도 재고현황을 정확하게 관리하는 것은 매우 중요하다. 기업은 최소비용으로 최대이익을 추구해야 하는 존재다. 자산과 비용의 현황을 정확하게 파악하면 불필요한 지출을 줄일 수 있다.

또한 기업의 지출에는 일상적인 비용뿐 아니라, 건물이나 대형설비와 같은 고정자산의 취득도 포함된다. 개인으로 치면 한 달 생활비(영업비용)와 아파트 구입(고정자산 취득)이 같은 지출로 묶이는 것이다. 지출이라도 용도와 연수 등에 따라 그 성격이 전혀 다르기에 세분화해 기록해야 한다. 단식부기는 이러한 다양한 정보들을 담기에 너무 단순하다.

괴짜회계사의 한 줄 정리
단식부기는 간단한 대신 많은 정보를 담기에 부적합하다.

02 회린이가 꼭 알아야 할 회계원칙 1
– 복식부기의 이중성

단식 부기
> 돈의 입출입만

복식 부기
> 돈의 입출입 + 그래서 어떻게?

단식부기가 한 줄로 적기 때문에 다른 정보를 기록할 공간이 부족하다면? 거래를 두 줄로 적으면 된다. 복식부기는 두 줄 쓰기를 통해 정보의 양을 늘렸다. 단식부기에는 돈의 입출입만 기록됐지만, 복식부기에는 여기에 '그래서 어떻게'라는 내용이 추가된다.

하나의 거래를 차변과 대변으로 나눠 적는다

복식부기는 거래를 장부에 기록할 때 거래의 주고 받음을 양변에 나누어 기록한다. 이 복식부기를 이용해 거래를 **차변**(借邊, Debit)과 **대변**(貸邊, Credit)으로 나눠 기록하는 것을 **분개**(Journalizing)라고 한다. 자, 슬슬 용어가 어려워진다. 호흡을 가다듬고 정신을 집중하자.

복식부기의 두 줄 중에 왼쪽에 위치한 계정을 '차변'이라고 하고, 오른쪽에 위치한 계정을 '대변'이라고 한다. 왼쪽, 오른쪽으로 나눴을 뿐인데도 실제로 해보면 엄청 헷갈린다. 거래에 대응되는 모든 계정들을 암기하고 있어야 할 뿐만 아니라, 이를 상황에 맞게 차변 혹은 대변에 나눠 배치시켜야 하기 때문이다. 복식부기 원칙은 비전공자가 회계 공부를 할 때 난이도를 높이는 주범이다.

사례 철수가 용돈 5,000원을 받았다. 이를 분개할 수 있을까?

단식부기상으로는 장부에 돈 5,000원이 늘어났다는 사실만 적힌다. 그러나 복식부기에서는 이를 용돈이 5,000원 발생한 덕에, 현금이 5,000원이 늘어났다고 기록한다. 거래의 양면, 즉 용돈이라는 매출의 발생과 이로 인한 자산의 증가가 동시에 적히는 것이다.* 이를 분개해보면 다음과 같다.

* 용돈을 매출이라고 표현하는 것이 일견 이해하기 어려울 것이다. 개인의 용돈기입장, 가계부와 같은 장부에서는 손익계산의 개념이 없기 때문이다. 여기서는 기업이 복식부기를 사용함으로 인해 하나의 거래가 손익계산서와 재무상태표에 동시에 기록된다는 것을 설명하기 위해 이와 같이 표현했다. 이는 모든 재무제표는 연동한다는 특징이 있기 때문인데, 이에 대해 106쪽에서 자세히 설명한다.

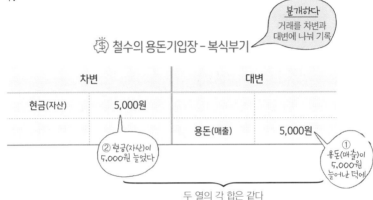

복식부기에서는 이처럼 거래를 항상 두 열로 나눠 기록한다. 그리고 왼쪽 열(현금 5,000원)의 합과 오른쪽 열(용돈 5,000원)의 합은 항상 같다. 이렇게 거래를 왼쪽과 오른쪽으로 나눠 적는 것이 중복같이 느껴질 수 있다. 현금이 늘었다는 것과 용돈이 늘었다는 것은 같은 말 아닌가?

두 개의 장부에 동시에 기록된다

회계적으로는 그렇지 않다. 현금은 '재무상태표'라는 재무제표에 기록되는 자산이다. 반면 용돈은 '손익계산서'라는 재무제표에 기록되는 매출이다. 자산과 매출은 각각 기록되는 재무제표가 다르다.

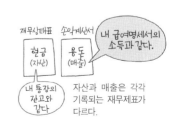

자산은 기업이 소유한 자원의 현황을 나타낸다. 반면 매출은 기업이 주주몫으로 벌어들인 이익을 나타낸다. 다시 말해 재무상태표가 내 통장에 남아 있는 잔고를 보여준다면, 손익계산서는 내 급여명세서의 소득을 보여준다. 어차피 월급을 받으면 내 통장잔고도 늘어나니 둘 다 같은 것 아닌가 생각할 수도 있다. 하지만 통장잔고는 월급이 아니어도 늘어날 수 있다.

사례 친구로부터 돈을 빌렸다. 내 통장잔고가 늘었으니 내가 소유한 부(富)도 늘었다고 할 수 있을까?

그렇지 않다. 빌린 돈을 갚았을 때 손에 쥐는 돈 자체는 그대로이기 때문이다. 그래서 회계에서는 재무상태(잔고)를 기록한 재무제표와 거래내역을 모아놓은 손익계산서를 따로 작성한다. 먼저 재무상태표는 다음과 같은 구조로 작성된다.

$$✧ \ 자산 = 부채 + 자본$$

재무상태표를 영어로는 Balance Sheet라고 한다. 왼쪽(자산)의 합과 오른쪽(부채와 자본)의 합이 일치(Balance)하기 때문이다. 자산은 기업이 현재 보유한 자산의 현황, 즉 잔고를 나타낸다. **자산**을 보면 기업이 지금까지 투자해온 자산의 내역과 그 액수를 알 수 있다.

재무상태표

현재 보유한 자산 현황 / 자산이 어디에서 나왔는지 보여줌

부채와 자본은 자산을 구입하는 데 들어간 돈이 어디로부터 나왔는지를 설명해준다. 기업이 자금을 조달하는 방식

은 두 가지가 있는데 바로 누군가에게 빌리는 것과 주주로부터 받는 것이다. 이를 각각 **부채**와 **자본**이라고 부른다.

　손익계산서는 기업이 일정 기간 동안 발생시킨 모든 매출과 비용을 기록한 재무제표다. 앞에서 살펴봤던 용돈 거래는 손익계산서상 다음과 같이 기록된다.

- 손익계산서상 매출이 늘었다(매출 +5,000원).
- 손익계산서의 순이익이 증가한 만큼 재무상태표상 주주몫도 늘어난다(자본 +5,000원).

'단순히 현금이 늘었다'는 사실뿐 아니라 '그 현금의 증가는 주주몫의 증가 때문'이라는 사실까지 한 번에 장부에 기록된다.

　이처럼 복식부기에서는 돈의 증감뿐 아니라 그로 인한 재무상태의 변화까지 함께 기록된다. 여러 사람의 돈이 섞여 운영되는 기업에서 누구 몫이 얼마나 늘어났는지 가려낸다는 것은 엄청난 이점이다. 또한 돈의 입출입뿐 아니라 지출을 세분화해 자산과 비용 등으로 나눠놓기 때문에 자산의 현황을 파악하는 것도 가능해진다. 복식부기에서는 이익의 분배와 자산현황이 한꺼번에 기록되는 것이다.

　즉, 복식부기에서는 하나의 거래를 자산, 그리고 이익 두 계정에 나눠 기록한다. 여기서 **계정**(Account)*이란 장부에 적혀 있는 각 항목을 말한다. 그래서 실제로 복식부기를 연습하다보면 '엇 이거 같은 정보가 두 번 기록되는 거 아닌가' 하는 의문이 들 때가 있다. 맞다. 의도적으로 거래로 인해 자산이 늘었다는 사실과 주주몫의 이익이 늘었다는 사실을 동시에 기록하는 것이다.

* 계정이란 회계상 정보를 기록 및 계산하기 위한 단위이다. 재무상태표에는 자산, 부채, 자본 계정이 존재하며, 손익계산서에는 매출, 비용 계정이 존재한다.

복식부기는 조작이 복잡하다

이렇게 하나의 거래를 두 재무제표에 나눠서 기록하면 장부를 조작하기가 까다로워진다. 하나의 계정을 조작하면 그에 대응되는 나머지 계정에도 반드시 비는 숫자를 채워 넣어야 하기 때문이다.

사례 철수는 부모님에게 문제집을 산다고 거짓말을 하고 실제로는 그 용돈으로 PC방에 갔다. 철수네는 복식부기 용돈기입장을 써야 한다. 철수는 이 사실을 부모님에게 들키지 않을 수 있을까?

단식부기에서는 모든 거래가 한 번만 기록된다. 때문에 임의로 지출을 꾸몄다고 해도 장부만 봐서는 실제로 존재하는 지출인지 아닌지 알 수 없다. 그러나 복식부기에서는 조작이 복잡하다. 철수가 용돈을 받았다는 사실(매출)은 손익계산서에, 그리고 이를 통해 문제집을 구입했다는 사실(자산)은 재무상태표에 기록되기 때문에, 둘을 대조해보면 철수가 문제집을 구입하지 않았다는 사실이 바로 적발 가능하다.

이 거짓말이 발각되지 않기 위해서는 비는 자산인 문제집을 다른 곳에서 빌려와야 한다. 문제집에 써 있는 친구 이름을 지우고 글씨체를 바꾸는 등의 번거로운 조작까지 포함해서 말이다. 다시 말해 하나의 거래를 두 가지 장부에 동시에 기록함으로써 대조가 가능하고, 이로 인해 해야 할 거짓말은 늘어난다.

기업의 **분식회계**(Cosmetic)가 이런 식이다. 분식회계는 보통 매출을 실제보다 부풀리는 방식으로 이뤄진다. 단식부기에서는 그냥 수입에 선하나 그어버리고 원하는 숫자를 쓰는 식으로 쉽게 조작을 할 수 있고, 모든 거래를 한 줄로만 적다보니 부정이나 오류가 발생해도 이를 대조해볼 장부가 없다.

반면 복식부기에서는 하나의 거래를 두 계정에 나눠 기록하기에, 예를 들어 매출거래의 경우 매출이 증가하는 만큼 이와 연동되는 자산 계정 또한 증가해야 한다. 매출만 증가시키고 자산을 조작하지 않는다면? 좌변의 합과 우변의 합이 일치하지 않아 부정 혹은 오류가 발생했다는 사실이 바로 드러난다. 게다가 매출은 매출전표만을 남기지만 자산은 실물이 존재한다. 자산 실사를 해보면 자산이 부족하다는 사실은 쉽게 적발된다.

복식부기에서 분식회계가 불가능하다는 것은 아니다. 범죄자들은 생각보다 창의적이고 어떻게든 우회로를 찾아낸다. 하지만 복식부기로 인해 조작이 복잡해지고 번거로워지며 그 흔적이 고스란히 장부에 남는 것이다. 이는 다시 말해 복식부기로 작성된 재무제표는 단식부기로 된 재무제표보다 그 내용을 훨씬 신뢰할 수 있다는 뜻이다. 때문에 주주, 투자자들에게 투명하게 돈이 관리되고 있다는 것을 알리기 위해서라도 기업회계에서는 복식부기 사용이 필수다.

괴짜회계사의 한 줄 정리
복식부기의 장점 ① 오류나 조작이 개입할 여지를 줄여준다.

분식회계가 뭐지?

2001년
12월

대부분의 회계 장부 조작은 실적을 실제보다 부풀리는 방식으로 이뤄진다. 실적 압박을 느낀 경영진이 이익이 많이 발생한 것처럼 꾸미는 것이다. 이익을 조작하는 데는 크게 두 가지 방법이 있다. 비용을 축소해서 발표하거나 매출을 조작해서 늘리거나.

복식부기에서는 계정 하나를 조작하기 위해선 그에 대응되는 계정에도 조작을 가해야 한다. 비용을 고의로 감추는 경우에는 부채 계정이 자주 동원된다. 예를 들어 거래처로부터 납품을 받아놓고 거래대금 지급시기를 다음 분기나 다음 해로 미뤄 이러한 부채가 있는 것 자체를 감춘다. 또한 매출을 조작하는 경우에는 매출로 받게 되는 대가인 자산을 부풀린다. 가장 흔한 방식은 허위로 매출을 발생시킨 다음, 고객한테 받을 돈인 자산이 있는 것처럼 장부를 꾸미는 것이다.

한편 비용이나 매출은 발생 순간에 현장에 있지 않는 이상 진위 여부를 파악하기 어렵다. 매출전표나 출납기록 등을 통해 사후 확인을 하는 방법도 있지만, 회사가 작성하는 기록이다 보니 작정하고 속이면 적발하기 힘들다.

이에 비해 부채와 자산에는 흔적이 남아 있는 경우가 많다. 나의 부채는 누군가의 자산이고, 나의 자산은 누군가의 부채이다. 따라서 회사와 거래한 기록이 있는 거래처나 고객에게 확인받는 것이 가능하다.

감사인들은 숨겨진 부채를 찾아내고자 회사 거래처에 미지급금 현황을 확인한다. 또한 매출의 진위를 확인하고자 회사가 기록한 받을 돈(매출채권)이 맞는지 확인하고 이를 통해 부정을 잡아낸다.

03 회린이가 꼭 알아야 할 회계원칙 2
– 복식부기의 경제적 실체

사례 철수가 학용품을 사는 데 2,000원을 썼다. 복식부기에서는 어떻게 적힐까?

단식부기상으로는 현금 2,000원이 지출되었다는 사실만 장부에 적는다. 반면 복식부기에서는 현금 2,000원을 사용해서, 학용품 2,000원치가 생겼다고 적힌다. 재무제표에는 현금의 감소와 학용품의 증가 두 가지가 동시에 기록된다.

🏦 철수의 용돈기입장 – 학용품을 산 경우(자산 구입)

차변		대변	
학용품(자산)	2,000원		
		현금(자산)	2,000원

② 학용품(자산) 구입

① 현금(자산) 2,000원으로 = 자산 변동 없음

같은 지출이라도 성격이 다르다

위 거래에서 현금 2,000원이 감소한 대신 학용품이 2,000원만큼 증가했다. 현금과 학용품은 모두 재무상태표상으로 자산이다. 따라서 한 종류의 자산이 다른 종류의 자산으로 형태만 바뀌었을 뿐 전체 자산의 양에는 변화가 없다. 자산에 변동이 없기 때문에 부채나 자본에도 역시 변동이 없다. 학용품을 샀다고 당장 내가 가진 자산의 양이 늘거나 줄어드는 건 아니다.

사례 철수가 불량식품을 사 먹는 데 2,000원을 썼다. 복식부기에는 어떻게 적힐까?

불량식품 사 먹는 것을 비용이라고 할 때, 복식부기에 기록되는 사실은 '① 불량식품 2,000원어치 사 먹느라 ② 현금 2,000원이 감소함' 이 두 가지다. 현금(자산)의 감소와 비용의 증가 두 가지가 기록된다.

💲 철수의 용돈기입장 – 불량식품을 산 경우(비용)

차변		대변	
불량식품 구입(비용)	2,000원		
①비용 발생		현금(자산)	2,000원
			②자산 감소

위 거래에서는 현금 2,000원이 감소한 만큼 비용 2,000원이 발생했다. 비용은 손익계산서상 이익을 감소시키는데, 이익의 감소는 결과적으로 주주몫인 자본을 감소시킨다. 때문에 재무상태표상의 '자산(-2,000원)=부채+자본(-2,000원)'이라는 공식도 여전히 성립한다. 자산이 감소하는 만큼 자본 또한 감소하는 것이다.

지출은 자산과 비용으로 구분해 적는다

지출을 이처럼 자산(학용품 구입)과 비용(불량식품 구입)으로 나눠 기록하면 어떤 장점이 있을까?

먼저 장부를 통해 자산의 현황을 파악하는 게 가능해진다. 일회성으로 소모되는 비용과 달리, 회사의 모든 자산 구입은 재무상태표에 기록된다. 재무상태표의 자산에는 여태까지 회사가 자산을 구입하는 데 쓴 지출액이 고스란히 기록된다. 재무상태표가 일종의 자산대장의 역할을 겸하는 셈이다.

이렇게 구입한 자산의 가치에 변동이 발생하면 그 변동은 손익계산서에 기록된다. 예를 들어 내가 구입했던 공책을 마침내 사용했다고 해보자. 공책 같은 소모품은 한 번 사용하고 나면 그 가치가 사라진다. 이처럼 자산의 가치가 사라지는 것을 손익계산서에서는 비용으로 기록한다.

사실 기업의 자산은 언젠가 비용으로 사라질 것들이다. 가치가 영원한 자산이라는 것은 없다. 그러면 여기서 생길 수 있는 의문은 '지출을 지금 비용으로 기록하는 것이나, 자산으로 기록하는 것이나 어차피 비용이 되는 것 아니냐' 하는 것이다. 뭐, 자산으로 인정된 지출도 언젠가 비용으로 사라진다는 사실은 맞다. 단, '언제' 비용으로 인식되는가가 다르다.

자산에 대한 지출이 비용으로 인식되기까지 걸리는 시간은 자산에 따라 천차만별이다. 재고자산은 팔리는 동시에 매출이 발생하기 때문에 곧바로 비용처리를 한다. 반면 건물 같은 자산은 두고두고 사용하기 때문에 수십 년에 걸쳐 비용처리를 한다.

지출을 비용으로 잡는 시점을 미루는 이유는 자산으로 경제적 이익을 얻는 시기, 즉 수익을 얻는 시기와 비용화하는 시기를 일치시키기 위함이다. 이를 '수익과 비용 대응의 원칙'이라고 한다. 이 내용은 63쪽부터 자세히 다룬다.

언제 비용으로 처리할지 선택할 수 있다

여기서는 복식부기의 역할에 주목하자. 단식부기에서는 수입 혹은 지출만 기록했다. 그러나 복식부기에서는 지출을 비용과 자산으로 좀더 세분화한다. 어떠한 지출을 즉시 비용처리할지, 아니면 일단 자산으로 기록했다가 나중에 비용처리를 할지 기업에 선택지가 주어진 것이다. 이로 인해 기업은 경제적 실체(효용 발생 시기와 비용 발생 시기가 일치)에 맞는 회계기록을 하는 것이 가능해진다.

괴짜회계사의 한 줄 정리
복식부기의 장점 ② 경제적 실체에 맞는 회계처리가 가능해진다.

04 회린이가 꼭 알아야 할 회계원칙 3
– 자산의 가치를 평가하는 방식 : 취득가

질문 삼성전자가 새 갤럭시폰을 생산했다. 삼성전자 재무상태표에
기록될 갤럭시폰의 가치는 얼마일까?
① 권장소비자가격 ② 예상판매가격 ③ 제조원가

나는
얼마일까?

출시 예정 휴대전화로 이해하는 취득가

① 권장소비자가격은 현실적이지 않다. 대부분의 소비자는 여러 가지
할인혜택을 받고 새 휴대전화를 구입한다. 권장소비자가격은 기업의 희
망가격일 뿐이다. 따라서 소비자가격 혹은 정가는 실제 갤럭시폰의 가
치보다 높을 것이다.

② 예상판매가격은 일견 합리적으로 보인다. 여러 가지 할인혜택 등
을 적용하면 휴대전화의 가치를 예측할 수 있지 않을까? 문제는 디테일
에 있다. 모든 기업은 이익을 낼 수 있다고 판단하고 신제품을 출시하지
만 모두 성공하는 것은 아니다. 출시 안 된 제품의 성패를 예측하는 것
도 쉽지 않은데 그 판매가격을 미리 예상한다 한들 얼마나 정확할까?

설령 출시가격을 정확하게 예측했다 해도 판매가격은 계속해서 변
한다. 대부분의 전자제품은 출시된 직후 가장 비쌌다가 시간이 지날수
록 가격이 내려간다. 다른 새로운 제품을 출시하기 전에 기존 재고를 소
진해야 하기 때문이다.

여기서 문제가 발생한다. 지금 생산하는 휴대전화가 과연 출시 직후 제값을 받고 팔릴지, 아니면 나중에 할인된 가격으로 팔릴지 알 수 없다. 따라서 예상판매가격은 그럴 듯해보이지만 실제 기업에서 적용하기에는 무리가 있다.

제품이 만들어지자마자 이익이 생기지는 않기에

질문 30만원을 들여서 생산한 휴대전화의 예상판매가격이 80만원이다. 예상판매가격을 기준으로 재고의 가치를 매기는 것을 허용하면 어떻게 될까?

장부에 기록되는
갤럭시폰의 가치

권장소비자 가격 ×

예상판매 가격 ×

제조원가 ○

제품이 만들어질 때마다 기업에 이익이 쌓일 것이다. 30만원을 들여 만든 휴대전화가 생산과 동시에 80만원의 값어치로 인정받아, 그 차액 50만원만큼이 이익으로 기록된다.

여기서 문제는 이익의 발생시점이다. 제품의 가치를 예상판매가격으로 매길 경우, 기업이 발생시킨 부가가치가 제품 생산시점에 바로 반영된다. 생산한 제품을 제값 받고 파는 것과 무관하게, 이렇게 이익을 당겨 잡는 것을 허용했다가는 기업들이 실적을 위해 팔리지도 않을 제품을 마구 생산할 수 있다.

때문에 재고는 제조원가를 기준으로 가치를 측정한다. **제조원가**란 제품을 취득하는 데 직접적으로 들어간 모든 비용을 의미한다.

재고는 취득가, 즉 제조원가로 기록

먼저 제조원가에는 원재료나 부품 등이 포함된다. 휴대전화에는 텅스

턴, 코발트 같은 원재료부터 납품받은 액정, CPU 등 많은 부품이 들어
간다. 그뿐만 아니라 원재료와 부품을 가공·결합하여 최종제품을 만드
는 데까지 들어가는 모든 직접비용이 제조원가에 포함된다. 휴대전화를
조립하는 공장직원에게 지급된 급여, 기계장치에서 발생하는 감가상각
그리고 공장에서 발생한 전기·수도요금도 모두 더해진다.

제품의 자산가치

= 제조원가

　　제품의 실제 가치가 실현되는 것은 판매되어 매출이 발생했을 때
이다. 판매 이전 재고 상태일 때는 항상 들인 돈(취득가) 만큼만 자산
으로 기록한다. 제품을 팔았을 때 얻게 될 매출이나 이익은 자산의
가치로서 인정해주지 않는 것이다.

제품의 판매가격

= 매출

이익
= 매출 - 제조원가

　　기업 내부적으로는 100억원의 가치가 있는 자산이라고 판단해
도 지불한 취득가가 30억원이라면 그대로 자산의 가치를 평가해야
한다. 현실에서 기업이 의도한 이익을 거둘 수 있는가는 좀 다른 문
제이기 때문이다. 기대를 가지고 출시한 제품이 시장에서 외면 받을
수도 있고, 큰돈 들여 투자한 프로젝트가 실패할 수도 있다.

　　그렇다면 재고의 가치를 평가할 때 판매가격은 중요한 요소가 아닐
까? 그건 아니다. 일반적으로 판매가격은 제조원가보다 높다. 판매가격
에는 제조원가에 기업이 가져갈 이익이 더해져 있기 때문이다. 따라서
재고를 취득가를 기준으로 평가한다는 것은 제품을 팔았을 때 받을 수
있는 실제가치보다 낮은 가격으로 평가한다는 말이기도 하다.

　　제품의 가격이 원가보다도 낮다면, 기업은 제품을 만들 이유가 없다.
하지만 여기에는 예외도 존재한다. 휴대전화를 비롯한 가전제품은 기
술발전의 속도가 무척 빠르다. 출시된 지 1년만 지나도 기존 제품은 구
형제품 취급을 받는다. 재고의 가치하락(진부화)이 빠르게 찾아오는 것
이다. 이때 제품을 제조원가보다도 낮은 가격에 팔아야 하는 일이 종종
벌어진다. 다른 예로는 제품의 보관 및 배송과정에서 파손이 발생하는

경우도 있다.

이처럼 제품을 들인 돈보다 낮은 가격에 팔아야 할 것이 확실한 경우, 예상판매가격이 중요해진다. 얼마를 건질 수 있는지에 따라 제품의 가격을 다르게 매겨야 하기 때문이다.

재고뿐 아니라 생산설비 및 건물의 가치를 매길 때 사용

취득가를 기준으로 한 자산의 가치평가 방식은 가장 보편적으로 사용되어 왔다. 재고처럼 그 가치를 정확하게 예측하기 어렵고, 차익의 실현가능 여부(제품을 과연 제값 주고 팔 수 있을지)가 불확실한 자산의 경우에 일반적으로 취득가가 사용된다. 물음표가 많이 붙는 자산일수록 얼마를 주고 취득했느냐가 그 가치를 객관적으로 측정하는 데 중요하다.

기업의 생산을 담당하는 설비나 건물의 가치를 측정할 때도 취득가를 기준으로 가치를 평가한다. 설비나 건물을 구입하는 데 직접적으로 들어간 지출은 물론, 설치 혹은 리모델링이나 업그레이드 등의 개선하는 데 들어간 돈도 자산으로 인정된다.

기업이 돈을 지출해서 자산을 취득하는 근본적인 이유는 돈을 벌기 위함이다. 이익을 얻는 방식에는 다소 차이가 있지만 기업이 돈을 들여 제품을 생산하는 것과 설비 및 건물 등의 고정자산을 취득하는 것의 목적은 같은 것이다.

취득가는 구입을 위해 지불한 현금뿐만 아니라 외상한 가격, 심지어는 현금 대신 주기로 약속한 현물이나 주식이 될 수도 있다. 예를 들어 기업이 다른 기업을 인수합병할 때는 인수대금의 일부 혹은 전체를 그에 상응하는 주식으로 해결한다. 이때 인수하는 기업의 취득가는 지불하기로 약속한 주식의 가치를 통해 매겨지게 된다. 꼭 '취득가 = 현금'이라고 생각을 좁힐 필요는 없는 것이다.

자산의 가치를 취득가로 매길 때의 문제점

재무상태표에 등장하는 자산의 가치는 두 가지 방식으로 매겨진다.* 그중 가장 직관적인 방법은 기업이 자산을 취득할 때 지불한 가격으로 매기는 것이다. 어떤 건물을 100억원을 주고 구입했다면 건물의 가치를 100억원으로 기록하는 것이다. 이를 취득가를 기준으로 한 가치평가 방식이라고 한다. **취득가**는 자산을 인수할 때 지불하기로 한 가격 혹은 대가를 뜻한다.

그러나 취득가를 기준으로 한 가치평가에는 심각한 문제가 존재한다. 시간이 지나면 자산의 가치가 변한다는 것이다.

특히 설비나 건물 같은 자산은 재고자산과 근본적으로 다른 점이 하나 있다. 바로 내용연수*이다. 일반적으로 재고는 생산부터 판매까지 1년 내외의 시간이 소모된다. 건설업 혹은 조선업처럼 제품 하나당 몇 년씩을 투자하는 기업이 아닌 이상 대부분의 제조업 기업은 제품의 생산부터 판매 및 대금회수까지를 1년 내에 끝낸다. 따라서 재고자산은 단기 자산의 성격을 띤다.

반면 설비나 건물은 최소 몇 년간은 사용 가능하다. 이들 자산은 재고자산처럼 이익을 단기간에 회수할 목적으로 구입하는 것이 아니라 두고두고 사용할 목적으로 구입하고 투자한다.

투자기간이 길다는 것은 그만큼 보유기간 동안 자산의 가치가 하락할 확률이 높다는 것을 의미한다. 모든 기계장치, 건물의 경제적 가치는 시간이 지날수록 하락한다. 물리적인 마모뿐만 아니라 진부화가 발생한다. 중고나라만 들어가 보더라도 연식이 오래된 제품의 가치가 사용

* 자산의 가치를 매기는 방식은 '취득가'와 '공정가치'가 있다. 공정가치에 따른 가치평가 방식은 47쪽에서 다룬다.

* 내용연수란 고정자산의 이용가능 연수를 말한다. '사용연수'라고도 한다.

여부와 무관하게 가파르게 떨어지는 것을 알 수 있다. 이렇게 투자한 자산의 경제적 가치가 시간이 지남에 따라 떨어지는 것을 회계에서는 **감가상각**(69쪽 참조)이라고 한다. 자산에 감가상각이 발생하면 감가상각된 금액만큼 자산의 가치를 낮추고 또한 이를 비용으로 인식한다.

뒤에서 다루겠지만 무형자산의 경우에도 '상각'이라고 비슷한 개념이 존재한다. 그러니까 사용기간이 긴 자산의 가치를 평가할 때는 취득가를 기준으로 가치를 매기되, 보유기간 동안에 발생한 경제적 가치하락을 감가상각 등으로 반영한다.

괴짜회계사의 한 줄 정리

취득가는 자산에 들인 돈을 말한다.

회린이가 꼭 알아야 할 회계원칙 4
– 자산의 가치를 평가하는 방식 : 공정가치

자산의 가치를 매기는 두 번째 방식은 공정가치(Fair value)를 사용하는 것이다. **공정가치**란 정상적인 상황에서 구매자와 판매자가 물건을 사고팔때 적정한 가격이라는 뜻이다. 그 반대는 급매물이나 패닉바이(panic buy)처럼 특수한 상황에서 적용되는 특수 가격 등이 있다.

시장에서 적정한 가격 = 공정가치

시장가치 ≒ 공정가치

공정가치와 매우 유사한 것은 **시장가치**(Market value)다. 시장가치는 말 그대로 시장에서 거래될 때 통용되는 가격이라는 뜻이다. 대표적인 시장가치에는 주식시장에서 발생한 거래가가 있다. 보통 시장가격을 지불하면 누구나 거래를 할 수 있기 때문에 주식시장의 시장가치는 공정가치와 같다.

하지만 시장가치와 공정가치가 다소 다른 경우도 있다. 바닷가 근처 횟집에 가면 특정 어종의 가격이 '시가'라고만 써 있는 곳이 많다. 시가는 당일 조업에서 잡힌 생선의 양과 당일 손님의 수 등에 따라 변한다. 처음에는 비싼 값을 부르다가 흥정을 통해 깎이기도 하고, 영업마감 직전에는 떨이로 팔리기도 한다. 이때 시장가치는 수요와 공급 사정에 따라 끊임없이 요동친다. 반면 공정가치는 전국횟집에서 통용되는 가격을 종합해봤을 때 적정한 가격이라는 뜻이나.

공정가치와 시장가치를 엄밀하게 구분할 필요는 없다. 여기서는 회계에서 자산평가 시 사용되는 개념이 공정가치라는 것과 이 공정가치가 시장가치와 비슷한 개념이란 것만 알아두면 된다. 제품 생산에 들인 돈을 더하면 되는 취득가와 달리, 적정한 가격인 공정가치는 추정과 모델링을 통해서만 계산할 수 있다. 자산에 따라 세부적인 차이는 존재하지만 모든 자산의 공정가치는 다음과 같은 세 단계를 거쳐 계산한다.

공정가치를 구하는 3단계 과정

1단계 직접 거래가

시장에서 활발히 거래되는 자산이면 시장가격을 공정가치로 사용할 수 있다. 거래소에 상장된 주식회사의 주식은 장중에서 끊임없이 거래된다. 실무에서는 종가 혹은 당일 평균 거래가격을 공정가치로 사용한다.

2단계 간접 거래가

모든 자산이 시장에서 활발히 거래되는 것은 아니다. 직접 거래가가 없을 때 흔히 사용하는 것이 비교자산의 거래가격이다. 주로 채권을 가치평가할 때 자주 사용한다.

디즈니나 애플처럼 신용도가 좋은 대기업과 은행들은 활발히 채권을 발행한다. 만약 공정가치를 구하고자 하는 채권이 잘 거래되지 않는다면, 먼저 같은 회사가 발행한 채권 중에서 활발히 거래되는 채권이 있는지를 찾아본다. 각 채권은 전혀 다른 자산이지만, 지급보증을 하는 발행사가 같기 때문에 신용위험은 비슷하다. 실무에서는 비교자산의 거래가격을 그대로 가져다 쓰는 것이 아니라, 거래에 적용된 이자율을 가지고 구하고자 하는 자산의 가치를 다시 계산한다.

여기서 짚고 넘어갈 것은 공정가치는 어떤 비교대상의 어떤 거래가격을 사용하느냐에 따라 달라진다는 점이다. 비교자산을 고를 때는 어느 정도 주관과 가정이 개입된다. 평가자의 주관과 가정이 많이 개입될수록 추정된 공정가치의 오차범위는 늘어난다. 따라서 2단계 간접 거래가에서 계산한 가격은 1단계 직접 거래가보다 부정확할 수밖에 없다.

3단계 모델링

가치를 평가하기가 가장 까다로운 자산은 거래되지 않으면서 마땅한 비교대상도 없는 자산이다. 이러한 복잡한 자산의 공정가치를 구하려면 사례 분석과 모델링을 통해 가격을 추정하는 수밖에 없다.

잘 거래되지 않고 유사한 자산도 없으면

모델링

주식·채권 등 금융자산의 가치를 매길 때 사용

공정가치 평가는 금융자산의 가치를 평가할 때 주로 사용한다. 시장에서 매매가 활발하게 이뤄지기 때문이다. 예를 들어 상장기업의 주식은 거래소를 통해 끊임없이 매매가 이뤄지고(1단계), 채권은 주식만큼 거래가 자주 이뤄지지는 않지만 발행사, 신용등급, 만기일 등을 활용하면 비교대상을 선정할 수 있다(2단계). 다시 말해 대부분의 금융자산에는 시장에서 적정한 가격이 형성되어 있어서 공정가치를 적용하는 것이 현실적으로 가능하다. 게다가 금융자산을 보유하는 목적은 차익실현으로, 이때 가장 중요한 것은 자산을 팔았을 때 얼마를 받을 수 있는가 하는 것이다. 따라서 시장에서 적정한 가격으로 팔리는 금융자산에 공정가치 평가가 주로 쓰인다.*

* 여담이지만 금융자산 중에는 차익실현이 목적이 아닌 것도 있다. 만기 때까지 보유목적으로 투자한 채권이나 대출 등이다. 이들 자산의 경우 취득가를 기준으로 가치를 평가한다. 다양한 금융자산의 가치평가 방식에 대해서는 52~53쪽 박스를 참조하길 바란다.

실물자산은 공정가치로 평가하기 어렵다

공장설비나 영업용 차량 등 기업들이 보유하는 실물자산에는 공정가치를 적용하기가 매우 어렵다. 이들 자산은 중고물품에 대한 시장이 형성되어 있지 않다. 기업이 기존에 사용하던 설비의 구매자를 찾는 것 자체가 매우 어렵다. 중고나라에 공장설비를 판다고 올릴 수도 없지 않은가.

무엇보다 실물자산은 수수료, 등록세 등의 거래비용이 금융자산의 거래비용(양도세 등)보다 훨씬 비싸다. 때문에 거래가 활발하게 이뤄지지 않는 중고물품을 팔려면 처분과정에서 많은 손실이 발생한다.

공장설비   영업용 차량

게다가 실물자산을 구입하는 목적은 경제적 이익을 발생시키는 데 있다. 즉 기업이 설비자산을 매각하여 다소간 차익을 얻는 것이 가능해도 이를 대체할 만한 설비가 없으면 기존 생산라인을 멈춰 세워야 하므로, 실제로 이를 매각하기는 어렵다.

자산을 최초로 취득한 시점에는 취득가와 공정가치가 같다

취득가 또는 공정가치 평가는 개념적으로는 전혀 달라 보이지만, 현실에서는 큰 차이가 없다. 최초로 자산을 취득한 시점에는 취득가가 바로 공정가치이기 때문이다. 다시 말해 기업이 최초로 자산을 인수하면서 지불한 대가는 자산평가 시 직접 거래가(1단계)로 사용된다. 특히 재고처럼 내용연수가 짧은 자산은 취득가와 공정가치가 비슷하다.

취득가와 공정가치 간에 괴리가 심각하게 발생하는 경우는 내용연수가 긴 부동산이나 대형설비 같은 고정자산일 때다. 이들 자산도 최초 취득시점에는 '취득가 = 공정가치'가 성립한다. 그러나 취득한 이후로 시간이 많이 지날수록 실제 자산의 공정가치는 점점 떨어져 취득가로부터 괴리된다. 그중 부동산은 다소 평가하기가 애매한데 구매 시 실사용 목적과 차익실현 목적이 둘 다 있기 때문이다.

사례 어떤 기업이 수십 년 전 실사용 목적으로 강남에 금싸라기 땅을 매입했다. 한번 장부에 기록된 취득가는 수십 년 동안 전혀 변하지 않기 때문에, 장부에는 수십 년 전 지불한 취득가로 그대로 남아 있다. 이 자산의 가치를 시세에 맞게 평가할 수 있을까?

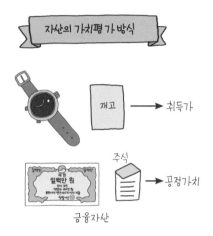

같은 땅이지만 공정가치로 재평가할 경우 현재 시세에 맞는 가격으로 장부에 기록된다. 평가방법을 바꾸는 과정에서 수십 년 간의 평가차익이 한꺼번에 반영된다. 이러한 이유 때문에 국제회계기준(IFRS) 도입 이후, 부동산 보유가 많은 대기업들의 자산이 크게 늘었다.

이처럼 어떤 가치평가 방식을 도입하느냐에 따라 장부의 가치는 변할 수 있다. 앞으로 재무제표를 공부할 때는 재고는 취득가, 금융자산은 공정가치라는 식으로 단순암기를 하기보다 어떤 방식을 적용함에 따라 장부가 어떻게 변화하는지에 주목해보자.

괴짜회계사의 한 줄 정리

공정가치는 시장가치를 토대로 추측한 적정가격이다.

금융자산은 보유 형태에 따라 다르게 가치평가한다

회계원칙에서는 채권, 대출 등 금융상품의 가치를 세 가지 기준으로 평가한다. 바로 만기보유(Held To Maturity), 매도가능(Available For Sale), 단기매매(Trading Securities)가 그것 이다.

먼저 만기보유 채권은 공정가치가 다소 변하더라도, 회사가 만기까지 보유할 목 적으로 구입한 자산이다. 만기보유 자산은 취득가를 기준으로 회계처리하기 때문에, 보유기간 동안 채권의 시세가 오르거나 내리더라도 자산의 가치도 변하지 않고 평가손익도 발생하지 않는다(단, 파산 등의 영구적 손실이 발생했을 경우에는 손실을 반영해야 한다). 예를 들어 900원을 주고 샀던 만기보유 채권의 값이 올라 1,000원이 되었더라도, 취득가를 기준으로 평가하기에 장부가치는 항상 900원으로 유지된다. 만기가 되거나 처분하여 손익이 실현되는 경우에만 그 손익이 기업의 자본에 반영된다.

반면, 매도가능 자산 및 단기매매 채권은 항상 공정가치를 기준으로 가치평가한다. 자산의 가치는 평가일의 공정가치에 따라 수시로 변하며, 이로 인해 발생하는 평가손익 또한 바로 자본에 반영된다.

그렇다면 매도가능 채권과 단기매매 채권의 차이점은 무엇일까? 둘은 자본에 어떻게 반영되는지가 다소 다르다. 매도가능 채권의 평가손익은 손익계산서에는 포함되지 않고 포괄손익*에만 반영되고, 단기매매 채권의 평가손익은 손익계산서에 바로 반영된다.

우리가 흔히 '실적'이라고 하는 것은 손익계산서에서 계산된 이익을 말한다. 주가와 주식투자자들은 손익계산서상 드러난 실적에 매우 민감하게 반응하는데, 매도가

• 포괄손익은 일반적으로 '기타포괄손익'이라고 한다. 평가차익, 해외사업환산손익처럼 회계상으로만 존재하는 이익을 말한다. 기타포괄손익에 대해서는 289쪽에서 자세히 다룬다.

능 채권은 자산의 평가손익을 포괄손익에는 포함하지만 투자자들이 가장 주목하는 실적에서는 뺀다. 반면 단기매매 채권은 평가손익을 바로 당기 실적에 반영한다. 왜 이런 차이를 둘까?

매도가능과 단기매매 금융상품의 보유 목적이 다르기 때문이다. 트레이딩을 업으로 삼는 증권사나 자산운용사들은 많은 금융자산을 단기매매로 분류한다. 자산을 사고파는 것이 본업인 만큼 평가손익을 통해 실적을 평가받는 것이 옳기 때문이다. 반면 보험회사나 은행들은 채권을 사고팔기는 하지만 이는 본업(보험 혹은 대출) 외의 부수입에 가깝다. 따라서 확정되지도 않은 평가손익을 실적에 바로 반영하기보다는 포괄손익에만 포함시켜 좀더 본업으로 인한 실적에 집중할 수 있게 하는 것이다.

금융자산의 보유 형태에 따른 가치평가 방식

기준	가치평가 방식	미실현 차익 반영
만기보유	취득가	X
매도가능	공정가치	포괄손익에만 반영
단기매매	공정가치	실적에 바로 반영

나를 빼야 본업으로 인한 실적을 잘 알 수 있어

포괄
손익

06 회린이가 꼭 알아야 할 회계원칙 5
– 장부가치

앞서 자산의 가치평가 방식 두 가지를 살펴보았다.

하나는 취득가를 기준으로 평가하는 것이다. 재고같이 수명이 짧은 자산은 취득에 들어간 돈 전부를 자산으로 인식하고, 고정자산처럼 내용연수가 긴 자산은 취득가를 기준으로 장부에 기록했다가 감가상각 등을 통해 자산의 가치하락을 서서히 비용으로 잡는다.

즉 취득가를 기준으로 자산을 평가할 때는 들인 돈을 기준으로 평가하되, 자산의 가치상승이나 이로 인한 평가차익은 실적에 반영하지 않고 가치하락을 손실로 즉시 반영하는 것이다.

또다른 방식은 시장가치와 유사한 공정가치를 기준으로 자산의 가치를 평가하는 것이다. 주로 금융자산이나 부동산처럼 시세가 존재하고 차익이 실현가능한 자산에 사용하는데, 시세변화에 따른 가격변동을 장부에 바로바로 반영하는 것이 원칙이다.

이처럼 두 가지 평가방식을 통해 계산된 가치를 회계에서는 **장부가치**(Book value)라고 한다.

장부에 표시된 가치와 시장에서 평가받는 가치는 다르다

장부가치는 말 그대로 회계장부(재무제표)에 적혀 있는 자산의 가치를 뜻한다. 다만 개별자산의 장부가치와 기업의 장부가치는 다소 다르다. 개별자산의 장부가치는 재무제표에 기록된 해당 자산의 가치로, 취득가 혹은 공정가치로 평가된다.

반면 기업의 장부가치는 모든 자산의 장부가치에서 부채를 제한 값, 즉 지금 당장 기업이 장부에 매겨진 가치에 따라 모든 자산을 청산하고 부채 또한 갚았을 때 남는 가치를 말한다.

그런데 이 두 장부가치는 모두 실제 자산의 가치와는 동떨어져 있는 회계원칙상의 가치이고, 기업의 실제 가치는 '시장가치(Fair market value)' 라고 한다.

- 개별자산의 장부가치 = 재무제표에 기록된 자산의 가치
- 기업의 장부가치 = 모든 자산의 장부가치 합 – 부채

왜 기업의 장부가치와 시장가치는 다를까? 기업에는 장부가 치에 제대로 반영되지 않는 자산들이 있기 때문이다.

기업의 장부가치

≠

기업의 시장가치

예를 들어 내용연수가 지난 기계장치는 장부상 전혀 가 치가 없지만, 현실에서는 멀쩡히 잘 돌아가면서 이익창출에 기여하고 있을 수 있다. 자산의 회계적 추정치와 실제가치가 괴리될 수 도 있는 것이다.

더 큰 문제는 무형자산의 가치문제이다. 회계원칙은 영업권, 상표 등 과 같은 무형자산의 가치를 매우 보수적인 기준으로 평가하고 있기 때 문이다.

질문 코카콜라사의 가장 가치 있는 자산인 코카콜라 상표권은 재무제표에 주요자산으로 공개되어 있을까?

내 상표권은 재무제표에 없다

그렇지 않다. 코카콜라 상표권의 가치는 코카콜라사가 그동안 지불해온 천문학적인 마케팅 비용 등이 쌓이고 쌓여 만들어진 것으로, 오랜 관리를 통해 얻어낸 것이다. 그런데 재무제표는 이런 무형자산의 가치를 인정하는 데 매우 인색하다. 따라서 재무제표나 장부가치만 보고 기업의 시장가치를 매길 수는 없다.

기업 평가는 장부가치에서 시작된다

그럼 왜 재무제표라는 것을 배우고, 장부가치를 구하는 것에 대해 자세히 설명했는데? 일단 기초를 알아야 응용을 할 것 아닌가.

기업의 시장가치는 장부가치에 반영되지 않은 자산들의 가치를 조정해 반영하고 미래 실적을 예측하는 방식으로 매겨진다. 장부가치가 어떻게 매겨지는지부터 제대로 이해해야, 장부가치를 조정하고 실적을 예측할 수 있다. 기초가 확실하면 응용하는 것은 의외로 쉽다(물론 잘하기는 어렵다).

회계공부의 미덕은 나쁜 기업을 거르는 데 있다. 장부가치가 높다고 무조건 좋은 기업은 아니지만, 장부가치가 빈약한 기업 치고 기초가 튼튼한 기업은 없다. 기초 회계지식만 가지고서 주식고수가 될 수는 없어도 당장 망할 기업, 투자하면 안 되는 기업 정도는 거를 수 있는 것이다. 주식시장에서 만날 손해 보는 개미일수록 기초 공부부터 탄탄히 하시라.

가치평가 원칙을 간단히 정리하자. 표로 정리한 이 용어가 앞으로 회계공부를 하는 데 유용하게 쓰이길 바란다.

가치평가 방식에 따른 자산 분류

취득가	공정가치
재고자산 (단, 가치하락 시 손실 반영)	금융자산 (직접 거래가 → 간접 거래가 → 모델링)
고정자산 (내용연수 동안 서서히 가치하락 반영)	

괴짜회계사의 한 줄 정리

장부를 토대로 평가한 기업의 가치를 장부가치라고 한다.

07 회린이가 꼭 알아야 할 회계원칙 6
- 발생주의 회계처리

거래는 언제 회계장부에 기록될까? 언뜻 보기엔 간단한 질문인 것 같지만 사실은 그렇지 않다. 기업이 맺고 있는 거래가 다양하고 복잡하기 때문이다. 일상에서 찾아볼 수 있는 몇 가지 예를 살펴보자.

언제 거래를 회계장부에 기록할까?

사례 새 휴대전화를 구입하면서 기기값을 할부로 나눠 내는 약정계약을 했다. 이 거래는 언제 회계장부에 기록할까?

휴대전화를 구입하고 개통까지 완료했으나 기기값은 아직 갚지 않은 경우이다. 이처럼 대가를 나중에 지불하는 것을 '신용거래'라고 한다. 일상에서 흔히 볼 수 있는 신용거래에는 외상, 무이자할부, 신용카드 사용 등이 있다. 외상 같은 거 요즘 누가 하나 싶지만 한 달에 한 번씩 내는 공과금, 전기요금 등도 외상의 일종이라고 볼 수 있다.

이처럼 신용거래를 할 때 기업은 ① 물건을 팔았을 때 매출로 기록해야 할까? 아니면 ② 물건 대금을 무사히 회수했을 때 매출로 기록해야 할까?

사례 온라인 쇼핑몰에서 물건을 주문했다. 기업은 이 거래를 언제 매출로 잡을까?

온라인 쇼핑몰, 이커머스를 통한 상거래는 해마다 성장 중이다. 특히 코로나 위기를 거치면서 생필품 또한 온라인을 통해 구입하는 것이 일상화됐다. 이러한 온라인쇼핑의 특징은 결제완료 시점에 물건이 구매자에게 전달되지 않는다는 것이다. 결제완료가 되면서 주문이 접수되지만, 실제 물건을 받아보기까지는 시간이 걸린다. 온라인을 통해 물건을 팔았을 때 기업은 ① 물건을 택배회사로 인도했을 때 매출로 잡아야 할까? 아니면 ② 물건이 무사히 고객에게 배송완료됐을 때 매출로 잡아야 할까?

사례 모바일 게임에서 아이템을 샀다. 이 경우 기업은 이 거래를 언제 매출로 잡을까?

최근 몇 년간 게임회사의 실적을 견인해왔던 것은 리니지M, 검은 사막 모바일 같은 모바일 게임이다. 이들 모바일 게임은 무료로 다운받을 수 있는 대신 게임 내 유료 아이템은 결제해야 한다. 게임 내 유료아이템의 종류란 것도 참 다양하다. 결제하는 순간 자동으로 사용이 되는 아이템이 있는가 하면, 특정기간 동안 사용 가능한 아이템도 있다. 기간제 아이템의 경우 ① 아이템을 구입한 날을 기준으로 매출을 잡아야 할까? 아니면 ② 게임 아이템을 사용하는 기간에 따라 매출을 나눠 잡아야 할까?
　게임에 대한 예시가 잘 와닿지 않는 독자라면 헬스장을 떠올려도 좋다. 헬스장은 보통 한 달 혹은 몇 달 단위로 이용권을 결제한다. 헬스장 이용권에 대한 매출은 ① 대금을 결제한 날을 기준으로 잡아야 할까? 아니면 ② 고객이 이용하는 기간에 따라 매출을 나눠 잡아야 할까?

거래가 발생했을 때 기록하고, 의무를 다했을 때 매출로 잡는다

회계에서는 이렇게 복잡한 문제들을 다루기 위해 발생주의라는 원칙을 사용한다. **발생주의**란 거래의 발생을 기준으로 장부에 기록하는 것을 말한다. 이와 대비되는 개념으로는 **현금주의**라는 것이 있다. 현금주의에서는 거래의 발생이 아닌 현금의 입출입을 기준으로 거래를 기록한다.

앞으로 우리가 배울 회계는 발생주의를 기준으로 한다. 회계에서는 현금이 언제 오갔는지가 아니라, 언제 거래가 발생했는지를 기준으로 장부에 기록한다. 매출거래의 경우 ① 고객이 가격과 구매에 동의했고, ② 기업이 그에 대한 의무를 다한 시점에 거래가 발생한 것으로 본다. 이러한 기준을 각 사례에 대입해 생각해보자.

휴대폰을 할부로 구입하는 경우 회계처리 시점

휴대전화를 팔았을 때 ○

휴대전화 기기값을 회수했을 때 ✕

고객이 휴대전화 약정계약서에 서명한 순간 구매에 대한 동의가 이뤄진 것으로 본다. 그리고 대리점에서 휴대전화를 건넨 순간 기업은 그에 대한 의무를 이행한 것이다. 이와 같은 오프라인 거래는 고객이 구매동의를 하고 물건을 받아갈 때 매출거래가 성립된다(물론 고객은 아직 휴대전화 기기값을 지불하지 않았다). 이처럼 거래의 발생시점과 거래대금의 회수시점이 다를 때 발생주의는 거래의 발생시점에 초점을 둔다.

발생주의는 일상적으로 기업이 맺고 있는 거래를 장부에 바로바로 기록한다는 장점이 있다. 하지만 이미 거래가 이뤄진 물품대금이 제대로 회수되고 있는지는 보여주지 않는 단점이 있다.*

* 발생주의의 이러한 단점을 보완해주는 재무제표가 현금흐름표이다. 현금흐름표는 298쪽에서부터 자세히 설명한다.

온라인을 통해 물건을 구입하는 경우 회계처리 시점

온라인 상거래의 경우 결제가 먼저 이뤄진다. 따라서 장
바구니에 담아둔 물건을 결제하는 순간 거래에 대한 동
의는 자동으로 이뤄진 셈이다. 문제는 언제 기업이 그에
대한 의무를 다하였느냐이다.

발생주의 관점

물건이 배송중일 때 ✕

물건이 배송완료 됐을 때 ○

　이 경우 판매한 물건이 고객에게 인도되는 순간, 기업이 거래에 대한
의무를 다했다고 본다. 즉 재화의 통제를 기준으로 매출을 인식하는 것
이다. 택배 배달이 완료되어야 물건의 소유권이 완전히 고객에게 넘어
갔다고 본다. 따라서 결산일을 기준으로 아직 배송중인 제품에 대해서
는 재고로 인식한다.

게임 아이템을 구입하는 경우 회계처리 시점

대부분의 거래가 게임 내에서 이뤄지는 업종의 특성상
결제와 아이템 지급이 동시에 이뤄진다. 역시나 쟁점이
되는 것은 회사가 결제에 대한 의무를 언제 수행했느냐
하는 것이다. 유료결제에 대한 아이템을 지급했으니 의
무가 끝난 걸로 볼 수도 있다.

발생주의 관점

아이템을 결제했을 때 ✕

아이템이 사용됐을 때 ○

　하지만 기간제 아이템의 경우 결제한 기간 동안 기업은 안정적으로
게임을 운영해야 할 의무가 남아 있다. 미사용 아이템은 환불을 요구할
수도 있다. 따라서 게임회사는 기간제 아이템의 경우 사용기간을 나누
어 서서히 매출로 인식한다. 소비형 아이템이나 확률형(뽑기 방식) 아이
템은 사용이 이뤄진 순간에 결제에 대한 의무를 다한 것으로 본다. 즉
유저가 구입한 아이템이 사용되었을 때 매출 또한 같이 발생한다.

상품권·헬스장 이용권을 구입하는 경우 회계처리 시점

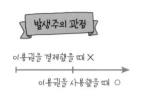

발생주의 관점

이용권을 결제했을 때 ✕

이용권을 사용했을 때 ○

비슷한 예로 헬스장 이용권이 있다. 보통 장기결제를 하면 많은 할인을 제공한다. 나같이 작심삼일형 이용자들을 타깃으로 6개월 혹은 1년 장기이용권을 싼값에 파는 것이다. 이 경우에도 매출로 잡는 시점은 돈을 받은 시점이 아닌 받은 돈에 대한 의무를 수행한 시점이다. 신규회원이 1년치 이용권을 결제했다면, 1년 동안 헬스장을 정상적으로 운영해야 할 의무가 남아 있으며, 만약 이용기간이 남은 상태에서 헬스장이 갑자기 문을 닫을 경우 고객들에게 미사용 기간에 대해 환불해줘야 한다. 따라서 헬스장은 고객으로부터 연초에 미리 받은 돈을 한꺼번에 매출로 잡지 않고 고객의 이용기간을 나누어 서서히 매출로 잡는다.

게임 아이템, 상품권, 헬스장, 그리고 상조회사의 공통점은 결제로부터 한참 뒤에 그 결제에 대한 의무를 수행한다는 것이다. 기업은 미리 받은 돈을 매출(자본)이 아니라 선수금(부채)으로 기록한다. 의무를 수행하지 못한 돈은 온전히 기업의 것이 아니고, 이 계약에 대한 의무를 수행하지 못할 경우 돈을 돌려줘야 하기 때문이다.

괴짜회계사의 한 줄 정리

발생주의는 결제가 아닌 거래가 언제 발생했는지를 기준으로 한다.

08 회린이가 꼭 알아야 할 회계원칙 7
– 수익 비용 대응의 원칙

회계에서는 왜 발생주의를 채택하고 있을까? 가장 큰 이유는 신용거래
가 일상적으로 이뤄지기 때문이다. 이제 편의점에서 생수 한 병을
사더라도 신용카드를 건네는 게 어색하지 않을 정도로 카드사용
이 늘었다. 홈쇼핑에서는 무이자할부 혜택을 자주 제공하고,
현대자동차 같은 대기업은 아예 캐피털 회사를 자회사로 두
고 차량 구매자에게 할부를 제공한다. 이렇게 기업이 다양한
결제수단과 신용거래를 허용하는 이유는 소비자의 구매력을 높
여 물건을 하나라도 더 팔기 위함이다.

신용거래는 현금흐름을 지연시킨다

현대 사회에서 신용이라는 것은 공기처럼 눈에 보이지 않지만 어디에나
존재하고, 또한 살아가는 데 반드시 필요한 것이 되었다. 우리는 신용을
전제로 휴대전화를 사용하고 가게에서 카드를 내민다. 매일 전기와 수
도 미터기를 읽고 그날 사용한 요금을 내는 게 아니라 한 달에 한 번씩
정산을 한다. 신용 덕택에 우리의 소비는 편리한 방식으로 발전해왔다.

그 대신 거래가 발생한 시기와 실제 현금이 오가는 시기 사이에는 자
연스럽게 지연(Lag)이 발생하고 있다. 이런 현실에서 거래가 아닌 현금
의 흐름에 따라 매출과 비용을 인식한다는 건 매우 부자연스럽다.

돈을 벌었으면 비용도 매치시켜라

회계에서 발생주의 원칙을 채택한 또 한 가지 이유는 발생주의가 기업의 영업환경을 좀더 정확하게 반영하기 때문이다. 무에서 유를 창조하는 일은 적어도 회계에선 존재하지 않는다. 기업이 이익을 발생시키는 유일한 방법은 가진 돈을 소모해 그 돈보다 더 가치 있는 제품이나 서비스를 만든 다음, 여기에 이익을 붙여 고객에게 판매하는 것이다.

제조업 기업이 제품을 생산하기 위해선 반드시 토지, 건물, 기계설비 등 생산수단이 갖춰져야 한다. 문제는 이러한 생산수단을 갖추기 위해선 막대한 지출이 발생한다는 점이다. 이러한 지출은 현금주의적 관점에서 보자면 그냥 돈을 쓴 것에 지나지 않는다. 만약 회계장부를 현금주의적으로만 본다면 언제 어떤 자산을 취득했느냐에 따라 기업의 이익은 들쭉날쭉해질 것이다.

하지만 설비투자에는 앞으로 더 많은 이익을 창출하겠다는 기업의 의도가 담겨 있다. 기업 입장에서는 2보 전진을 위한 1보 후퇴인 셈이다. 그래서 발생주의는 이러한 투자를 비용이 아닌 자산으로 인정해준다. 돈을 썼다는 사실보다 지출로 인해 설비가 생겼다는 사실에 초점을 맞추는 것이다. 대신 투자한 자산으로 인해 경제적 이익이 발생할 때 그 지출을 비용으로 인식한다. 이를 **수익 비용 대응의 원칙**이라고 한다. 영어로는 좀더 간단하게 'Matching Principle'이다. 돈을 벌었으면 그 돈을 버는 데 들어간 돈 또한 짝을 지어 비용으로 인식하라는 뜻이다.

회계기준이 발생주의를 채택한 진짜 이

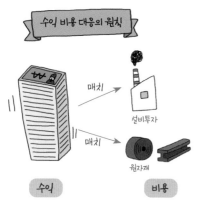

수익 비용 대응의 원칙

매치 → 설비투자

매치 → 원자재

수익   비용

유는 여기에 있다. 돈을 버는 시기와 돈이 나가는 시기를 동시에 잡기 위함이다. 이를 통해 기업이 실질적으로 벌어들인 이익이 얼마인지 정보이용자에게 정확히 전달하는 것이 목적인 것이다.

거래를 세분화해 기록한다

발생주의에서 비용이 어떻게 잡히는지, 수익과 비용 대응의 원칙이 어떻게 적용되는지 살펴보자. 다음은 어떤 가구회사의 생산과정이다.

가구회사의 생산과정

가구회사가 가구를 만들기 위해선 여러 가지 지출이 들어간다. 주재료인 원목과 이를 결합시킬 경첩과 같은 부품들이 필요하고, 다수의 숙련인력도 있어야 한다.

현금주의에서는 지출이 발생할 때마다 현금의 유출이 발생한다. 원재료인 원목에 대한 대금을 결제해줄 때, 공장 근로자에게 월급을 지급할 때 현금이 지출된다. 언제 원목을 납품받았는지, 지불한 대금이 몇 개월치에 대한 것인지 등은 현금주의에서 고려사항이 아니다. 현금주의에서 중요한 것은 오로지 언제 현금이 지불되었는가이다.

반면 발생주의에서는 거래 자체에 초점을 맞춘다. 발생주의에서 중요한 것은 각 거래 그 자체이다. 원목에 대한 거래가 장부에 처음 기록되는 것은 원목을 납품받았을 때이다. 이후 원목을 가공하여 가구를 만들 때, 그리고 만들어진 가구가 팔려나갈 때마다 각 거래는 장부에 기록된다.

발생주의에서는 단순히 현금이 지출되었다는 결과뿐만 아니라 왜 현금을 지출했고, 구입한 자산은 어떻게 되었는지까지 상세히 적힌다. 발생주의는 이처럼 경제적 사건을 세분화해 장부에 모두 기록한다. 각각의 거래가 장부에 어떻게 적히는지를 알아보자.

원자재를 납품받을 때 비용 처리

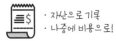

· 자산으로 기록
· 나중에 비용으로!

1,000만원어치의 원목을 납품받았다면 원목 1,000만원이 즉시 원자재(자산)로 기록된다. 납품받은 것에 대한 대금을 어떻게 치르기로 했는지는 부차적인 문제이다. 그와 무관하게 인도받는 순간 원목은 자산으로 장부에 기록된다.

만약 원목 대금을 나중에 주는 신용거래를 했다면, 현금주의에서는 지출이 발생하지 않았기에 물품을 구입했다는 사실이 장부에 기록되지 않는다. 하지만 발생주의에서는 납품이라는 거래가 이뤄짐과 동시에 원목의 구입이 장부에 기록된다. 이처럼 발생주의는 경제적 현실에 초점을 맞추어 거래를 기록한다.

특히 원목 구입에 들어간 돈을 비용이 아닌 자산으로 기록하는 점에 주목하자. 현금주의에서는 자산 구입과 비용 지불은 둘 다 똑같은 지출이기에 차이가 없다. 하지만 발생주의에서는 수익 비용 대응의 원칙 때문에 이 둘을 나눠서 기록한다. 가구로 만들어 돈을 벌기 위해 원목을 산 것이므로, 그 가구가 판매되어 수익이 발생할 때까지 생산에 들어간 모든 지출은 비용이 아닌 자산으로 기록한다. 판매가 완료되어야 그 가구에 들어간 지출이 비용으로 잡힌다.

다시 말해 발생주의에서는 원목 구입액은 매출이 발생할 때까지 자산으로 기록하기에 자본에 영향을 미치지 않는다. 원자재 비용은 지출 즉시 자본을 감소시키는 비용과 달리, 당장 자본에 영향을 주지는 않는 것이다. 이처럼 자산으로 잡힌 지출이 어떻게 비용화되는지는 잠시만 기다리시라.

원목을 가공하여 가구로 만들 때 비용 처리

이제 원목을 가공해서 가구를 만들었다고 하자. 이때 원자 재 자산은 1,000만원어치 감소하고 대신 재고자산이 1,000 만원어치 늘어난다. 취득가를 기준으로 한 가치평가 방식 에 따르면, 이 경우 들어간 돈만큼 새로운 자산이 생겨났으므로 손익은 발생하지 않는다. 원자재라는 자산이 재고라는 다른 자산으로 형태만 바뀌었기 때문이다.

· 자산으로 기록
· 임금이 재고가 되다니!

하지만 가구를 만드는 데에는 돈이 추가로 들어간다. 가구는 나무만 있다고 뚝딱하고 만들어지지 않고 장인의 손길을 거쳐야만 만들어진다. 이러한 인건비는 놀랍게도(?) 재고에 더해진다.

즉, 회계에서는 가구를 만들기 위해 총 인건비가 200만원 들면, 현금 자산이 200만원 감소한 만큼, 재고자산이 200만원어치 늘어난 것으로 본다. 임금이 재고가 되다니!

얼핏 들으면 이상하지만, 회계적으로는 분명히 그렇다. 제품이 생산 되기까지 발생하는 모든 지출은 재고자산으로 본다. 회계적으로는 노동 이나 원자재는 똑같은 생산요소의 하나일 뿐이다. 원자재 구입에 쓴 돈 이 자산이 된다면, 마찬가지로 인건비에 들어간 돈 역시 자산에 포함되 는 것이다.

인건비
↓
현금자산 재고자산
감소↓   증가↑

이로써 총 1,200만원어치의 재고(원자재 1,000만원 + 인건비 200만원)가 만 들어졌다. 그 대신 인건비로 현금 200만원이 소모되었고, 원자재 구입으로 인한 빚도 1,000만원이 생겼다(원자재 구입 시 신용거래로 아직 현금은 지불하지 않았고, 이는 장차 지불해야 할 빚인 셈이다). 그러나 회계에서는 아직까지는 손익(자본)에 영향을 미치는 비용은 전혀 발생하지 않았다.

가구가 팔렸을 때 비용 처리

가구 판매
3,000만 원

· 매출로 기록
· 이때 앞의 1,200만원을
  비용으로 잡는다.

· 다시 한 번 정리하
자면 가구를 만드는
데 든 지출은 자산(재
고)이 되었다가 가구
가 팔렸을 때 비용으
로 사라지는 것이다.

이렇게 만들어진 가구가 3,000만원에 팔렸다고 해보자. 이제 수익이 발생했으니 이 수익을 발생시키는 데 들어간 지출을 비용으로 인식할 차례이다.

지금까지 가구를 만드는 데 들어간 돈 1,200만원은 매출이 발생하면 제조원가라는 비용이 된다. 비용이 발생함과 동시에 만들어진 재고 1,200만원은 사라진다.*

매출에서 비용을 제하고 남은 것을 '이익'이라고 한다. 가구 판매로 인해 발생한 매출은 3,000만원인데 비용은 1,200만원이므로 이익은 1,800만원이다. 이는 벌어들인 현금 3,000만원에서 지금까지 가구를 만드는 데 소모한 돈 1,200만원을 제하고 남은 돈과 정확히 일치한다. 즉 자산(수익 1,800만원)은 부채와 자본의 합(-1,200만원 + 3,000만원 = 1,800만원)이라는 등식이 성립한다.

이처럼 수익과 비용을 대응시키면 이익이 얼마인지 바로 알 수 있다. 주주몫이 얼마인지 가려내는 데에도 유용하다. 또한 생산과정은 더욱 세분화되어 장부에 남는다. 이런 맥락에서 발생주의는 기업이 맺고 있는 거래와 그로 인해 발생한 경제적 사건을 좀더 생생히 나타낸다.

괴짜회계사의 한 줄 정리

발생주의에서 제품생산에 직접적으로 들어간 지출은 재고로 기록되었다가, 매출이 발생할 때 비용으로 인식된다.

회린이가 꼭 알아야 할 회계원칙 8
- 감가상각

지금까지 우리가 살펴본 지출은 제품생산과 관련된 직접비용에 관한 것
이다. 그런데 여기에 누락된 몇 가지 지출이 있다. 바로 감가상각이다.
감가상각은 원가를 계산할 때 누락되기 가장 쉬운 부분이다.

생산설비와 건물은 일단 자산으로 기록한다

사람과 원자재만 있다고 제품이 생산되는 것은 아니다. 생산을
위한 설비와 건물도 필요하다. 현금주의를 따른다면, 수십 년 동
안 사용할 수 있는 공장을 짓는 데 들어간 돈도 하나의 지출로
볼 것이다. 문제는 이 지출이 매우 거대해서 현금보유량을 급
격하게 줄이기에, 사정을 잘 모르는 외부인이 보면 마치 회사에
무슨 큰 문제가 발생한 것 같은 착각을 할 수도 있다는 점이다.

우리는 자산으로 기록한 뒤 감가상각해

　　그래서 발생주의에서는 고정자산에 대한 지출은 한꺼번에 비용으로
잡지 않고, 현금을 지불한 만큼 그에 상응하는 자산을 획득한 것으로 보
아 자산으로 기록한다. 즉 설비 구입에 든 돈은 취득 시점에 비용으로
잡지 않고, 하나의 자산이 다른 자산으로 바뀐 것으로 기록하며, 설비를
가동하여 돈을 버는 기간 동안 서서히 비용으로 나누어 기록한다. 이는
'수익 비용 대응의 원칙'을 따른 것이다. 감가상각은 바로 이런 원칙에
따라 등장한 개념이다.

기간을 나눠 서서히 비용처리한다

감가상각이란 생산설비를 짓는 데 들어간 지출을 내용연수 등으로 나누어 비용으로 잡는 것을 말한다. 여기서 **내용연수**(Useful Life)는 그 자산을 통해 편익이 발생될 것으로 예상되는 기간, 말 그대로 그 자산을 그럭저럭 쓸 만한 기간을 말한다. 즉, 감가상각이란 내가 자산을 구입하는 데 쓴 돈을 내가 득을 볼 것 같은 기간으로 나누어 서서히 비용처리하는 것이다.

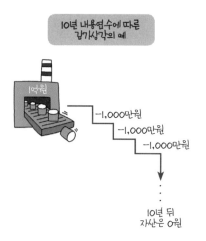

10년 내용연수에 따른 감가상각의 예

1억원

-1,000만원
-1,000만원
-1,000만원
⋮
10년 뒤
자산은 0원

가구회사가 1억원을 들여 가구공장을 지었는데, 이 공장의 내용연수가 10년이라고 하자. 1억원을 10년으로 나눌 경우 해마다 1,000만원의 감가상각이 발생하며, 이 감가상각 금액만큼을 매년 비용으로 잡는다.

내용연수의 핵심은 노후화가 아니다

몇 가지를 조금만 더 알아보자. 감가상각에 사용되는 내용연수는 사용가능 기간과는 개념이 다르다. 예를 들어 내용연수가 10년이라고 해서 10년 뒤에는 공장이 마모되어 완전히 사라질 것이라는 뜻이 아니다. 내용연수의 핵심은 마모가 아니라 '진부화'이다. 10년 뒤에도 멀쩡히 쓸 수 있는 기계라고 해도 유지비가 비싸지거나 기술표준에 뒤쳐질 수 있다. 기계를 계속해서 유지할 경제적 가치가 사라지는 것이다. 특히 IT기업의 생산설비는 내용연수가 짧은 편인데, 이는 IT업종의 특성상 기술표준이 빠르게 바뀌기 때문이다.

감가상각비용은 어디에 포함될까?

감가상각비용은 종류에 따라 제조원가에 포함될 수도 있고, 판매관리비에 포함될 수도 있다.

수익과 직접적으로 대응되는 생산설비의 감가상각은 원자재, 인건비 등과 함께 제조원가에 포함된다. 예를 들어 가구회사의 공장에서 발생한 감가상각은 제조원가로 잡힌다. 반면 수익과 직접적인 관계가 없는 본사 건물의 감가상각은 판매관리비 항목에 포함된다. 같은 감가상각이라고 해도 수익에 얼마만큼 직접적으로 기여했느냐에 따라 이처럼 다른 비용으로 분류된다.

앞으로 살펴볼 재무상태표와 손익계산서 등은 발생주의를 전제로 하여 작성된 것이다. 우리는 발생주의를 통해 기업이 점유하고 있는 자원이 얼마인지, 그리고 기업이 주주몫으로 남긴 이익은 얼마인지 효율적으로 가려낼 수 있다.*

축하한다. 당신도 이로써 기본적인 회계개념을 갖게 되었다.

* 하지만 발생주의에도 한계는 있다. 그 한계를 보완해줄 수 있는 것이 바로 현금흐름표이다. 그래서 재무제표를 읽는 가장 좋은 방법은 각기 다른 정보를 담고 있는 재무제표들을 중첩해서 살펴보는 것이다. 이렇게 여러 각도에서 재무제표를 살펴볼 때 비로소 기업에 대한 입체적인 분석이 가능해진다.

괴짜회계사의 한 줄 정리

고정자산을 취득하는 데 들어간 지출은 내용연수로 나누어 서서히 감가상각한다.

재무제표를 읽는 것은 영어회화를 하는 것과 같다. 이 책에서는 어려운 '회계 문법'
은 되도록 배제한다. 대신 실전에서 재무제표를 이해하고 읽을 수 있게 만들어준
다. 재무제표의 뜻과 종류 등을 알아보자. 또한 재무제표는 모두 연결되어 있음을
기억하자. 회린이 맞춤으로 설명하니 잘 따라오시라.

2

CHAPTER

재무제표 볼 줄 아세요?

_회린이 맞춤 재무제표 수업

01 재무제표, 생각보다 만만하다

재무제표
만만하네!

회계공부의 최종 목적은 재무제표를 읽고 분석하는 것이다. 그러면 재무제표라는 것은 기초회계를 모두 마스터해야 정복할 수 있을까?

이건 순서가 잘못된 접근이다. 재무제표를 먼저 봐야 회계를 빨리 배울 수 있다.

회계학의 기초를 쌓는 것과 재무제표를 읽는 것은 다른 문제이다. 영어공부로 치면 회계학은 문법을 배우는 것이다. 각 계정의 정의와 개념을 교과서에 나온 차례대로 하나씩 정돈해나가는 것이 중요하다.

반면 실제 재무제표를 읽는 것은 영어회화를 배우는 것에 가깝다. 재무제표를 읽기 위해선 각각의 계정이 무엇인가 하는 것보다, 각 계정들이 어떻게 연결되고 상호작용하는지 이해하는 것이 훨씬 중요하다.

재무제표 읽기는 영어회화와 비슷하다

앞서 고백한 대로 나는 회계학과의 모범생이 아니었다. 대학에서 더 열심히 공부했다면 재무제표를 더 빨리 읽을 수 있었을지도 모른다. 회계전공자라면 기초회계부터 차근차근 쌓아올려야 하는 것이 맞다.

다만 회계공부에 쓸 수 있는 시간과 여유가 제한된 비전공자라면? 재무제표부터 보는 것이 효율적이다. 농담이 아니라 회계공부를 하는데 딱 책 한 권 볼 정도의 시간밖에 없다면, 지금이라도 책을 덮고 재무제표를 찾아보시라. 회계를 익힘에 있어 실제 재무제표를 찾아보는 것보다 좋은 공부는 어디에도 없다. 백문이 불여일견이다. 백 마디 설명보다 실제로 보는 것이 이해가 빠르다.

전자공시시스템 사이트에서 재무제표 찾기

회계공부의 첫걸음은 재무제표에 대해 갖고 있는 막연함을 걷어내는 것이다. 재무제표란 단어를 들으면 왠지 어려울 것 같고 전문적일 것 같다. 하지만 재무제표는 생각보다 훨씬 만만한 존재이다.

먼저 찾는 것이 쉽다. 금융위원회에서 운영하는 **전자공시시스템**(DART) 사이트에 들어가서 찾고자 하는 기업의 이름을 검색하면 바로 나온다. 당연히 무료이고 흔한 회원가입이나 공인인증도 필요 없다. 사이트 디자인이 좀 후져서 그렇지(미국 공시시스템은 더 못생겼다) 재무제표를 찾는 것은 매우 쉽다.*

• 참고로 삼성전자나 LG전자 같은 상장사들은 자사 홈페이지 투자정보란에 재무제표를 올려놓기도 한다.

전자공시시스템에서 다음과 같은 순서대로 재무제표를 찾아보자.

❶ 먼저 전자공시시스템 사이트(dart.fss.or.kr)에 접속해, 재무제표를 찾고자 하는 기업의 이름을 검색창에 입력한다. 여기서는 삼성전자의 재무제표를 찾아보겠다.

참고로 한 가지 유의할 점은 기업명을 정확하게 입력해야 한다는 것이다. 예를 들어 나이스그룹의 경우 지주회사는 Nice로, 자회사는 나이스정보통신으로 상장되어 있다. 헷갈리면 〈회사명 찾기〉를 통해 정확한 이름을 찾아보자.

❷ 삼성전자에 대한 모든 공시가 나온다. 우리가 눈여겨봐야 할 것은 사업보고서이다. '정기공시'를 누르고 '사업보고서'를 체크한 뒤 〈검색〉을 누른다.

❸ 그러면 삼성전자 사업보고서가 나오는데 여기서 연간재무제표를 볼 수 있다.

❹ 참고로 사업보고서에는 재무제표를 비롯해 사업내용 및 경영진 의견 등이 담겨 있다. 일반적으로 사업보고서는 3월 말 즈음(감사보고서 제출 한 달 뒤) 공시로 올라온다.

증권사 리포트보다 백배 나은 사업보고서 읽기

회계에 대한 기초가 없다면 재무제표를 전부 이해할 수는 없을 것이다. 하지만 단순히 직접 찾아보는 것만으로도 알게 되는 것이 있다. 재무제표에는 어떤 종류가 있는지, 그리고 각 재무제표는 어떻게 생겼는지 등.

재무제표는 사업보고서 안에 첨부된다. **사업보고서**는 기업 경영진이 투자자들을 위해 마련한 사업에 대한 PPT같은 것이다. 사업보고서에는 재무제표 말고도 회사의 개요, 사업내용, 경영진의 분석내용 등 경영현황에 대한 다양한 정보가 담긴다.

직접 읽어보면 알겠지만, 사업보고서는 경영진이 공을 들여 투자자에게 사업성과를 하나하나 보고하는 식으로 되어 있다. 숫자로만 되어 있는 재무제표만 봐서는 이해하기 힘든 내용도 경영진의 설명을 듣다보면 이해되는 것이 많다. 설명이 곁들여져 있기 때문에 네이버주식이나 팍스넷에서 제공하는 재무 요약정보를 읽는 것보다 이해하기도 오히려 쉽다. 게다가 금융감독원에 제출하는 것이기 때문에 거짓이나 과장이 개입되어 있지 않다. 솔직히 증권사 리포트만 백날 읽는 것보다 사업보고서를 한 번 처음부터 끝까지 읽어보는 것이 더 도움이 된다.

투자하기 전에 이것만은 기억하라

"제가 XX종목에 △△만원이 물려 있는데 어떻게 보시나요?"라는 질문을 받을 때가 있다. 이런 질문을 받으면 내가 성격이 나빠서 그러는지 몰라도 속이 터진다.

사업보고서 하나도 꼼꼼히 읽으려면 적잖은 시간이 걸린다. 어떤 종목에 대한 리서치를 직접 한 번

이라도 해봤다면 종목 하나를 이해하는 데 얼마나 많은 시간과 품이 드는지를 알 것이다. 그런데 이런 어려운 질문을 날씨 묻듯이 가볍게 물어본다는 건 본인이 종목에 대해 그만큼의 시간과 공을 들여본 적이 없기 때문일 것이다. 주식 투자자라면 내 새끼(내 종목)에게 무슨 일이 벌어지고 있는지 남들보다는 훨씬 더 잘 알아야 하는 것이 정상이다.

혹시 당신의 주식계좌를 떠올리며 뜨끔했다면 자책할 필요 없다. 재무제표가 어렵고 막막하니까 그동안 가까이하지 못했던 것뿐이다. 자신의 종목을 이해하는 데 들여야 했던 관심을 차트나 전문가분석을 찾아보는 데 썼을 뿐이다.

이제부터라도 사업보고서 정도는 읽어보는 습관을 들이자. 회계 기초가 없는 상태에서 사업보고서 속 내용을 전부 이해할 수는 없겠지만 장담하건대, 생각보다 많은 것을 얻을 수 있다. 또한 이러한 기초적인 정보가 입력된 상태에서 투자를 하는 것과 그렇지 않은 것은 천지 차이이다.

뉴스나 전문가 분석을 듣더라도 "어, 그거 사업보고서에 이미 나온 내용인데" 혹은 "얘네는 왜 갑자기 새로운 사업을 또 벌이는 거지?"와 같은 자기 의견이 생길 것이다. 무조건 남이 하는 말을 듣기만 하는 것보다(도대체 뭘 믿고?) 스스로 직접 그 말이 이치에 맞는지를 따져보고 새로운 궁금증을 갖는 것이 매우 중요하다. 이런 식으로 관심이 깊어지다 보면 당신도 언젠가 그 종목에 대해서만큼은 전문가가 될 수 있다. 이 차이가 당신의 주식계좌에 끼칠 영향은 장담하건대, 지대하다.

괴짜회계사의 한 줄 정리
재무제표는 정보이용자들이 의사결정을 내리는 데 활용된다.

02 재무에 관한 모든 서류, 재무제표

재무제표란 재무에 관한(재무), 모든(제), 서류(표)라는 뜻이다. 기업재무에 대해 알아야 할 정보는 사실상 여기에 전부 담겨 있다. 거래소에 상장된 모든 기업은 의무적으로 분기마다 그리고 해마다 재무제표를 공시해야 한다. 그러면 기업들은 왜 상장되길 원하고 또 상장유지를 위해 재무제표를 공개하는 걸까? 결국, 돈 때문이다.

기업에는 돈이 필요하다

회계적으로 봤을 때 기업은 자산으로 이루어진 존재이다. 기업은 자산을 사용해서 돈을 번다. 가구회사는 가구공장을 가동해서 가구를 만들어 팔고, 음식점은 인테리어와 주방이 갖춰진 식당에서 음식을 만들어 판다. 업종이 무엇이 됐든 장사를 하려면 최소한의 자산이 필요한데, 자산을 사는 데는 돈이 필요하다.

즉, 돈을 벌려면 자산이 필요한데 자산을 구입하려면 또 돈이 든다. 이는 닭(자산)이 먼저냐 달걀(돈 혹은 이익)이 먼저냐와 같은 문제를 발생시킨다. 이 문제에 대한 회계의 답은 간단하다. 닭이든 달걀이든 어디선가 가져오면 그만이다.

회사의 모든 자산은 부채와 자본으로부터 나온다. 부채는 은행, 채권자들로부터 빌린 돈이고, 자본은 회사의 주인인 주주로부터 받은 돈이다. 기업은 이 빌린 돈과 받은 돈을 가지고 자산을 구입한다.

우리가 첫 번째로 알아볼 재무제표 중 하나인 재무상태표에는 이러한 기업의 재무상태가 담겨 있다. 여기서 재무상태란 '자산 = 부채 + 자본'이라는 공식으로 표현되는데 다음의 세 가지 의미가 담겨 있다.

- **재무상태표** 자산 = 부채 + 자본
- 기업은 자산으로 되어 있다.
- 기업의 모든 자산은 부채와 자본으로부터 나왔다.
- 기업의 자산이 늘거나 줄면, 그에 상응하는 부채나 자본 또한 변한다.

먼저 이 공식은 기업이 갖고 있는 '모든 닭과 달걀'이 부채와 자본으로부터 왔음을 보여준다. 또한 영업을 통해 늘어난 닭(자산)과 달걀(돈) 또한 부채와 자본의 몫임을 밝히고 있다. 따라서 기업은 영업을 통해 벌어들이는 돈을 가지고 빚을 갚고, 주주에게 배당 등의 형태로 이익을 돌려준다.

나는 공식으로 뭔가를 달달 외운다는 게 그다지 좋은 학습법이라고는 생각하지 않는다. 그 안에 담긴 의미는 생략한 채로 공식만 머릿속에 남기 때문이다. 하지만 '자산 = 부채 +자본'이라는 공식만큼은 앞으로 반복해서 살펴볼 예정이다. 만약 이 책을 통해 당신께 딱 한 가지 공식만을 이해시킬 수 있다면 나는 주저 없이 '자산 = 부채 + 자본' 공식을 선택할 것이다. 그만큼 이 공식은 기업을 바라보는 시각을 넓혀준다.

아니 그래서, 도대체 기업은 왜 재무제표를 작성하는데?

기업에는 여러 사람의 돈이 섞여 있다

기업의 모든 자산은 돈을 빌려준 채권자와 자본에 투자한 투자자로부터 나온 것이다. 우리가 TV에서 보는 재벌총수들은 지분을 가장 많이 갖고 있는 최대주주인 것은 맞지만, 기업의 유일한 주인은 아니다. 기업이 소유한 모든 자산은 최대주주뿐만 아니라 채권자, 연기금,* 그리고 수많은 소액투자자들의 돈으로 이뤄진 것이다.

　모임에서 총무를 한 번이라도 해봤다면 공감하겠지만, 이렇게 여러 사람의 돈이 모였을 땐 관리가 투명해야 한다. 재무제표를 통해 재무상태를 공개한다는 것은 투자자들이 맡겨놓은 돈이 제대로 관리되고 있음을 보여주기 위한 것이다.

기업의 자산은 끊임없이 변한다

회사를 꾸리면 숨만 쉬고 있어도 비용이 발생한다. 임대료, 직원 월급, 전기료 등으로 돈이 줄줄이 새어나간다. 그래서 기업은 가만히 있으면 안 된다. 끊임없이 뭔가를 만들고 팔아서 돈을 벌어야 한다.

　단순히 설명하면 좋은 기업이란 이익, 즉 들어오는 돈이 더 많은 기업이다. 반대로 나쁜 기업은 이익을 만들어내지 못하거나 나가는 돈이 더 많은 기업이다. 그런데 기업의 성공 여부와 무관하게 돈은 기업 내에 가만히 머물러 있는 것이 아니라 끊임없이 회전한다.

　기업의 자산이 이렇게 끊임없이 변한다는 것은, 그 기업에 투자한 채권자 혹은 주주가 가져갈 몫도 계속 변한다는 것이다. 기업이 돈을 많이 벌면 주주의 이익은 늘어나고, 채권자는 약속한 이자와 원금을 떼이지

* 연기금이란 연금과 기금을 합친 말로 개인의 소득을 재원으로 기금을 조성하고 이를 적절히 투자함으로써 개인 투자자가 노후에 안정적인 소득을 누릴 수 있도록 보장해 주는 것이 주업무다. 우리나라에서는 국민연금기금, 공무원연금기금, 우체국보험기금, 사학연금기금을 4대 연기금이라 부른다.
국민연금은 2021년 1월 기준 850조원을 넘어섰다. 이 돈은 어떻게 운영될까?
채권과 주식에 각각 45%씩 투자되고 있다. 이 중 약 170조원에 달하는 자금이 국내주식에 투자되어 있다. 국내를 대표하는 기업(삼성전자, 네이버, 하이닉스, 현대차)의 전체 지분 중 10% 이상을 국민연금이 보유하고 있다.

않고 받아갈 수 있다. 반대로 기업에서 손실이 발생하면 주주는 돈을 잃고, 아주 큰 손실이 발생하면 채권자도 빌려준 돈을 떼일 수 있다. 경영 성과에 따라 채권자와 주주가 가져갈 몫이 달라지는 것이다.

소유와 경영은 다른 것이다

무언가를 소유한다는 것과 경영한다는 것은 실은 다른 문제이다. 국가의 주인은 국민이라지만, 국가경영을 실질적으로 책임지는 것은 선출된 대통령이다. 기업의 주인 또한 주주라지만, 실제 경영하는 것은 주주들이 선출한 경영진이다.

　나 같은 소액주주들은 1년에 한 번 주주총회에서 의결권을 행사하는 것 외에는 경영에 참여할 일이 거의 없다. 기업의 자금은 채권자와 주주로부터 나왔지만, 실제 경영은 선출된 경영진이 담당하기 때문이다. 따라서 기업에 돈을 맡겨두었거나, 혹은 돈을 맡기려는 투자자들은 경영이 어떻게 되고 있는지가 궁금할 수밖에 없다. 그럼 주식 투자자들은 도대체 뭘 믿고 피 같은 돈을 투자하는 걸까? 다음 장에서 알아보자.

괴짜회계사의 한 줄 정리
기업은 돈을 끌어오기 위해 재무제표를 작성한다.

03 기업이 재무제표 작성하는 이유, 우리가 재무제표 봐야 하는 이유

역사학자 이언 모리스는 그의 대표적인 저서 《왜 서양이 지배하는가》에서 "변화는 일을 하는 데 더 쉽고, 더 이득이 많고, 더 안전한 길을 찾는 게으르고 탐욕스럽고 두려움에 떠는 사람들에 의해 야기된다"라고 했다. 탐욕, 두려움, 게으름이라는 인간의 본성이 인간의 행동을 지배한다는 것이다. 이런 이론은 나같이 게으르고(내 아내는 이 점에 특히 동의한다), 탐욕적인 쫄보에게 참 잘 적용되는 것 같다. 그런데 이 이론은 기업에게도 적용된다.

탐욕이 기업을 성장시킨다

거칠게 말하면, 기업은 타인의 게으름을 충족해줌으로써 돈을 번다. 내가 스마트폰을 사게 된 건 이불 속에서도 유튜브를 보고 싶다는 게으름과 무거운 디지털카메라를 장롱에 모셔두고 가벼운 휴대전화로 돌아다니면서 사진을 찍고 싶다는 게으름을 충족시켜줬기 때문이다. 이를 통해 스마트폰 제조사는 돈을 번다.

　주식회사 제도가 정착될 수 있었던 이유는, 주식으로 돈을 벌고 싶다는 탐욕이 남한테 돈을 맡겼다가 떼일 수 있다는 두려움을 이겼기 때문이다. 비슷한 맥락에서 최근 몇 년간 몰아쳤던 비트코인, 원유선물 광풍

도 이해할 수 있다. 돈에 대한 탐욕은 많은 이들이 전 재산을 비트코인에다가 몰빵하게 할 정도로 강력한 인간의 본성이다.

원래부터 집단으로 이익을 추구하는 일이 잘되었던 것은 아니다. 금융이 발달하기 이전까지 대부분의 사업은 가족 단위를 벗어나지 못했다. 믿을 수 없는 타인에게 돈을 맡길 사람도 없었지만, 주인도 다른 사람과 생산물을 나누고 싶어 하지 않았다. 그러나 금융시장이 발달하면서 모든 것이 변했다. 외부자금을 받아들인 사업체는 빠르게 성장할 수 있었고, 이러한 조류를 따라가지 못했던 사업체는 도태됐다. 공동의 탐욕을 지향한 기업이 살아남은 것이다.

살아남은 기업에겐 돈이 있었다

자동차 산업을 예로 들어보자. 산업 초기인 1908년까지만 하더라도 미국에는 253개의 완성차 업체가 난립했지만 1929년이 되면 44개로 줄어든다. 그나마도 포드, GM, 크라이슬러 3사가 전체 생산량의 80%를 담당하는 과점상태가 된다. 직접적인 원인은 자동차 생산방식이 바뀌었기 때문이다. 과거 영세한 공장에서 장인들이 수작업으로 만들던 자동차는 헨리 포드에 의해 대량생산되기 시작했고, 이후 GM과 크라이슬러도 곧 비슷한 시스템을 도입했다.

그러면 살아남은 기업과 그렇지 못한 기업의 진짜 차이는 무엇인가? 나는 이것이 자본구조의 차이라고 생각한다. 기계설비를 업그레이드하고 대량생산 체제를 갖추는 데는 많은 돈이 든다. 생산경쟁에 필요한 자본의 단위가 커진 것이다. 금융시장으로 자본을 개방한 기업들은 생산시설 현대화에 드는 자금을 외부로부터 조달할 수 있었지만, 영세한 가족경영

형태로 남아 있던 회사는 변화에 필요한 자본을 조달할 길이 없었을 것이다.

금융시장에 대한 접근성이 살아남은 소수와 도태된 다수의 생사를 갈랐다. 이는 왜 현재 대기업들이 대부분 상장되어 있고, 어떻게 금융시장에서 돈을 조달하고 있는지 잘 설명해준다. 이익을 나눠야 한다는 두려움을 억누르고 이권을 타인에게 개방한 기업은 좀더 효율적으로 이익을 추구할 수 있었다.

돈을 떼일 것에 대한 두려움을 억누르고 기업에 돈을 투자한 투자자들 또한 그 기업의 주가가 상승하는 것으로 투자에 대한 보상을 받아왔다. S&P500지수˙만 보더라도 지난 100년 가까이 연평균 9.8%가량 꾸준히 상승했다.

• S&P500지수란 뉴욕 증권거래소에 상장된 우량기업 500개의 주가지수를 말한다.

투자자의 불안을 상쇄해주는 재무제표

투자한 기업에 돈을 떼일지도 모른다는 두려움이 투자자에게서 사라진 것은 아니다. 따라서 주주들은 경영진이 경영성과를 바르게 보고하고 정산이 똑바로 이뤄졌는지를 확인하길 원한다. 이러한 두려움에 의해 제도로 정착한 것이 재무제표 공시와 감사인 제도이다.

기업의 실적은 재무제표를 통해 공시되는데, 경영진이 투자자들에게 경영성과와 실적을 보고하는 성적표 같다. 재무제표에 공시된 실적에 따라 경영진의 연임 여부, 성과급이 결정된다. 주주 입장에서는 최소한 경영진이 고의로 경영을 망치는 것에 대한 걱정은 하지 않아도 되고, 결과를 보고해야 할 경영진 입장에서는 실적에 대한 압박을 느끼게 된다. 경영진은 재무제표를 만드는 데 실제로 굉장히 심혈을 기울인다.

재무제표 못 고치게 막는 감사인 제도

나는 공부를 그다지 잘하지 못하는 편이었던 탓에 늘 성적표를 고치고 싶다는 생각을 해왔다. 경영자들도 사람이기 때문에 이러한 유혹을 느낄 수 있다. 심지어 재무제표는 경영진이 (직원들을 시켜서) 작성하는 것이다. 감시와 처벌이 없다면 언제든지 재무제표를 조작할 수도 있다. 이처럼 회계장부를 고의로 조작하는 것을 '분식(화장빨, 영어로는 Cosmetic) 회계'라고 한다.

재무제표가 조작되는 것에 대한 두려움이 감사인 제도를 만들었다. 상장기업의 재무제표는 반드시 공인회계사로부터 회계감사를 받아야 한다. 우리가 공시된 재무제표의 내용을 신뢰할 수 있는 이유는 독립된 제삼자인 회계사들이 각자의 커리어와 라이선스를 걸고 인정해준 것이기 때문이다.

여담이지만, 절대 다수의 상장사 재무제표는 감사인으로부터 회계기준에 부합하도록 작성되었다는 적정의견(Unqualified)을 받는다. 하지만 적정의견을 받은 기업들 중의 일부는 실적 발표 직후 경영실적이 급격하게 나빠지기도 하고 심지어 파산하기도 한다. 이를 가지고 많은 투자자들은 감사인들이 재무제표를 제대로 확인하고 있는지, 혹은 돈만 내면 무조건 도장을 찍어주는 것은 아닌지 의심한다.

내 주변 감사인들을 대신해 변호하자면, 감사인이 확인하는 것은 기업의 재무 건정성이 아니라 재무제표가 회계기준에 부합하는지 여부이다. 망할 것이 확실해보이는 기업이라도 회계기준을 제대로 지켜서 그런 상황을 빠짐없이 공시했다면 감사인은 적정의견을 줄 수밖에 없다. 또한 재무제표에서 오류가 발견되더라도 경영진이 이를 고칠 경우 수정된 재무제표에 대해서 감사인은 적정의견을 준다.

최종적으로 공시된 재무제표의 적정의견 비율이 높은 것은 감사인들이 재무제표에서 아무런 오류를 찾아내지 못해서가 아니라 감사를 통해 대부분의 오류가 걸러지기 때문이다. 내가 직접 감사일을 하고 있진 않지만 회계법인에 몸담고 있는 입장에서 팔이 안으로 굽는 것은 어쩔 수가 없다. 어쨌거나 이러한 안전장치가 있기 때문에 기업에 돈을 맡긴 채권자나 투자자는 재무제표에 나타난 내용을 그럭저럭 신뢰할 수 있다.

탐욕과 두려움 사이, 나침반이 되는 재무제표

투자자들은 재무제표에 나타난 내용을 바탕으로 주식이나 채권을 처분할지(두려움) 아니면 돈을 투자할지(탐욕) 결정한다. 재무제표는 경영진이 투자자에게 보고하는 경영성과인 동시에, 투자자들이 실제 의사결정에 사용하는 매우 중요한 자료인 셈이다.

한마디로 이제부터 우리가 살펴볼 재무제표는 돈을 거래하는 데 매우 중요한 정보들이 담겨 있다. 그렇지 않으면 기업들이 그렇게 많은 시간과 비용을 들여서 재무제표를 작성할 일도 없다. 또한 회계 감사인들이 야근을 밥 먹듯이 하면서 그렇게 힘들게 노동할 일도 없다. 그만큼 뭔가 중요한 정보들이 담겨 있기에 이를 제대로 이해했을 때 얻을 것도 많을 것이다.

괴짜회계사의 한 줄 정리
재무제표는 정보이용자들이 의사결정을 내리는 데 활용된다.

아카데미 시상식에 회계법인이 참가하는 이유

공인회계사들은 신뢰를 파는 사람들이다. 회계사의 작업 결과물(deliverable)은 보통 어떤 주장에 대한 의견을 담은 보고서이다. 회계사들은 재무제표의 내용을 확인하는 회계감사뿐만 아니라 생각보다 다양한 주장들에 대한 검증을 한다. 유명 영화제나 각종 미인대회에도 심사위원들의 투표가 공정하게 이뤄졌다는 주장을 검증하기 위해 회계법인이 참가한다.

아카데미 시상식은 오랫동안 PWC(Pricewaterhouse Coopers, 영국 런던에 본사를 둔 다국적 회계컨설팅 기업)가 담당해왔다. 국회의원 선거도 아니고 심사투표 확인이 무슨 큰일인가 싶겠지만, PWC는 전산투표 과정의 공정성과 수개표로 투표결과를 확인하는 데만 무려 1,700시간을 들인다. 회계사들이 1,700시간을 썼으면 못해도 100만 달러는 드는 대형 프로젝트이다.

그런데 PWC가 아카데미 시상식 측에 실제 청구한 비용은 22만 달러 정도였다. 이는 회계법인의 인건비 등을 고려하면 매우 저렴한 수준이다. 그럼에도 회계법인들은 오스카와 같은 주요 시상식 심사 검증역할을 놓고 경쟁한다. 전 세계의 이목이 집중된 시상식에서 회사 이름을 알릴 수 있기 때문이다.

불행히도 2017년 제89회 아카데미 시상식에서는 끔찍한 일이 벌어졌다. 〈라라랜드〉 감독이 최고작품상 수상을 위해 단상에 올랐는데 실제 수상작은 경쟁작이었던 〈문라이트〉였다. 〈라라랜드〉 감독이 빈손으로 단상을 내려가는 촌극이 빚어졌다. 투표 심사를 담당한 PWC 측의 착오로 보안을 위해 밀봉된 봉투가 잘못 전달된 것이다. 생중계됐던 이 장면으로 곤혹을 치뤘던 PWC 측은 공식 사과와 함께 각 수상 부문의 봉투색을 교체하는 사후조치를 실시했다.

04 재무제표가 하나가 아니라고?
– 재무제표 5총사

재무제표는 정보이용자들이 사용할 것을 전제로 만들어진 양식이다. 대외용인 셈이다. 따라서 이들의 의사결정을 도울 만한 정보가 담겨 있다.

자산, 소득, 지출상황이 담겨 있다

누군가 나에게 돈을 빌려달라고 한다고 해보자. 평소 같으면 단칼에 거절했겠지만 여튼 내가 돈을 빌려주는 것을 결정하기 위해 어떤 정보가 필요할까?

먼저 그 사람의 재산상황이 궁금할 것 같다. 지금까지 모아둔 돈은 얼마이고 빚은 얼마인지를 알아야, 그가 빚을 갚을 수 있는지 알 수 있기 때문이다. 그다음에는 그 사람의 소득상태가 궁금할 것 같다. 제대로 다니는 직장은 있는지, 안정된 수입이 있는지 말이다. 이를 통해 이자와 원금을 감당할 능력이 있는지를 판단할 것이다. 마지막으로 지출상황을 알고 싶다. 아무리 소득과 재산이 많은 사람이라도 도박으로 재산을 탕진하거나 이혼 위자료로 나갈 돈이 많다면 실제 빚을 갚을 능력은 없을 수 있기 때문이다.

지극히 상식적인 내용이다. 큰 틀에서 재무제표는 이와 비슷한 내용을 담고 있다. 재무제표에는 투자여부를 판단할 때 꼭 알아야 할 기업의 재무상태, 소득, 그리고 지출현황 등이 담겨 있다. 다만 기업은 덩치가 개인보다 훨씬 크다 보니 내용이 다소 복잡하고 많은 것뿐이다.

재무제표는 5가지가 있다

재무제표 5총사

재무제표에는 총 다섯 가지가 존재한다. 재무상태표, 손익계산서, 현금흐름표, 자본변동표, 그리고 주석이다. 나는 다섯 가지 재무제표를 특성에 따라 다음과 같이 분류하려고 한다.*

* 이 책에서 중점적으로 살펴볼 재무제표는 이 중 재무상태표, 손익계산서 그리고 현금흐름표이다. 다음 장부터 각각의 재무제표가 무엇인지 간단하게 살펴보자.

① **재무상태표** – 현재의 재무상태를 보여준다.

② **손익계산서**

③ **현금흐름표** 돈의 변화량을 기록한다

④ **자본변동표**

⑤ **주석** – 위의 것들을 작성하는 데 사용된 가정이나 누락된 정보들을 글로 적어둔다.

괴짜회계사의 한 줄 정리

재무제표는 재무상태표, 손익계산서, 현금흐름표, 자본변동표 그리고 주석으로 구성된다.

재무제표 5총사 ①

현재의 재무상태를 보여주는 재무상태표

05

재무상태표는 특정일(일반적으로 분기말, 연말)을 기준으로 기업이 갖고 있는 자산과 부채, 지금까지 벌어둔 돈 등에 대한 상태를 정리해둔 것이다. 개인으로 치면 갖고 있는 재산(현금, 자동차, 아파트 등)과 빚(대출금, 할부금 등)을 특정 날짜를 기준으로 적어둔 것이다.

재무적 스크린샷이다

재무상태는 수시로 변한다. 예로 내 통장 잔고는 월급이 들어오  면 늘어나지만, 카드값과 대출이자가 빠져나가면 순식간에 줄어든다. 즉, 월급을 받는 것이나 카드값을 내는 것을 각각 하나 의 거래라고 할 때, 나의 재무상태는 거래를 맺을 때마다 변하게 된다. 나 혼자 벌고 쓰는 통장잔고도 이럴진데, 수많은 직원이 수시로 거래를 맺는 기업의 재무상태는 이보다 훨씬 자주 변할 것이다.

　재무상태표는 개인의 통장으로 치면 특정일을 기준으로 잔고를 조회한 것이다. 뒤에서 살펴볼 나머지 재무제표들이 일정 기간 동안 발생한 거래내역을 보여주는 반면, 재무상태표는 항상 특정일의 상태를 나타낸다. 재무상태표는 기업의 재무적 사진 혹은 스크린샷인 셈이다.

재무상태표의 예 – 삼성전자 2020년 연결재무상태표

연 결 재 무 상 태 표

제 52 기 : 2020년 12월 31일 현재

제 51 기 : 2019년 12월 31일 현재

삼성전자주식회사와 그 종속기업 (단위 : 백만원)

> 재무상태표는 특정일 기준으로 자산, 부채, 자본을 정리한 재무적 스크린샷이다.

과 목	주 석	제 52 (당) 기		제 51 (전) 기	
자 산					
Ⅰ. 유 동 자 산			198,215,579		181,385,260
1. 현금및현금성자산	4, 28	29,382,578		26,885,999	
2. 단기금융상품	4, 28	92,441,703		76,252,062	
3. 단기상각후원가금융자산	4, 28	2,757,111		3,914,216	
4. 단기당기손익-공정가치금융자산	4, 6, 28	71,451		1,727,436	
5. 매출채권	4, 5, 7, 28	30,965,058		35,131,343	
6. 미수금	4, 7, 28	3,604,539		4,179,120	
7. 선급비용		2,266,100		2,406,220	
8. 재고자산	8	32,043,145		26,766,464	
9. 기타유동자산	4, 28	3,754,462		4,122,410	
10. 매각예정분류자산	32	929,432		–	
Ⅱ. 비 유 동 자 산			180,020,139		171,179,237
1. 기타포괄손익-공정가치금융자산	4, 6, 28	12,575,216		8,920,712	
2. 당기손익-공정가치금융자산	4, 6, 28	1,202,969		1,049,004	
3. 관계기업 및 공동기업 투자	9	8,076,779		7,591,612	
4. 유형자산	10	128,952,892		119,825,474	
5. 무형자산	11	18,468,502		20,703,504	
6. 순확정급여자산	14	1,355,502		589,832	
7. 이연법인세자산	25	4,275,000		4,505,049	
8. 기타비유동자산	4, 7, 28	5,113,279		7,994,050	
자 산 총 계			378,235,718		362,564,497
부 채					
Ⅰ. 유 동 부 채			75,604,351		63,782,764
1. 매입채무	4, 28	9,739,222		8,718,222	
2. 단기차입금	4, 5, 12, 28	16,553,429		14,393,468	
3. 미지급금	4, 28	11,899,022		12,002,513	
4. 선수금	17	1,145,423		1,072,062	
5. 예수금	4, 28	974,521		897,366	
6. 미지급비용	4, 17, 28	24,330,339		19,359,624	
7. 당기법인세부채		4,430,272		1,387,773	
8. 유동성장기부채	4, 12, 13, 28	716,099		846,090	
9. 충당부채	16	4,349,563		4,068,627	
10. 기타유동부채	4, 17, 28	1,127,719		1,037,030	
11. 매각예정분류부채	32	338,742		–	
Ⅱ. 비 유 동 부 채			26,683,361		25,901,312
1. 사채	4, 13, 28	948,137		975,298	
2. 장기차입금	4, 12, 28	1,999,716		2,197,181	
3. 장기미지급금	4, 28	1,682,910		2,184,249	
4. 순확정급여부채	14	464,458		470,780	
5. 이연법인세부채	25	18,810,845		17,053,808	
6. 장기충당부채	16	1,051,428		611,100	
7. 기타비유동부채	4, 17, 28	1,725,867		2,408,896	
부 채 총 계			102,287,702		89,684,076
자 본					
지배기업 소유주지분			267,670,331		254,915,472
Ⅰ. 자본금	18		897,514		897,514
1. 우선주자본금		119,467		119,467	
2. 보통주자본금		778,047		778,047	
Ⅱ. 주식발행초과금			4,403,893		4,403,893
Ⅲ. 이익잉여금	19		271,068,211		264,582,894
Ⅳ. 기타자본항목	20		(8,687,165)		(4,968,829)
Ⅴ. 매각예정분류기타자본항목	32		(12,132)		–
비지배지분	31		8,277,685		7,964,949
자 본 총 계			275,948,016		262,880,421
부 채 와 자 본 총 계			378,235,718		362,564,497

옆의 그림은 삼성전자가 공시한 2020년도 연간 재무상태표이다. 이 책에서 처음으로 등장한 재무제표이다. 어떤가. 생각보다 그렇게 어마무시하게 생긴 것은 아니지 않나? 두 가지를 약속하겠다. 일단 당신은 이 책을 읽고 난 후 다른 기업의 재무제표를 접했을 때 적어도 막연한 기분이 들지 않을 것이다. 그리고 재무제표에 대해서라면 어디서든(신문 기사 속이든, 소개팅이든) 아는 척을 할 수 있게 하겠다. 재무제표 행간에 숨어 있는 의미와 관련된 설명에 주목하시라.

재무상태표 맛보기

재무제표의 생김새에 대해 대략적으로 알아보자. 옆의 삼성전자 2020년 연간 재무제표의 이름은 **연결재무상태표**이다. '연결'이 붙어 있는 이유는 삼성전자의 재무상태표에 종속기업들의 재무상태표도 연결되어 있기 때문이다.

모기업

연결재무상태표

삼성전자는 미국, 캐나다, 멕시코 등에 해외법인을 소유하고 있는데, 이들 해외법인은 삼성전자가 100% 지분을 소유하고 실질적으로 지배하고 있는 종속기업이다. 따라서 삼성전자의 '연결'재무상태표에는 이러한 종속회사들의 자산, 부채 그리고 자본이 모두 더해진다(연결재무상태표의 날짜 밑에 '삼성전자 주식회사와 그 종속기업'이라고 쓰여 있다). 참고로 이 책에서 예시로 든 기업들은 한번쯤은 들어봤을 대기업들로 종속회사*를 거느리고 있으므로, 이 책에 실린 모든 재무제표의 제목은 연결재무제표이다.

* 종속회사에 대한 자세한 설명은 323쪽에서 다룬다.

재무상태표는 특정일의 재무상태를 보여준다

재무상태표의 날짜는 항상 '~일 현재'라고 되어 있다. 특정일을 기준으로 잔고, 즉 재무상태를 나타내기 때문이다. 반면 다른 재무제표들의 날짜는 '~일부터 ~까지'로 되어 있는데 특정 기간 동안에 발생한 거래들을 정리해둔 것이기 때문이다. 이를 통해 재무상태표와 다른 재무제표들 간의 시점이 다소 다름을 알 수 있다.

재무상태표는 항상 2년치 이상이 제공된다

날짜에서 또 한 가지 주목할 것은 2020년과 2019년, 2년치 재무상태표가 같이 제시되었다는 것이다. 이처럼 재무제표들은 전년도와 비교하기 쉽게 항상 2년치 이상의 정보가 함께 제공된다. 둘 중 최근 것을 '당기재무제표'라고 한다. 당기재무제표는 보통 왼쪽 열에 먼저 적는다. 반면 둘 중 오래된 것을 '전기재무제표'라고 하며 오른쪽 열에 적힌다.

재무상태표는 자산, 부채, 자본으로 구성된다

재무상태표는 자산, 부채 그리고 자본이라는 세 가지 덩어리로 구성되어 있다. 이것은 앞에서 살펴본 '자산 = 부채 + 자본'이라는 공식이다. 삼성전자의 재무상태표에서도 자산 총계(378조원)는 부채 총계(102조원)와 자본 총계(277조원)의 합과 일치한다. 이 공식은 모든 재무상태표에서 항상 성립한다.*

• 재무상태표의 각 항목은 112쪽에서부터 상세히 설명한다.

괴짜회계사의 한 줄 정리

재무상태표는 특정일을 기준으로 자산, 부채, 자본을 정리한 표이다.

재무제표 5총사 ②
06 기업의 매출과 비용을 보여주는 손익계산서

재무상태표 다음으로 알아볼 세 가지 재무제표들(손익계산서, 현금흐름표, 자본변동표)은 재무상태표에서 발생한 각기 다른 변화를 설명해주는 재무제표들이다. 그중 **손익계산서**는 기업이 주주들을 위해 발생시킨 이익 혹은 손실을 기록한 재무제표이다.

가장 최근 실적을 기록한 재무제표이다

우리가 흔히 실적이라고 하는 것 대부분이 손익계산서에 나타난 이익과 관련된 것이다. 그만큼 손익계산서는 투자자에게 중요하다.

연간손익계산서는 한 해 동안 기업의 거래들을 모아 놓은 거래내역서라고 볼 수 있다. 연간손익계산서를 보면 기업이 한 해 동안 얼마나 장사를 잘했는지 알 수 있다. 영업을 통해 얼마를 벌어들였고, 비용은 얼마나 가져다 썼는지 등과 같은 핵심적인 정보들이 담겨 있기 때문이다. 손익계산서는 개인에게 있어 연봉과 가계부를 합쳐 놓은 것이라 할 수 있다.

기업의 재무상태는 하루아침에 갑자기 만들어진 것이 아니다. 그동안의 영업활동이 쌓여서 만들어진 결과물이다. 이 중 손익계산서는 가장 최근 실적을 기록한 재무제표이다. 가장 최신 정보를 담고 있기 때문에 그만큼 활용도가 높다.

어떤 학생의 수능성적을 사전에 예상할 때, 가장 많이 참고하는 것은 아마 수능 전 마지막 모의고사일 것이다. 마찬가지로 기업의 미래 실적을 예측할 때 가장 많이 참고하는 것은 최근 실적이다. 이러한 실적 예측은 기업가치를 산정하는 데 지대한 영향을 미친다.

다음은 현대자동차의 2020년도 손익계산서이다.

손익계산서의 예 – 현대자동차 2020년 연결손익계산서

손익계산서는 기업이 특정기간 동안 올린 매출과 비용을 보여준다.

제53기 2020년 1월 1일부터 2020년 12월 31일까지

제52기 2019년 1월 1일부터 2019년 12월 31일까지

현대자동차주식회사와 그 종속기업 (단위 : 백만원)

과 목	주석	제53기		제52기	
I. 매출액	27,40		103,997,601		105,746,422
II. 매출원가	32		85,515,931		88,091,409
III. 매출총이익			18,481,670		17,655,013
IV. 판매비와관리비	28,32		16,086,999		14,049,508
V. 영업이익			2,394,671		3,605,505
1. 공동기업및관계기업투자손익	29	162,162		542,826	
2. 금융수익	30	813,916		827,120	
3. 금융비용	30	955,991		475,218	
4. 기타수익	31	1,308,642		1,120,958	
5. 기타비용	31,32	1,630,144		1,457,425	
VI. 법인세비용차감전순이익			2,093,256		4,163,766
1. 법인세비용	34	168,703		978,120	
VII. 연결당기순이익			1,924,553		3,185,646
1. 지배기업소유주지분		1,424,436		2,980,049	
2. 비지배지분		500,117		205,597	
VIII. 지배기업 소유주지분에 대한 주당이익	33				
1. 기본주당이익					
보통주 기본주당이익			5,454원		11,310원
1우선주 기본주당이익			5,502원		11,355원
2. 희석주당이익			.		.
보통주 희석주당이익			5,454원		11,310원
1우선주 희석주당이익			5,502원		11,355원

손익계산서 맛보기

1년 동안의 기록이다

가장 먼저 살펴볼 것은 날짜이다. '2020년도 1월 1일부터 2020년 12월 31일까지'라고 적혀 있다. 이 손익계산서는 현대자동차의 1년치 영업활동을 기록한 재무제표이기 때문에, 순간을 나타내는 재무상태표와 달리, 일정 기간 동안 발생한 모든 거래를 기록해두고 있다.

매출에서 비용을 차례로 빼는 식으로 작성한다

손익계산서는 매출로부터 시작하여 그것을 발생시키는 데 들어간 비용들을 차례로 빼는 식의 순서로 작성된다. 매출에서 비용을 제한 것을 '이익'이라고 한다. 매출총이익, 영업이익, 법인세비용차감전순이익 등 어떤 비용을 빼느냐에 따라 계산되는 이익이 다르다.

현대자동차의 손익계산서는 가장 큰 수인 매출액(104조원)으로부터 시작해서, 모든 비용이 빠지고 줄어든 순이익(1.9조원)으로 끝난다. 매출액과 순이익 사이에는 각각의 비용을 제한 이익이 계산된다. 순서대로 매출총이익, 영업이익, 법인세비용차감전순이익 등이 등장한다.*

* 7장 손익계산서 편에서 매출에서 차감되는 각각의 비용이 무엇인지, 그리고 비용을 빼고 난 이익이 무엇을 의미하는지를 알아볼 것이다.

> **괴짜회계사의 한 줄 정리**
> 손익계산서는 특정기간 동안 기업이 올린 매출과 비용을 모두 정리한 표이다.

07

유일하게 현금주의로 작성되는 현금흐름표

앞에서 살펴본 재무상태표, 손익계산서는 발생주의 원칙에 따라 작성되는 반면, 현금흐름표는 현금주의 원칙에 따라 작성된다.

다른 재무제표에서 드러나지 않는 사실을 알 수 있다

기업에게 현금은 매우 특별한 자산이다. 현금은 그 자체로는 아무런 이익도 발생시키지 않지만, 대신 무엇이든 살 수 있어 제품을 만드는 데나 필요한 자산을 취득하는 데 사용되어 이익창출에 기여한다. 훌륭한 조력자인 셈이다. 게다가 현금이 고갈되면 기업의 모든 자산은 활동을 멈추게 되고 아무리 거대한 공장도 가동할 수 없다. 기업에게 현금은 이처럼 다른 자산이 본연의 기능을 할 수 있도록 도와주는 피 같은 존재이다.

보통 기업이 장사를 잘하면 현금도 비례해서 늘어나기에, 이익과 현금은 비슷하다고도 볼 수 있지만 늘 그런 것은 아니다. 드물지만 장사가 잘되더라도 현금회수가 잘되지 않으면 심각한 위기를 겪을 수 있다. 특히 사업의 단위가 매우 큰 조선업이나 건설업 같은 경우 언제 대금결제가 이뤄지는가에 따라 일시적으로 현금이 고갈될 수도 있다.

그렇기 때문에 현금의 흐름을 파악하는 것이 중요하다. 이러한 현금의 흐름을 정리한 재무제표가 바로 **현금흐름표**이다. 현금주의라는 다른 원칙을 바탕으로 작성되었기에 다른 재무제표에서 드러나지 않는 사실을 알아내는 데 용이하다. 다음은 SK주식회사의 2019년도 현금흐름표이다.

현금흐름표의 예 – SK주식회사의 2019년 연결현금흐름표

연 결 현 금 흐 름 표

제 29(당) 기 2019년 1월 1일부터 2019년 12월 31일까지

제 28(전) 기 2018년 1월 1일부터 2018년 12월 31일까지

SK주식회사와 그 종속기업 (단위: 백만원)

과목	주석	제 29(당) 기		제 28(전) 기	
I. 영업활동으로 인한 현금흐름			7,978,837		7,856,509
1. 연결당기순이익		1,607,249		6,151,141	
2. 비현금항목 조정	33	9,892,839		5,625,298	
3. 운전자본 조정	33	(1,406,713)		(1,736,169)	
4. 이자의 수취		251,698		235,557	
5. 이자의 지급		(1,445,879)		(1,210,594)	
6. 배당금의 수취		394,087		304,499	
7. 법인세의 납부		(1,314,444)		(1,513,223)	
II. 투자활동으로 인한 현금흐름			(10,686,502)		(10,181,756)
1. 장·단기금융상품의 순증감		588,755		(518,981)	
2. 장·단기대여금의 순증감		(307,529)		(48,019)	
3. 단기투자증권의 순증감		35,037		(49,791)	
4. 장기투자증권의 처분		276,235		490,158	
5. 관계기업및공동기업투자의 처분		784,919		139,606	
6. 유형자산의 처분		170,799		519,662	
7. 무형자산의 처분		23,975		14,992	
8. 매각예정자산의 처분		–		100,493	
9. 장기투자증권의 취득		(757,735)		(577,922)	
10. 관계기업및공동기업투자의 취득		(2,794,541)		(1,471,119)	
11. 유형자산의 취득		(7,824,981)		(6,275,589)	
12. 무형자산의 취득		(570,144)		(928,053)	
13. 연결범위변동으로 인한 현금의 순증감		(364,140)		(1,796,249)	
14. 사업양도		–		179,399	
15. 기타투자활동으로 인한 현금유출입액		52,848		39,657	
III. 재무활동으로 인한 현금흐름			3,868,453		1,929,728
1. 단기차입금의 순증감		2,413,278		737,302	
2. 사채및차입금의 증가		9,536,823		13,278,054	
3. 장기미지급금의 증가		–		44,666	
4. 사채및차입금의 감소		(5,964,859)		(9,239,190)	
5. 장기미지급금의 감소		(429,462)		(582,532)	
6. 리스부채의 감소		(1,117,974)		–	
7. 배당금의 지급		(1,816,265)		(1,511,072)	
8. 연결자본거래로 인한 현금유출입액		925,881		(782,203)	
9. 기타재무활동으로 인한 현금유출입액		321,031		(15,297)	
IV. 현금및현금성자산의 순증감			1,160,788		(395,519)
V. 외화환산으로 인한 현금및현금성자산의 변동			37,932		32,712
VI. 기초 현금및현금성자산			6,783,035		7,145,842
VII. 기말 현금및현금성자산			7,961,755		6,783,035

현금흐름표는 현금의 입출금을 기준으로 기업의 영업, 투자, 재무흐름 기록

• 재무제표에서 금액의 괄호( )는 마이너스를 표시한다. 즉, (100억)이라면 −100억원으로 100억원의 손실이 발생했다는 의미이다.

현금흐름표 맛 보기

1년 동안의 기록이다

현금흐름표는 1년 동안 발생한 거래를 기록한 재무제표이다. 따라서 손익계산서와 동일하게 ××××년도 1월 1일부터 12월 31일까지라고 날짜가 적혀 있다. 또한 항상 2년치 이상의 정보가 함께 제공된다.

영업, 투자, 재무활동으로 인한 현금흐름이 기록된다

현금흐름표는 영업활동, 투자활동, 그리고 재무활동 등으로 인한 현금흐름 세 가지로 구성되어 있다. 영업활동으로 인한 현금흐름은 기업이 장사를 통해 벌어들인 현금이다. 반면 투자활동으로 인한 현금흐름은 자산을 매입하거나 매각하는 과정에서 발생한 현금흐름이다. 재무활동으로 인한 현금은 채권자로부터 돈을 빌리거나 주주들과 돈 거래를 하면서 발생한 현금흐름이다. 기업의 현금은 이 세 가지 현금흐름의 합만큼 변한다.[*]

• 자세한 내용은 8장 현금흐름표에서 살펴본다.

SK주식회사의 경우 영업활동으로 번 돈(8조원) 이상을 투자활동에 사용(-11조원)했음을 알 수 있다. 부족해진 현금은 재무활동(4조원)을 통해 메웠다. 이처럼 현금흐름표를 보면 기업 내에서 현금이 어디에서 들어와서 어디에 사용되었는지와 같은 전체적인 흐름을 알 수 있다.

> **괴짜회계사의 한 줄 정리**
> 현금흐름표는 현금의 입출입을 기준으로 기업에서 발생한 영업, 투자, 재무 흐름을 기록한 재무제표다.

08

재무제표 5총사 ④, ⑤

자본변동표와 주석이 뭐지?

우리는 재무상태표, 손익계산서, 현금흐름표를 중심으로 재무제표를 공부해나갈 것이다. 세 가지에 포함되지 않은 재무제표 중에는 자본변동표와 주석이 있다.

영업과 무관하게 변하는 자본을 따로 정리한 자본변동표

자본변동표는 주주몫(자본)의 변동을 다룬 재무제표이다. 손익계산서를 설명하면서 주주의 몫은 순이익만큼 늘어난다고 설명했다. 하지만 손익계산서에는 사실 확장판이 한 가지 숨겨져 있는데 바로 '기타포괄손익'이라는 것이다. 기타포괄손익이란 당기 실적에는 포함시키지 않는 평가손익 등을 말한다. 실제 자본은 순이익에 기타포괄손익이 더해진 만큼 변동하게 된다. 게다가 자본은 영업과 무관한 이유로도 변동할 수 있다.[*]

주주 / 그래서 내 몫은 얼마지?
자본변동표

* 이에 대해서는 289쪽부터 자세히 설명한다.

　예를 들어 주주들에게 배당이나 자사주 매입 등으로 이익금을 돌려준다면 기업 내에 쌓아둔 이익은 그만큼 감소하게 된다. 이처럼 자본은 실적 외에도 여러 가지 이유로 인해 변할 수 있기 때문에 이를 따로 정리할 필요가 있다. 그 세부내역이 바로 자본변동표인 것이다.

주석은 재무제표의 부연설명이다

주석에는 재무제표를 이해하는 데 필수적으로 알아야 할 부연설명들이 담겨 있다. 주석을 제외한 나머지 재무제표는 계정과 숫자로만 되어있다. 구구절절 설명을 늘어놓는 것보다 숫자로 재무정보를 표시하는 것이 유용하기 때문이다.

하지만 때로는 숫자로만 표시하는 것이 도리어 왜곡을 가져올 수도 있다. 가장 큰 이유는 회계정보를 재무제표에 적는 데에는 여러 가지 방식이 존재하기 때문이다. 예를 들어보자.

사례 강남에 건물을 소유한 두 기업 A사와 B사가 운 좋게 각각 아주 오래전 저렴한 가격으로 건물을 구입했는데, 취득가는 매우 낮고 현재의 시장가, 즉 공정가치는 비슷하다고 하자. 그런데 두 기업의 장부가치는 크게 차이가 났다. 왜 그럴까?

국제회계기준에 따르면 기업은 부동산을 취득가를 기준으로 평가할 수도 있고 공정가치로 평가할 수도 있다. 이를테면 A사는 최초 지불한 취득가를 기준으로 건물의 가치를 좀더 보수적으로 평가했고, B사는 건물의 가치상승을 반영하는 공정가치로 평가한 경우가 있을 수 있다.

두 기업의 평가방법은 모두 회계기준에 부합하고, 이들이 소유한 건물의 시장가치는 비슷하지만, 어떤 평가방법을 적용하느냐에 따라 재무상태표에 기록될 부동산의 가치가 전혀 달라지는 것이다.

따라서 재무제표에서 숫자만 제시하는 것보다 이 숫자가 어떻게 계산된 것인지를 밝히는 것이 중요하다. 이를 공시해놓은 것이 바로 주석이다. 주석에는 재무제표 작성에 사용된 가정과 원칙을 밝히고 있고, 숫자로만 적다보니 오해가 생길 수 있는 부분에 대해서도 친절하게 말로 설명한다.

투자자가 꼭 알아야 할 사실이 들어 있는 주석

대표적으로 주석에서 살펴볼 것은 잠재적 채무에 관한 것이다. **잠재적 채무**란 당장 갚을 의무는 없지만(따라서 부채로 인식되지 않음), 앞으로는 갚아야 될 수도 있는 채무를 말한다. 민사소송에 관한 배상금이 그 예이다.

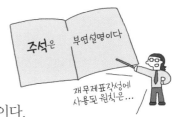

소송에서 패소할 경우 배상금을 줘야 하기 때문에, 특히 패소 확률이 높은 소송은 공시할 의무가 있다. 이처럼 주석에는 재무제표에 담기진 않았지만, 투자자가 꼭 알고 있어야 할 사실들을 많이 담고 있다.

실제 주석을 보면 알겠지만 분량이 상당하다. 말로 풀다 보니 길어지는 것이다. 게다가 기업마다 주석으로 공시하는 내용이 상당히 다르다. 그래서 이 책에서는 주석 하나를 처음부터 끝까지 살펴보기보다는 중간중간 주석에 나와 있는 공시내용을 끌어오는 식으로 설명할 예정이다.

회계공부를 할 때 주석을 처음부터 끝까지 읽어보길 권한다. 말로 되어 있어 그렇게 어렵지 않고, 의외로 유용한 사실을 많이 알게 된다.

괴짜회계사의 한 줄 정리
주석에는 재무제표 작성에 사용된 가정과 원칙 그 외에 유용한 정보들이 담긴다.

삼성바이오로직스는 왜 회계처리 방식을 바꿨을까?

회계문제가 신문 지면을 장식했던 최근 사례 중에 삼성바이오로직스 분식회계 의혹이 있다. 아주 간략하게 사건을 알아보자. 가장 핵심이 되는 쟁점은 삼성바이오로직스가 91.2%의 지분을 소유한 삼성바이오에피스(이하 에피스)에 대한 회계처리를 어떻게 했느냐이다.

회계원칙에서는 실질적으로 지배하고 있는 회사는 종속회사로 보고, 유의미한 영향력이 있는 경우만 관계회사로 본다.

또한 종속회사와 관계회사의 회계처리 방식이 다르다. 종속회사의 자산과 부채는 장부 액수 그대로 모회사의 자산과 부채에 더해진다. 쉽게 말해 종속회사는 '내 것'이니까 그들이 갖고 있는 돈과 빚 또한 내 몫이 된다. 그러나 관계회사는 장부가치를 합산하지 않고 공정가치를 합산한다. 관계회사라는 것은 어쨌든 남이니까 장부째로 더하는 것이 아니라, 이 회사가 갖고 있는 값어치를 공정하게 매겨서 더한다.

삼성바이오로직스는 2015년부터(공교롭게도 삼성바이오로직스를 소유한 삼성물산과 제일모직 간의 합병이 추진되던 시기) 에피스에 대한 회계처리를 종속회사에서 관계회사로 변경한다. 이것이 가장 큰 의혹이 된 데에는 몇 가지 이유가 있다.

첫째, 에피스를 관계회사로 회계처리하는 것이 삼성바이오로직스에 여러모로 이득이 됐다. 장부가치로 기록하던 에피스를 공정가치로 고치면서 막대한 평가이익이 발생했으며, 동시에 에피스의 막대한 부채가 사라지면서 삼성바이오로직스의 재무상태가 개선됐다.

둘째, 이로 인해 삼성바이오로직스가 얻은 이익이 너무 컸다. 삼성바이오로직스는 평가차익으로 1조 9,000억원의 흑자를 보았고, 부채 또한 사라져 부채비율을 낮출 수 있었다. 만성 적자 기업이던 삼성바이오로직스가 성장할 수 있었던 배경에는 이러한 일시적 이익이 있었다. 이는 삼성바이오로직스를 소유한 삼성물산의 몸값을 올리게 해, 제일모직과 합병 시 유리한 합병비율을 받는 데 도움이 됐다. 한 기업의 평가차익이 나비효과로 삼성전자 경영권 승계에까지 영향을 미친 것이다.

셋째, 이런 정황적 사실에도 불구하고, 삼성바이오로직스가 에피스를 관계회사로 변경한 데에는 나름의 회계적 근거가 있다. 국제회계기준은 종속회사 여부를 지분이 아니라 지배력을 기준으로 판단한다. 삼성바이오로직스는 콜옵션*의 행사 가능성 증가로 인해 지배력을 상실했다고 보았는데, 그 근거가 정당했는지에 대해서는 논란의 여지가 있고 이는 앞으로 전문가와 법원이 판단할 문제이다.

넷째, 삼성바이오로직스 측이 이 콜옵션의 존재를 공시하지 않은 것은 잘못이다 (이러한 잘못에도 불구하고 삼성바이오로직스 자체는 괜찮은 기업이다).

삼성바이오로직스의 사례를 통해 이야기하고 싶은 것은, 이 모든 논란이 에피스를 종속회사 혹은 관계회사로 분류할지에서부터 비롯되었다는 것이다. 회계는 어떤 원칙을 어떻게 적용하느냐에 따라 이처럼 큰 차이가 발생하기도 한다. 따라서 회계 장부에 주어진 숫자를 절대적 진리로 믿기보다는 주석 등을 참조하여 어떤 가정과 해석이 개입되었는지를 따져볼 필요가 있다.

회계장부를 절대적으로 믿을 수는 없다

---

*콜옵션이란 옵션거래에서 특정한 기초자산을 만기일이나 만기일 이전에 미리 정한 행사가격으로 살 수 있는 권리를 말한다. 풋옵션과 반대되는 개념이다. 삼성바이오로직스는 삼성바이오에피스를 설립하면서 외부투자자인 바이오젠에게 경영 지분 절반을 인수할 수 있는 권리를 부여했다. 에피스의 가치가 상승함에 따라 삼성 측은 바이오젠이 콜옵션을 행사하여 50% 지분을 인수할 것이라고 본 것이다.

09 재무제표는 서로 연결되어 있다

이제 재무제표 5총사에 대한 소개가 끝났다. 이처럼 재무제표를 하나씩 소개하는 것에는 한 가지 단점이 있다. 각각의 재무제표가 마치 독립되어 있는 것 같은 착각이 드는 것이다.

맛집으로 이해하는 각 재무제표의 연관성

처음 재무제표를 접할 때는 설명을 따라가는 것도 버겁기 때문에 이들이 어떻게 연결되어 있는지와 같은 접점을 이해하기 어렵다. 자칫 각 재무제표를 별개의 정보라고 생각하기 쉽다.

그러나 재무제표 5총사는 같은 기업 내에서 벌어진 거래들을 기록한 것이다. 재무상태표용 거래가 따로 있고 손익계산서용 거래가 따로 있는 것이 아니다. 다만 재무제표에 따라 이를 기록하는 관점이나 방식이 조금씩 다른 것이다.

사례 사람들이 오래 줄을 서는 맛집이 있다. 북적거리는 식당 한쪽에서는 음식이 쉴 새 없이 조리되어 나오고, 이미 식사를 끝낸 손님들은 값을 치르고 식당을 빠져나온다. 딱 보기에도 장사가 잘되는 식당이다. '장사가 잘된다'라는 사실을 각각의 재무제표에서 어떻게 알 수 있을까?

장사가 잘되는 것을 확인하는 관점들

가게를 확장했다 → 재무상태표

1년 만에 식당을 다시 방문했는데 인테리어가 세련되게 바뀌었거나 가게가 확장되어 있다면? 이 식당의 자산이 크게 늘어난 것이다. 이는 재무상태표에서 확인할 수 있다.

주인의 차가 바뀌었다 → 자본변동표

자산이 늘어난 것만 가지고 장사가 잘된다고 하기엔 조금 부족하다. 식당 주인이 큰맘 먹고 돈을 빌려서, 인테리어나 가게 확장을 했을 수도 있기 때문이다. 그래서 정말 식당이 장사가 잘되는지 확인하려면 식당 주인  이 그만큼 부유해졌는지 확인해야 한다. 즉, 부채와 자본의 상태를 자본변동표에서 확인해야 한다. 갑자기 식당 주인이 외제차를 끌고 다닌다든가 값비싼 명품시계를 차고 다닌다면 이 식당은 정말로 잘되고 있을 개연성이 높아진다.

1년치 순이익은 얼마일까? → 손익계산서

식당 주인이 돈을 얼마나 벌었는지 좀더 자세히 알고 싶으면 손익계산서를 봐야 한다. 손익계산서엔 1년 동안 식당이 올린 전체 매출뿐만 아니라 각종 비용이 기록되어 있다. 이를 참조하면 직접 조리비용(식자재, 인건비)은 얼마이고 간접비(임대료 등)는 얼마인지 등 전체 살림살이를 알 수 있다.

식당 주인이 식당 운영으로 최종적으로 가져가게 되는 이익은 매출

에서 모든 비용이 제외된 순이익만큼이다. 식당 재무상태표상 식당 주
인몫(자본)은 1년 전과 비교해 정확히 순이익만큼 증가했을 것이다.•

그 많은 현금은 어디로 갔을까? → 현금흐름표

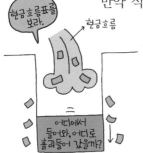

만약 식당 주인이 장사를 통해 번 현금(영업활동 현금흐름)을 금고나 계좌
에 넣어두었다면 식당의 현금은 크게 증가할 것이다. 그런데
식당 주인이 필요 이상으로 많은 현금을 들고 있는 것은 다소
아깝다고 생각해서 남는 현금을 가게 확장이나 인테리어에 사
용하거나(투자활동 현금흐름), 이를 인출해서 썼을 수도 있다(자본
활동 현금흐름).

　즉 현금흐름표는 단순히 현금의 증감뿐 아니라, 장사를 통
해 현금이 얼마만큼 들어왔고 또 어떻게 사용되었는지에 대한 내역을
보여준다.

　다시 말해 재무상태표의 현금은 현금흐름표의 현금변동액, 재무상
태표의 자본은 손익계산서상 순이익만큼 변한다. 게다가 현금흐름표
중 영업활동으로 인한 현금흐름은 손익계산서의 순이익을 가지고 계산
한다. 이 세 가지 재무제표는 뗄래야 뗄 수 없는 관계인 것이다.

재무상태표는 스크린샷, 손익계산서와 현금흐름표는 동영상

월급을 받아서 통장에 돈이 들어오면 그만큼 내가 가진 잔고(자산)가 늘
어난다. 반대로 내가 월급 중 일부를 카드값 갚는 데 사용하면 통장잔고
는 줄어든다. 이처럼 변하는 통장의 잔고를 특정 일자로 기록한 것이 바
로 재무상태표이다.

　반면 내가 월급을 받았고 그로 인해 내가 소유한 자본(자산에서 빚을 제

한 나머지)이 늘어났다는 사실은 손익계산서와 현금흐름표에 적힌다. 또한 내가 카드값(비용)에 얼마를 썼고, 그로 인해 자산이 감소했다는 사실도 이 손익계산서와 현금흐름표에 기록된다.

재무상태표가 특정일의 재무상태를 찍은 사진 혹은 스크린샷 같은 것이라면, 손익계산서와 현금흐름표는 각기 다른 시점에 작성된 두 재무상태표 사이의 발생한 변화를 기록한 동영상 같은 것이다.

두 개 이상의 재무제표를 같이 봐야 한다

재무상태표와 나머지 재무제표들은 결과를 보여주느냐, 과정을 보여주느냐 하는 관점이 다를 뿐, 같은 기업에서 일어난 여러 가지 경제적 거래를 기록하려는 목적 자체는 같다. 따라서 기업의 재무현황을 더욱 입체적으로 이해하려면 두 개 이상의 재무제표를 같이 보는 것이 좋다.

예를 들어 전기와 당기 재무상태표를 통해 시작과 끝에 해당하는 잔고를 확인하여 어떤 계정이 특히 많이 바뀌었는지 등 전체적인 변화를 파악한다. 그리고 이를 설명해줄 수 있는 현금흐름표나 손익계산서를 자세히 살펴보는 식이다.

재무제표 5총사는 서로 연결되어 있다.

괴짜회계사의 한 줄 정리

재무제표 5총사는 모두 연결되어 있기 때문에 다 같이 살펴보는 것이 좋다.

$\boxed{+}$ $\boxed{-}$ $\boxed{\times}$ $\boxed{\div}$ ───────────────────

재무상태표는 특정일 기준으로 기업의 재무상태를 '찰칵' 찍어놓은 스크린샷이다. 기업의 자산, 부채, 자본이 어디에 얼마만큼 들어 있는지 나온다. '자산 = 부채 + 자본'이라는 공식은 외워두시라. 재무상태를 나타내는 이 공식은 책을 꿰뚫으며 끊임없이 나온다. 재무상태표를 읽게 되면 더 이상 팔랑귀로 투자하고 후회하는 일이 없다.

투자하는 기업마다
망한다면 당신이 문제다
_재무상태표

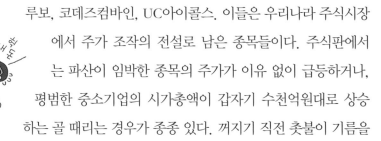

01 재무상태표를 봐야 하는 이유

루보, 코데즈컴바인, UC아이콜스. 이들은 우리나라 주식시장에서 주가 조작의 전설로 남은 종목들이다. 주식판에서는 파산이 임박한 종목의 주가가 이유 없이 급등하거나, 평범한 중소기업의 시가총액이 갑자기 수천억원대로 상승하는 골 때리는 경우가 종종 있다. 꺼지기 직전 촛불이 기름을 빨아들여 마지막으로 장렬하게 타오르듯, 이들 주식의 주가는 반짝 오른 뒤 곤두박질치거나 혹은 아예 상장폐지된다. 그리고 이 타오르는 불빛에 매혹되어 달려들었던 개인 투자자들도 연기와 함께 전사한다.

이러한 종목에 혹하는 마음 자체는 이해한다. 다른 회사의 주가가 급상승하는 것을 지켜보면 왠지 그 수익이 내 것이었으면 좋겠고, 지켜만 보는 것은 소외되는 기분이 들기 때문이다. 돈을 벌고 싶은 마음 자체는 인간의 당연한 욕망이다. 문제는 그 욕망이 사람을 호구로 만든다는 것이다. 돈을 벌고 싶다는 욕망이 너무 강해지면 망할 기업도 알아보지 못한다.

기업의 기초 정보로 말도 안 되는 기업을 거를 수 있다

무조건 재무제표 속에 답이 있다는 것은 아니다. 어차피 100% 돈을 벌 수 있는 방법이라는 것은 없다. 각자 자기에게 맞는 투자법대로 투자하면 된다. 다만 투자하는 기업마다 망한다면 그건 문제가 좀 다르다. 기업에 대한 기초적인 사실조차 제대로 파악하고 있지 못할 가능성이 높기 때문이다. 여기서 말하는 기초적인 사실이란 이 회사가 뭐하는 회사인지, 돈을 어디에 투자하고 있는지, 빚은 얼마나 되는지, 그리고 과거 얼마나 많은 이익을 내왔는지와 같은 것이다. 이러한 기업의 기초적인 정보들은 모두 재무상태표에 드러나 있다. 이것만 제대로 이해해도 잘못된 기업을 걸러낼 수 있다.

자산에 담긴 정보 : 기업의 재무상태는 크게 '자산 = 부채 + 자본'의 형태로 만들어진다. 자산을 보면 지금까지 어떤 자산들에 투자해왔고, 얼마만큼의 현금을 보유하고 있는지 파악할 수 있다. 또한 기업의 전체 규모뿐만 아니라 앞으로 어떤 사업에서 어느 정도 이익이 기대되는지도 가늠해볼 수 있다.

부채에 담긴 정보 : 자산을 조달하는 데 부채가 얼마나 사용됐는지 알 수 있다. 부채가 많이 사용될수록 주주몫으로 가져갈 수 있는 이익은 커지지만, 대신 사업이 실패했을 때 입을 타격도 커진다. 특히 부채비율은 파산할 위험이 얼마나 높은지 아는 데 도움이 된다.

자본에 담긴 정보 : 자본에는 주주들의 부에 대한 내용이 담긴다. 주주들은 지금까지 이 기업에 얼마를 투자했는지, 그리고 기업은 주주들에게 얼마만큼 이익을 발생시켰는지 기록된다. 좋은 기업이란 주주들로부터 받은 돈(자본)을 가지고 높은 이익률을 내온 곳이다.

말도 안 되는 신사업 진출을 가려낼 수 있다

질문 A라는 회사가 ○○업종에 진출한다는 소식이 호재로 발표되었다. 이 회사의 도전이 성공할지 어떻게 알 수 있을까?

괄호로 비어둔 것은 여기에 반도체, 신재생에너지, 바이오 등 요즘 핫한 사업을 아무거나 집어넣어도 적용되기 때문이다. 새로운 사업에 투자를 시작했다는 것은 새로운 자산을 취득했다는 것이다. 이로부터 기대한 이익이 발생하려면 먼저 기존 사업과의 연관성을 따져봐야 한다.

어떤 자산을 샀는가?-기존 사업과의 연관성을 알 수 있다

가령 회계 소프트웨어를 만들던 회사에서 세금보고 소프트웨어를 출시한다고 해보자. 회계와 세금보고 는 전혀 다른 분야지만, 기존 소프트웨어를 만들던 인 력과 노하우를 적용하는 것이 가능하다. 마치 국밥집에서 감자탕을 신메뉴로 출시하는 것처럼, 장르가 다르긴 하지만 새로 운 사업을 하는 데 큰돈이 들어갈 일은 없을 것이다.

하지만 엔터테인먼트 전문회사가 갑자기 반도체 사업이나 신재생에 너지 분야에 도전한다면? 기존 자산을 전혀 활용하지 못한 원점에서부 터 투자가 이뤄져야 한다.

새로운 자산에서의 수익이 중요한 이유는 투자를 위해 들어간 돈이 빌린 돈 또는 주주 돈으로부터 조달되기 때문이다. 멀쩡하던 회사도 무 리한 사업 확장으로 도산 위기에 내몰릴 수 있다. 하물며 원래부터 부채 가 많았던 회사가 추가로 부채를 늘릴 경우 더욱더 경계해야 한다.

신사업 진출이 무조건 나쁘다는 것은 아니지만, 정말로 기회가 있기 때문에 이뤄지는 것인지, 아니면 기존 책임으로부터 벗어나기 위한 눈 돌리기용인지 알기는 어렵다.

과거 경영진의 실적을 알 수 있다

그나마 믿을 것이 과거 경영진의 실적이다. 원래부터 음식을 잘하던 식당에서 신메뉴를 출시하면 기대가 되지만, 반대로 원래 맛없던 식당에서 신메뉴를 출시하면 이건 그냥 메뉴판을 늘리는 것밖에 되지 않는다.

　이러한 경영진의 실력을 측정할 수 있는 것은 자기자본이익률(ROE)[*]과 그동안 기업이 주주들을 위해 쌓아올린 이익잉여금[**]이다. 주주들을 위해 많은 이익을 내온 실적이 있는 회사라면 새로운 사업에 기대를 걸어 봐도 좋을 것이다. 하지만 기존 사업에서도 신통치 못했던 경영진이 갑자기 사업 확장을 한다면? 왜 이 시점에 신규 사업에 손을 대는 것인지 의도부터 의심해봐야 한다.

• 자기자본이익률은 순이익을 자기자본으로 나눈 것으로 343쪽에서 자세히 다룬다.

•• 이익잉여금이란 기업이 발생시킨 이익금 중 주주에게 돌려주지 않고 자산에 재투자하고 있는 돈이다. 243쪽에서 자세히 다룬다.

과거부터 현재까지 기업의 스토리를 알 수 있다

우리가 재무상태표를 공부해야 하는 이유는 이처럼 기업을 이해하는 데 큰 도움이 되기 때문이다. 재무상태표를 보면 과거부터 현재까지 이어져온 기업의 스토리를 파악할 수 있다. 과거의 사실이 꼭 미래를  예측한다고 볼 수는 없다. 재무제표는 어디까지나 후행지표이므로, 이것만 보고 투자하면 성공한다는 이야기가 아니다. 하지만 투자하면 절대 안 되는 기업을 거르는 데는 아주 큰 도움이 된다. 재무상태표에 나타난 기본적인 사실 관계만 맞춰봐도 최악의 기업은 피할 수 있다.

괴짜회계사의 한 줄 정리
재무상태표 속에는 과거부터 현재에 이르는 기업의 스토리가 담겨 있다.

모범적인 기업 vs 망할 것 같은 기업
– 삼성전자의 재무상태표 분석

다음은 삼성전자의 2020년도 연결재무상태표이다. 삼성전자의 재무상태표는 '재무제표계의 다비드상' 혹은 '비너스상'이라 할 수 있다. 그 정도로 모범적이고 아름답다. 코스닥 바이오 잡주의 답 안 나오는 재무상태표를 보다가 삼성전자의 재무상태표를 보면 안구가 정화되는 느낌이다.

삼성전자의 재무상태표는 '크고 아름답다'. 일반적으로 대기업이란 자산규모 5조원 이상의 기업을 의미하며, 2020년 기준으로 우리나라에는 총 64개 기업집단(소속회사 2,284개)이 있다. 그런데 삼성전자 재무상태표의 자산총계는 무려 378조원이다(표의 ①). 같은 대기업으로 묶기엔 삼성전자의 자산은 가히 독보적이다. 재계 2위 현대자동차와도 거의 두 배 차이가 난다.

자산의 분배가 잘되어 있다

• 유형자산은 토지, 건물, 설비 등을 말하며 이에 대해서는 144쪽에서 자세히 다룬다.

단순히 크기만 한 것은 아니다. 비율과 구성 모두 모범적이다. 삼성전자는 유형자산*으로 무려 129조원을 보유하고 있다(표의 ②). 제조업 기업의 엔진에 해당하는 유형자산에 많은 돈이 투자되어 있다는 것은 그만큼 기본에 충실하다는 뜻이다. 삼성전자는 전 세계에서 설비투자와 연구개발에 가장 많은 돈을 쓰는 기업 중 하나이다.

삼성전자의 재무상태표

연 결 재 무 상 태 표

제 62 기 : 2020년 12월 31일 현재

제 61 기 : 2019년 12월 31일 현재

삼성전자주식회사와 그 종속기업 (단위 : 백만원)

과 목	주석	제 62 (당) 기		제 61 (전) 기	
자 산					
I. 유 동 자 산			198,215,579 ❸		181,385,260
1. 현금및현금성자산	4, 28	29,382,578		26,886,999	
2. 단기금융상품	4, 28	92,441,703		76,252,052	
3. 단기상각후원가금융자산	4, 28	2,767,111		3,914,216	
4. 단기당기손익-공정가치금융자산	4, 6, 28	71,451		1,727,436	
5. 매출채권	4, 5, 7, 28	30,965,058		35,131,343	
6. 미수금	4, 7, 28	3,604,539		4,179,120	
7. 선급비용		2,266,100		2,406,220	
8. 재고자산	8	32,043,145		26,766,464	
9. 기타유동자산	4, 28	3,754,462		4,122,410	
10. 매각예정분류자산	32	929,432			
II. 비 유 동 자 산			180,020,139		171,179,237
1. 기타포괄손익-공정가치금융자산	4, 6, 28	12,575,216		8,920,712	
2. 당기손익-공정가치금융자산	4, 6, 28	1,202,969		1,049,004	
3. 관계기업 및 공동기업 투자	9	8,076,779		7,591,612	
4. 유형자산	10	128,952,892	❷119,825,474	
5. 무형자산	11	18,468,502		20,703,504	
6. 순확정급여자산	14	1,366,502		589,832	
7. 이연법인세자산	25	4,275,000		4,505,049	
8. 기타비유동자산	4, 7, 28	5,113,279		7,994,050	
자 산 총 계			378,236,718 ❶		362,564,497
부 채					
I. 유 동 부 채			75,604,351		63,782,764
1. 매입채무	4, 28	9,739,222		8,718,222	
2. 단기차입금	4, 5, 12, 28	16,553,429		14,393,468	
3. 미지급금	4, 28	11,899,022		12,002,513	
4. 선수금	17	1,145,423		1,072,062	
5. 예수금	4, 28	974,521		897,355	
6. 미지급비용	4, 17, 28	24,330,339		19,359,624	
7. 당기법인세부채		4,430,272		1,387,773	
8. 유동성장기부채	4, 12, 13, 28	716,099		846,090	
9. 충당부채	15	4,349,563		4,068,627	
10. 기타유동부채	4, 17, 28	1,127,719		1,037,030	
11. 매각예정분류부채	32	338,742		–	
II. 비 유 동 부 채			26,683,351		25,901,312
1. 사채	4, 13, 28	948,137		975,298	
2. 장기차입금	4, 12, 28	1,999,716		2,197,181	
3. 장기미지급금	4, 28	1,682,910		2,184,249	
4. 순확정급여부채	14	464,458		470,780	
5. 이연법인세부채	25	18,810,845		17,053,808	
6. 장기충당부채	15	1,051,428		611,100	
7. 기타비유동부채	4, 17, 28	1,725,857		2,408,896	
부 채 총 계			102,287,702 ❹		89,684,076
자 본					
지배기업 소유주지분			267,670,331		254,915,472
I. 자본금	18		897,514		897,514
1. 우선주자본금		119,467		119,467	
2. 보통주자본금		778,047		778,047	
II. 주식발행초과금			4,403,893		4,403,893
III. 이익잉여금	19		271,068,211 ❻		254,582,894
IV. 기타자본항목	20		(8,687,166)		(4,968,829)
V. 매각예정분류기타자본항목	32		(12,132)		
비지배지분	31		8,277,686		7,964,949
자 본 총 계			275,948,016 ❺		262,880,421
부 채 와 자 본 총 계			378,236,718		362,564,497

• 유동자산은 이미 현금이거나 1년 안에 현금으로 회수될 자산으로 이에 대해서는 172쪽에서 자세히 다룬다.

또 눈여겨볼 것은 198조원이 넘는 유동자산•이다(표의 ③). 유동자산은 이익을 창출하는 데 투입되는 연료와 같은 것으로, 삼성전자는 이를 활용해 변동성에 대비하거나, 전략적으로 원하는 자산을 취득하는 데 사용한다. 즉 삼성전자는 탄탄한 코어(유형자산)과 유동성(현금, 단기금융상품)을 모두 갖춘 기업이다.

자본의 비율이 높고, 부채의 비율이 낮다

그러면 삼성전자의 이 자산들은 어디서 왔나? 대부분 자본으로부터 왔다. 자산총계(378조원, 표의 ①)는 부채총계(102조원, 표의 ④)와 자본총계(277조원, 표의 ⑤)의 합으로 이루어진다. 자본의 비율이 압도적으로 높은 대신 빚은 거의 없다. 재무적으로 매우 탄탄한 기업이다. 그렇다고 이 많은 자본을 투자금으로 유치한 것인가 하면 그건 아니다. 삼성전자가 주주들로부터 받은 돈은 자본금과 주식발행초과금을 합쳐 고작 5.3조원밖에 되지 않는다.

스스로 만들어낸 이익잉여금이 많다

삼성전자의 자본 대부분은 이익잉여금(271조원, 표의 ⑥)으로부터 나왔다. **이익잉여금**은 삼성전자가 여태까지 주주들 몫으로 발생시킨 이익금 중, 돌려주지 않고 자산에 재투자하고 있는 돈을 뜻한다. 부채나 자본 등을 발행하여 외부로부터 조달한 것이 아니라 기업 스스로가 노력해서 얻어낸 근육 같은 것이다. 삼성전자 자산의 대부분은 빚을 내서 산 것도, 주주들에게 투자를 받아 산 것도 아니다. 성공적인 재투자로 이익이 쌓이고 쌓여 만들어졌다.

즉, 재무상태적으로 모범적인 기업이란 이익을 발생시킬 유형자산에 대한 투자, 그리고 유사시를 대비한 유동자산 사이에서 균형이 잘 잡혀 있다. 또한 부채가 충분히 감당할 수 있는 규모여야 하며, 지금까지 주주들을 위해 많은 이익을 발생시킨 실적이 있는 회사이다.

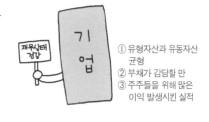

① 유형자산과 유동자산 균형
② 부채가 감당할 만
③ 주주들을 위해 많은 이익 발생시킨 실적

반면 곧 망할 것 같은 기업은 이와는 정반대의 재무상태를 갖고 있다. 돈을 벌어다줄 자산이 없거나 유동자산이 지나치게 부족한 등 자산의 균형이 무너져 있고, 부채가 더 이상 갚을 수 없을 정도로 늘어나 있으며, 주주 돈을 하도 까먹어온 탓에 자본이 마이너스 상태인 기업이다.

작전세력들은 보통 맛이 간 기업을 선호한다. 신규 사업에 무리하게 투자를 한다든가, 도산 위기에 내몰렸다거나, 아니면 손실이 지나치게 누적되어 있는 회사 말이다. 이렇게 맛이 가 있으면 주가가 싸다. 주가가 싸다는 것은 그만큼 조작을 했을 때 벌 수 있는 돈이 많다는 뜻이다. 그리고 오로지 주가가 싸다는 것을 내세워서 주주들을 현혹한다.

괴짜회계사의 한 줄 정리

재무상태표는 기업의 재무적 건강도를 보여준다.

03 재무상태표에 반영되지 않는 것들
– 애플의 재무상태표 분석

기업의 이익은 여러 가지 형태로 발생한다. 삼성전자는 가장 정석인 제조업 기업이다. 뛰어난 품질의 제품을 생산해서 높은 이익을 받고 판다. 그리고 벌어들인 이익의 대부분을 다시 설비와 기술 개발에 투자한다.

말은 참 쉽지만, 치열한 경쟁을 뚫고 수십 년째 톱클래스 제조사의 지위를 유지한다는 게 보통 일이 아니다. 이미 많은 미국 전자회사가 몰락했고 일본 전자회사들도 같은 길을 걸었다. 중국을 비롯한 후발주자들이 똑같은 전략을 추구하지만, 아직 삼성전자만큼 잘하는 기업은 없다. 삼성전자는 공부를 정말 열심히 하는 전교 1등의 느낌이다.

반면 이 세상에는 타고난 천재도 존재한다. 가령 애플 같은 기업이다. 다음은 2020년도 애플의 재무상태표이다.

애플 재무상태표의 가장 큰 특징은 뭐가 별로 없다는 것이다. 전체 자산의 규모는 삼성전자보다 약간 크지만(3,238억 달러, 표의 ①), 이 중 대부분이 현금(380억 달러, 표의 ②)과 금융자산(Current Marketable Securities 529억 달러와 Non-current Marketable Securities 1,008억 달러, 표의 ③)으로 이뤄져 있다.

생산에 기여하는 유형자산은 고작(?) 367억 달러(표의 ④)인데, 그마저도 절반은 부동산값이다. 똑같이 스마트폰을 만드는 회사인데 애플의 재무상태표는 삼성의 재무상태표와 전혀 다르다. 애플의 돈 버는 방식이 전혀 다르기 때문이다.

CONSOLIDATED BALANCE SHEETS
(In millions, except number of shares which are reflected in thousands and par value)

	September 26, 2020	September 28, 2019
ASSETS:		
Current assets:		
Cash and cash equivalents	$ 38,016	$ ❷ 48,844
Marketable securities	52,927	51,713
Accounts receivable, net	16,120	22,926
Inventories	4,061	4,106
Vendor non-trade receivables	21,325	22,878
Other current assets	11,264	❸ 12,352
Total current assets	143,713	162,819
Non-current assets:		
Marketable securities	100,887	105,341
Property, plant and equipment, net	36,766	❹ 37,378
Other non-current assets	42,522	32,978
Total non-current assets	180,175	175,697
Total assets	$ 323,888	$ 338,516
LIABILITIES AND SHAREHOLDERS' EQUITY:		
Current liabilities:		
Accounts payable	$ 42,296	$ 46,236
Other current liabilities	42,684	37,720
Deferred revenue	6,643	5,522
Commercial paper	4,996	5,980
Term debt	8,773	10,260
Total current liabilities	105,392	105,718
Non-current liabilities:		
Term debt	98,667	91,807
Other non-current liabilities	54,490	50,503
Total non-current liabilities	153,157	142,310
Total liabilities	258,549	248,028
Commitments and contingencies		
Shareholders' equity:		
Common stock and additional paid-in capital, $0.00001 par value: 50,400,000 shares authorized; 16,976,763 and 17,772,945 shares issued and outstanding, respectively	50,779	45,174
Retained earnings	14,966	45,898
Accumulated other comprehensive income/(loss)	(406)	(584)
Total shareholders' equity	65,339	90,488
Total liabilities and shareholders' equity	$ 323,888	$ ❶ 338,516

디자인 등 소프트웨어에 투자하는 애플

애플은 스마트폰에 들어가는 부품은 물론 조립 일체를 팍스콘* 등 다른 회사에 맡긴다. 따라서 굳이 막대한 자금을 들여 설비에 재투자할 필요가 없다. 대신 애플 제품의 경쟁력은 디자인과 편의성 같은 소프트웨어적인 부분에서 나온다.

* 팍스콘은 세계 최대의 전자제품 위탁 생산기업이다. 애플의 아이폰 등을 조립·생산하는 것으로 유명하다.

애플의 아이폰은 예나 지금이나 가장 많은 이익이 더해져 팔리는 프리미엄폰이다. 제품의 혁신성이나 디자인의 아름다움 같은 소프트웨어적인 것은 딱히 돈을 더 투자한다고 만들어지는 것이 아니다.

그래서 애플은 재무상태표만 보면 회사가 힘들여 자산에 투자한 흔적이 없다. 그런데도 꾸준히 세계 스마트폰 제조사 전체 영업이익의 절반 이상을 가져간다. 애플은 적은 자산과 비용만으로 엄청난 이익을 뽑아내는 이상적인 기업이다. 평상시에는 공부를 잘 안하는 것처럼 보여도 시험만 보면 귀신같이 수석을 하는 천재 유형의 기업이다.

자산이 없는데 막대한 영업이익을 올린다?

게임, 소프트웨어로 돈을 버는 IT기업이나 신약을 개발하는 제약회사들도 비슷한 형태의 재무상태표를 가지고 있다. 재무상태표상으로는 딱히 돈 될 만한 자산이 없어 보이는데 막대한 영업이익을 올린다.

여기에는 이들이 주력으로 삼는 무형자산 혹은 소프트웨어적인 경쟁력이 재무상태표에 충분히 반영되지 않기 때문이다.* 가령 국내 최고의 게임 IP(Intellectual Property right, 지적재산권)로 손꼽히는 리니지(1년 매출액만 조 단위이다)도 재무상태표에 적힌 자산 액수로는 거의 드러나는 것이 없다.

• 지적재산권은 재무상태표에 반영되지 않는다.

즉 재무상태표는 기업의 가치를 전부 드러내지는 못한다. 일반적으로 우리가 사용하는 자산의 의미(리니지는 NC소프트의 주요 자산이다)와 재무상태표에서 사용하는 자산의 의미가 다소 다르기 때문이다.

그럼에도 재무상태표는 오답을 거르는 데는 훌륭한 자료이다. 재무건정성이 떨어지는 기업은 재무상태표가 심각하게 기울어져 있다는 것은 명백한 사실이기 때문이다. 빚이 너무 많거나 유형자산이 너무 적거

나 아니면 적자가 누적됐다면, 기업의 재무가 아픈 상태라는 것을 의미
한다. 이에 대해 충분히 주의를 기울이길 권한다.

애플

모범생 삼성전자 VS. 천재 애플, 어떤 기업에 투자할까?

모범생 같은 삼성전자와 천재 같은 애플 중에 당신은 어떤 기업에 투자하겠는가?

이것은 지극히 취향의 문제이지만, 나는 공부 잘하는 애들은 별로 좋아하지 않는다. 왜냐하면 이미 성적이 좋은 애들은 인기가 많기 때문이다. 다시 말해 이런 기업의 주가에는 지금까지의 실적은 물론 미래성장성까지 반영되어 있다.

우량주 투자는 단기간에 높은 수익률을 얻겠다는 태도보다는 장기간에 걸쳐 기업과 성장을 함께하겠다고 접근하는 것이 좋다. 단, 그동안에 좋은 실적을 내온 회사의 실적이 급격하게 나빠진다면 실망도 크다. 때문에 잘나가던 회사의 주가가 조금 내려간다고 덥석 매수하는 것보다는 어느 정도 얼마나 나빠지는지를 관망한 후 서서히 구입하는 것이 낫지 않겠냐 하는 것이 개인적인 생각이다.

나는 앞으로 공부를 더 잘할 가능성이 있는 애들의 주식을 좋아한다. 자기 반이나 학교에서는 공부를 좀 했으나, 전국구로 보면 미미한 애들이 있다. 신규 사업분야를 개척하거나 기존 제품에서 빠르게 성장 중인 기업이다.

말은 그럴싸하지만 현실에서 이런 종목을 찾는 것이 보통 일은 아니다. 성장하는 기업 대부분은 이미 주목을 받고 있거나(따라서 가격 반영이 끝났거나), 아니면 매우 높은 확률로 내가 잘못 판단한 것일 수도 있다.

우량기업 투자와 성장기업 투자, 둘 중에 우열을 정할 수는 없다. 결국 그저 수익을 많이 내는 투자가 최고다. 다만 수익이라는 것은 대부분 미래변화로부터 비롯된다. 그동안 영업을 잘하고 있던 기업이 갑자기 더 잘하게 되거나, 아니면 그동안 영업을 잘못하던 기업의 실적이 갑자기 개선되는 것과 같은 미래변화는 알 수 없다. 그러니까 투자라는 건 알 수 없는 미래에 돈을 거는 행위인 셈이다. 확실하게 돈을 벌 수 있는 방법은 없고, 오로지 각자의 취향과 판단만이 있을 뿐이다.

자산은 드러나고, 부채와 자본은 스며든다

04

앞으로 우리는 재무상태표를 자산 그리고 부채와 자본으로 나누어 하나씩 공부할 예정이다. 그에 앞서 '자산=부채+자본', 이 세 가지가 이루는 재무상태라는 것이 무엇인지를 좀더 알아보자.

자산은 겉으로 드러난다

자산은 기업이 현재 보유한 자원을 의미한다. 자산에는 기업통장에 들어 있는 잔고, 즉 건물이나 설비같이 눈에 보이는 자산뿐만 아니라 지적재산권과 같은 무형자산도 모두 포함된다.

부채와 자본은 이러한 자산이 어디로부터 왔는지를 설명해준다. 부채는 어디로부터 빌린 돈이고, 자본은 주주들로부터 맡아둔 돈이다. 항상 부채가 자본보다 먼저 위치하는데 그 이유는 반드시 갚아야 될 돈이기 때문이다. 채권자에게 이자도 못 갚는 기업이 주주에게 배당을 줄 수는 없다. 자본은 자산에서 부채가 가져가고 남는 것을 가져간다.

부채와 자본은 기업자산에 스며들어 있다

'자산=부채+자본'이라는 공식을 통해 재무상태를 좌변과 우변으로 나눠놓는 이유는 각각이 기업의 다른 면을 보여주기 때문이다.

자산은 기업의 겉으로 드러나는 면을 보여준다. 삼성전자는 본사 사옥, 공장, 기계설비, 제품 등의 자산이 모여 만들어진 존재이다.

반면 부채와 자본은 딱히 볼 수 있는 존재가 아니다. 부채로 조달한 돈은 이미 진작에 자산을 구입하는 데 써버렸기 때문이다. 부채와 자본은 독립적으로 존재하는 것이 아니라 기업 자산 전반에 스며들어 있다.

기업을 인체에 비유하자면, 자산은 겉으로 드러나는 신체기관인 반면, 부채와 자본은 우리 몸을 구성하고 있는 성분인 셈이다. 이 세상에는 멋진 식스팩이 있는가 하면 나처럼 처진 뱃살도 있다. 음식을 균형적으로 섭취하고 운동을 해왔느냐, 아니면 나처럼 나태하게 살았느냐에 따라 생김새가 전혀 달라진다.

이러한 비유는 기업에도 어느 정도 적용된다. 삼성전자의 재무상태표가 탄탄하다는 것은 자산의 대부분을 자체적으로 발생시킨 이익잉여금(자본)을 통해 구입했기 때문이다. 물론 이익잉여금이 없더라도 단시간에 자산을 늘릴 수 있는 방법은 있다. 어디선가 돈을 빌려오는 것이다. 단기간에 폭식을 하면(부채를 쓰면) 체중은 비슷하게 맞출 수 있다. 하지만 급격한 부채의 사용에는 많은 비용과 리스크가 따른다.•

• 부채에 대해서는 5장에서 상세히 살펴본다.

괴짜회계사의 한 줄 정리

기업의 모든 자산은 부채와 자본으로 조달한 것이다.

05 재무상태는 수시로 변한다

나의 재산현황으로 이해하는 기업의 재무상태

재무상태라는 말이 확 와닿지 않는 경우, 재산현황이라는 말을 떠올려
봐도 된다. 나의 경우 예금통장, 주식계좌 그리고 주택을 재산으로 보유
하고 있다. 이는 기업의 **자산**에 해당한다.

이 자산들을 전부 내 돈이라고 할 수는 없다. 지금 살고 있는 집엔 부
동산담보대출이 아직 남아 있다. 담보대출처럼 누군가로부터 빌린 돈을
기업에선 **부채**라고 한다. 그리고 전체 자산에서 부채를 제하고 난 나머
지 내 돈을 기업에선 **자본**이라고 한다.

자동차를 구입한다고 가정해보자. 여기에는 두
가지 방법이 있다. 먼저 예금통장이나 주식계좌
에서 돈을 빼서 구입하는 것이다. 이 경우 한 가
지 형태의 자산(예금 혹은 주식)이 다른 형태의 자산
(자동차)으로 형태만 바뀐다. 내가 보유한 자산이 늘어
나거나 줄어들지는 않는 셈이다.

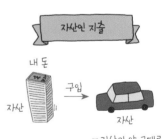

다른 한 가지 방법은 자동차 담보대출을 받아 구입하는 것이다. 이
경우 내가 소유한 총자산은 대출받은 금액만큼 늘어난다. 대신 앞으로
갚아야 할 돈도 그만큼 늘어난다. 두 가지 방법 모두 내 돈의 양(자본)에
는 영향을 주지 못한다

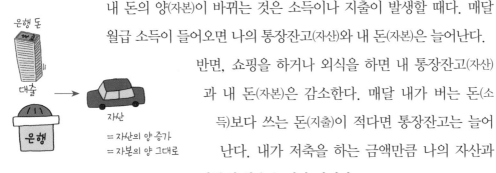

은행 돈

대출 →

자산
= 자산의 양 증가
= 자본의 양 그대로

은행

내 돈의 양(자본)이 바뀌는 것은 소득이나 지출이 발생할 때다. 매달 월급 소득이 들어오면 나의 통장잔고(자산)와 내 돈(자본)은 늘어난다.

반면, 쇼핑을 하거나 외식을 하면 내 통장잔고(자산)과 내 돈(자본)은 감소한다. 매달 내가 버는 돈(소득)보다 쓰는 돈(지출)이 적다면 통장잔고는 늘어난다. 내가 저축을 하는 금액만큼 나의 자산과 자본의 양은 늘어날 것이다.

기업의 재무상태는 영업 결과에 따라 변한다

소득에 해당하는 것이 기업의 '매출'이고, 지출에 해당하는 것은 '비용'이다. 들어오는 돈(매출)보다 나가는 돈(비용)이 적으면 기업에는 돈이 남는다. 이를 '이익'이라고 한다.

기업의 존재 목적은 주주들을 위해 이익을 발생시키는 데 있다. 좋은 기업이란 매출을 많이 올리면서도 비용을 절약하는 것이다. 개인으로 치면 저축을 많이 하는 고소득자인 셈이다.

다시 말해 기업이 제품을 판매하거나 지출을 할 때마다 재무상태는 계속해서 변한다. 영업을 잘할수록 현금(자산)이 쌓이고, 주주의 부(자본) 또한 늘어난다. 반면 기업이 투자에 실패하면 자산의 가치는 하락하고, 주주는 손실을 입는다.

재무상태표라는 스크린샷에는 잔상이 남는다

아주 빠르게 움직이는 물체를 찍으면 사진에는 흐릿한 잔상이 남는다. 제품을 생산할 때마다 지출이 발생하고 판매할 때마다 매출이 발생하는 기업의 재무상태 또한 역동적으로 변한다.

재무상태표는 기업의 재무적 스크린샷이므로, 이때 남는 잔상을 미지급금(부채)과 매출채권(자산)이라고 한다. 미처 갚지 못한 지출과 회수되지 못한 매출을 말한다.

내 돈 → 구입 혹은 사용

= 자산의 양이 변한다
= 자본의 양이 변한다

괴짜회계사의 한 줄 정리

자산 = 부채 + 자본으로 표현되는 재무상태는 수시로 변한다.

우리가 흔히 접하는 기업의 사례로 재고자산, 유형자산, 무형자산, 유동자산 등 한 번쯤 들어본 자산의 종류를 알아본다. 축구클럽 맨유부터 JYP, YG 등의 연예기획사, 삼성전자와 애플까지 알만한 기업들의 속살을 샅샅이 들여다보자. 자산을 알면 기업의 가치를 판단할 수 있고, 가전제품을 고르듯 주식의 가성비를 꼼꼼히 따지게 될 것이다.

CHAPTER 4

자산 자세히 알아보기

01

자산의 특징 ①

자산을 보면
기업의 가치를 알 수 있다

2020년 여름은 주식투자에 대한 일반인들의 관심이 그 어느 때보다 높아진 시기였다. 동학개미들은 외인과 기관들이 떠난 주식시장으로 몰려들어 주가를 떠받쳤다. 이후 전 세계 주식시장이 반등한 덕에 개인투자자들의 투자는 어느 정도 결실을 맺기도 했다.

당신은 기업의 가치를 어떻게 매겨왔는가?

이 책은 가치투자에 관한 이론서가 아니다. 모든 투자자가 가치투자를 해야 된다는 것도 아니다. 그런데 만약 당신의 주식이 허구한 날 고점에서 물려 있다면 그 기업의 가치를 재고해볼 필요가 있다. 당신은 지금까지 기업의 가치를 어떻게 매겨왔는가? 지금의 주식가격은 당신이 매긴 가치와 비교해 적정한가? 이러한 질문들을 되뇌어 보고 그 답을 생각해 보는 것만으로도 아주 잘못된 투자만큼은 피할 수 있다.

사람들은 휴대전화나 TV 같은 고가의 전자제품을 구입할 때 열심히 최저가와 가성비를 따진다. 몇 만원이라도 아껴보겠다고 발품을 팔아 매장을 돌고 해외직구를 하기도 한다. 그런데 정작 힘들게 모은 저축을 주식에 투자할 때는 갑자기 엄청나게 대범해지는 경향이 있다.

"이 주식은 들고 있으면 오를 거야", "올해는 추우니까(혹은 더우니까) ×× 테마주가 잘될 거야." 이런 말은 맞을 수도 있고 아닐 수도 있다.

내가 경악하는 것은 이런 생각들의 막연함이다. 가전제품을 살 때는 대기업과 중소기업 모델을 비교해보고 전력소비량과 설치비까지 꼼꼼히 따지던 사람들이 주식에 투자할 때는 왜 이렇게 돈을 막 던지는 걸까?

가전제품 고르듯 기업의 가성비를 따져라

기업의 가치 그리고 가성비를 어떻게 따져봐야 할지 막막해서다. 구체적으로 어떠한 자료와 수치를 봐야 할지 모르는 상태에서 투자를 하다 보니 의도치 않게 투자 아이디어가 추상화되는 것이다. 재무상태표의 자산은 이런 이들에게 기업의 가치를 따져보게 하는 좋은 출발점이다. 자산의 의미를 끊어 읽으면 다음과 같다.

> 자산이란 과거의 결과로,
> 현재 기업이 지배하고 있으며,
> 미래에 경제적 이익을 창출할 것이 기대되는 자원

자산이란 회사가 과거에 대가를 지불하고 구입한 것이다. 기업에게 있어 공짜란 없다. 모든 자산은 기업이 대가를 치르고 구입한 것이다. 이는 당연한 말 같지만 그렇지가 않다. 이로 인해 다음과 같은 궁금증이 생길 수 있기 때문이다.

질문 모든 자산이 대가를 주고 사온 것이라면, 자산을 구입하는 데 지불한 대가는 어디서 온 것인가?

기업을 구성하는 모든 자산은 부채와 자본으로부터 나온다. 그러면 기업은 시작 단계에서부터 외부로부터 돈을 빌릴 수 있을까? 아마 불가능할 것이다. 아무것도 없는 기업에게 돈을 덥석 빌려줄 채권자는 많지 않다. 따라서 초창기 기업은 대부분의 자산을 자본에 의지한다. 기업의 소유권을 담고 있는 주식을 발행하고 그 대가로 투자금을 유치하는 것이다. 그 대가로 기업은 앞으로 벌어들일 모든 이익을 주인인 자본에게 제공한다.

질문1 기업은 왜 굳이 돈을 써서 자산을 구입하는 걸까?

질문2 모든 자산을 구입하는 데 돈이 든다면, 기업의 자산은 어떻게 늘어날까?

이 두 가지 질문에 대한 답은 같다. 기업은 고객에게 재화나 서비스를 제공하고 그 대가로 돈을 버는데, 생산에 들어간 돈(비용)보다 받은 대가(매출)가 더 클 때 이익이 남는다. 결국 기업이 이익을 얻으려면 가치 있는 재화나 서비스를 많이 생산해야 한다. 더 많은 이익을 얻기 위해 먼저 돈을 써서 자산에 투자하는 것이다. 또한 재화나 서비스를 판매하여 얻는 대가가 이를 생산하는 데 들어간 비용보다 크기 때문에 기업의 자산은 늘어날 수 있다. 다시 말해 자산이 많은 기업은 수익을 많이 내는 기업일 확률이 높다.

괴짜회계사의 한 줄 정리
기업은 자산을 활용하여 수익을 낸다.

자산의 특징 ②
과거에 기업이 돈을 들여 구입한 모든 것이다

02

자산의 가장 기본적인 사실은 그만큼의 대가를 지불하고 구입했다는 것이다. 예를 들어 재고자산은 취득가를 기준으로 기록하는 대표적인 자산인데, 기업이 돈을 들여 구입한 원자재, 부품 그리고 생산한 제품 등이 포함된다. 구체적으로 재고자산에는 무엇이 있으며, 각 항목별로 얼마만큼을 보유하고 있는지 보려면 주석을 참조하면 된다. 예를 들어 삼성전자 재무상태표의 재고자산 옆에는 주석번호가 8번이라고 적혀 있다 (표1의 ①).

<표1> 삼성전자의 재무상태표

연결재무상태표
제 52 기 : 2020년 12월 31일 현재
제 51 기 : 2019년 12월 31일 현재

삼성전자주식회사와 그 종속기업
(단위 : 백만원)

과목	주석	제 52 (당) 기		제 51 (전) 기	
자산					
Ⅰ. 유동자산			198,215,579		181,385,260
1. 현금및현금성자산	4, 28	29,382,578		26,885,999	
2. 단기금융상품	4, 28	92,441,703		76,252,062	
3. 단기상각후원가금융자산	4, 28	2,757,111		3,914,216	
4. 단기당기손익-공정가치금융자산	4, 6, 28	71,451		1,727,436	
5. 매출채권	4, 5, 7, 28	30,965,058		35,131,343	
6. 미수금	4, 7, 28	3,604,539		4,179,120	
7. 선급비용		2,266,100		2,406,220	
8. 재고자산	8 ❶	32,043,145		26,766,464	
9. 기타유동자산	4, 28	3,754,462		4,122,410	
10. 매각예정분류자산	32	929,432		−	

재고자산으로 알아보는 자산의 범위

재고자산에 해당하는 주석을 살펴보면, 우선 당기말 평가전금액(33.3조원, 표2의 ①)은 삼성전자가 재고자산을 취득하는 데 쓴 금액을 의미한다. 이 금액에서 평가충당금(1.3조원, 표2의 ②)만큼을 제한 금액이 장부금액(32조원, 표2의 ③)이다.

<표2> 삼성전자 재고자산에 대한 주석

8. 재고자산:

보고기간종료일 현재 재고자산의 내역은 다음과 같습니다.

(단위 : 백만원)

구 분	당기말			전기말		
	평가전금액	평가충당금	장부금액	평가전금액	평가충당금	장부금액
제품 및 상품	9,711,668	(323,782)	9,387,886	8,460,621	(345,505)	8,115,116
반제품 및 재공품	12,144,887	(326,797)	11,818,090	❹10,424,880	(538,246)	9,886,634
원재료 및 저장품	10,464,679	(673,913)	9,790,766	8,288,265	(541,155)	7,747,110
미착품	1,046,403	–	1,046,403	1,017,604	–	1,017,604
계	33,367,637 ❶	(1,324,492) ❷	32,043,145 ❸	28,191,370	(1,424,906)	26,766,464

당기 중 비용으로 인식한 재고자산의 금액은 143,172,743백만원(전기: 145,793,517 백만원)입니다. 동 비용에는 재고자산평가손실 금액이 포함되어 있습니다.

평가충당금이란 재고의 판매가격이 원가 이하로 떨어질 것을 예상하여 기업이 미리 쌓아둔 손실액을 뜻한다. 지금까지 생산한 재고를 모두 판매하기 위해서는 약 1.3조원가량의 손실이 생길 것을 미리 예상한다는 뜻이다. 삼성전자는 왜 손실을 입을 것을 감수하면서도 제품을 생산할까?

손실을 대비하는 평가충당금은 재고자산에서 제한다

그건 삼성전자가 전자회사라서 그렇다. 전자산업은 기술변화 속도가 다른 업종에 비해 매우 빠르다. 매년 새로 나온 갤럭시폰은 항상 이전 모델에 비해 진일보해왔다. 단순히 외형만 바뀌는 수준이 아니라 뼈대를 이루는 부품들과 설계가 계속해서 바뀌면서 말이다. 그래서 대부분의 전자제품은 신규 양산형(저가형) 모델이 구형 프리미엄 모델보다 우수한 경우가 많다.

예를 들어 최신 갤럭시S21이 출시될 때 같이 나온 양산형 모델에 장착된 프로세서나 카메라의 성능은 그 이전 프리미엄 제품들을 압도한다. 비록 저가형일지라도 새로 나온 제품이 값도 싸고 성능도 더 좋은 것이다.

그래서 전자제품은 기존 재고의 가격방어가 잘되지 않는다. 재고를 쌓아두고 있어봐야 재고비용만 늘고 재고의 가치는 더 떨어질 뿐이다. 신규 모델을 지속적으로 출시하는 삼성전자 입장에서는 쌓여 있는 구형 모델을 빨리 처분해야 할 필요가 있고, 구형 모델을 빨리 처분하려면 생산원가 미만으로 팔아야 하는 경우도 발생한다. 그 과정에서 손실이 발생한다.

이로 인해 예상되는 손실액(평가충당금 1.3조원)은 전자회사의 특성상 어쩔 수 없는 것이다. 혁신을 지속적으로 추구하고 새로운 모델을 출시하다 보면 기존 재고의 가치하락은 필연적이기 때문이다. 분명히 평가충당금은 금액으로 봤을 땐 많지만, 전체 재고자산(33.4조원)에 비하면 약 3.9%밖에 되지 않는다. 재고자산을 판매했을 때 얻을 수 있는 매출과 비교할 경우 비율은 더 내려갈 것이다. 삼성전자가 얼마 정도의 손실을 감수하더라도 지속적으로 신제품을 내놓는 이유이다.

원재료와 반제품도 재고자산이다

철   찰강재   커피   자동차보닛

원재료와 반제품 = 재고자산

평가전금액(취득가)에서 이 평가충당금을 제한 장부금액 32조원이 재고자산으로 재무상태표에 기록된다. 그 내역을 살펴보면 원재료 및 저장품(9.8조원), 반제품 및 재공품(11.8조원), 제품 및 상품(9.4조원) 그리고 미착품(1조원)으로 구성되어 있다(표2의 ④). 재고자산에는 이처럼 완제품뿐만 아니라 원재료나 반제품도 포함된다. 순서상 가장 먼저 돈이 쓰이는 곳은 원재료로서 가공을 거쳐 제품이 된다. 만약 연말을 기준으로 생산이 덜 끝난 제품이 있다면 그 금액만큼이 반제품이 된다. 따라서 재고자산은 원재료, 반제품, 제품의 단계로 평가된다.

제품에 들어간 노동력도 재고자산이다

여기에 생산공정이 추가될수록 제품을 생산하기 위한 지출액은 점점 커진다. 원재료를 가공하는 과정에서 추가 지출이 생기기 때문이다. 반도체의 원재료가 모래(실리콘)라고 해서 모래만 있으면 반도체가 솟아나는 것이 아니다. 하나의 제품이 생산되기 위해선 수많은 공정과 노동력이 투입된다. 그 과정에서 감가상각 그리고 인건비 등의 추가 지출이 발생한다.

제품에 들어간 노동력 = 재고자산

제품을 생산하는 과정에서 발생하는 모든 지출은 재고가 된다. 원재료를 반제품으로 가공하는 데 들어간 공정, 그리고 반제품을 제품으로 완성하는 데 들어간 노동력 등이 재고로 자산에 포함되는 것이다. 이는 앞서 설명했던 수익 비용 대응의 원칙을 따른 것이다. 제품을 생산하는 데 들어간 모든 지출이 비용으로 인식되는 건 제품이 판매되어 매출이 발생했을 때이다. 매출이 발생되기 전까지 소모된 모든 지출은 재고가 된다.

다시 말해 삼성전자가 보유한 원재료가 9.8조원이라고 해서 최종적으로 만들어지는 제품의 장부금액도 9.8조원이 되는 것은 아니다. 제품의 장부가치에는 원재료를 가공해 제품으로 만드는 비용이 추가되기 때문이다. 따라서 9.8조원보다 훨씬 큰 금액이 재고로 잡힐 것이다. 적절한 비유인지는 모르겠지만 1kg의 사골이 있다고 곰탕이 딱 그만큼만 나오는 것은 아니다. 곰탕을 끓이는 과정에서 물을 추가할수록 만들어지는 육수의 양은 늘어난다. 재고자산도 원재료에다가 인건비와 감가상각 비용이 더해져 최종적으로 생산되는 제품의 장부금액은 늘어나게 된다.

고객에 인도되지 않은 미착품도 재고자산이다

마지막으로 재고자산에는 미착품이 포함된다. 미착품이란 판매가 완료되었으나 재무상태표 작성일을 기준으로 고객에게 인도되지 않은 재고(배송 중인 상태)를 말한다. 따라서 이미 판매가 완료되었고, 심지어 돈을 받았다고 하더라도 제품 인도가 완료되지 않았다면 이를 재고자산으로 남겨두어야 한다.

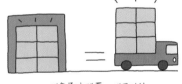

배송중인 제품 = 재고자산

03 | 자산의 특징 ③
미래에 경제적 이익을 발생시킨다

나는 볼펜을 자주 잃어버린다. 만약 볼펜을 구입한 사실이 있다고 해도, 잃어버렸을 경우 그 볼펜은 더 이상 내 자산이 아니다. 당연한 소리다.

현재 기업이 지배하고 있어야 한다

기업의 자산 또한 마찬가지다. 자산의 본질은 현재 기업이 사용하고 있고 이로 인해 어떤 경제적 이익을 보고 있는 것이다. 반대로 아무리 돈을 들여 구입한 사실이 있다 해도 지배력을 상실했다면 이는 더 이상 자산이 아니다.

기업이 큰돈을 들여 공장을 지었다고 가정해보자. 만약 공장이 화재로 소실되었다면 이를 기업의 자산이라고 할 수 있을까? 없을 것이다. 이 경우 화재로 소실되어 공장에 대한 통제를 잃었기 때문에 자산이 아니라고 볼 수도 있지만, 공장으로 인해 얻게 될 미래의 경제적 이익이 없어져서 더 이상 자산이 아니라고 볼 수도 있다.

'자산의 현재'는 이 정도로만 간단히 언급하고 넘어가자. 다음에 설명할 '자산의 미래'와 상당 부분 겹치기 때문이다.

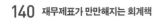

재고자산이 팔리면서 생긴 이익으로 자본이 증가한다

앞서 살펴본 삼성전자 재고자산의 장부금액은 32조원이었고, 총자산은 무려 378조원에 달했다. 삼성전자는 왜 이렇게 엄청난 돈을 들여서 재고를 생산할까? 나아가 왜 엄청난 규모의 나머지 자산들을 취득할까? 두 질문에 대한 근본적인 답은 같다. 자산이 미래에 이익을 벌어다줄 것이라 생각했기 때문이다. 다만 각 자산이 어떻게 이익을 발생시키는지는 그 형태에 따라 조금씩 다르다. 먼저 재고자산이 만드는 이익에 대해 살펴보자.

사례 삼성전자가 갤럭시S21 한 대를 만드는 데 들어가는 원가는 60만원이고 판매가격은 150만원이라고 하자. 한 대가 팔릴 때마다 얼마만큼의 이익이 생길까?

삼성전자 같은 제조업 회사가 고객에게 제품을 판매함으로써 얻는 대가를 매출, 제품을 생산하는 데 드는 돈을 비용이라고 하면, 매출이 비용보다 클 때 기업에 이익이 발생한다. 다시 말해 매출에서 비용을 빼면 이익이 된다.

재고자산 60만원 · 매출 150만원 · 90만원의 자본증가

　일반적으로 기업이 책정하는 가격에는 이 이익이 포함되어 있기 때문에 제품을 많이 판매할수록 많은 이익을 얻는다. 즉 제품을 만들어 팔았더니 삼성전자에겐 이익이 생겼다. 이렇게 발생된 이익은 삼성전자 주주의 몫(자본)이다.

　제품이 판매되면서 90만원만큼의 이익이 발생했다. 이 매출거래는 자산에도 영향을 미친다. 삼성전자는 갤럭시S21 한 대가 팔릴 때마다 고객으로부터 150만원을 받아 매출이 발생하고, 그 대신 기존 생산했던 재고는 고객에게 인도되기 때문에 60만원의 재고는 사라진다. 따라서 자산의 순증가액은 90만원이다. 이 사실을 분개할 경우 다음과 같다.

💲 갤럭시S21 한 대의 판매 분개

차변		대변	
제조원가	60만원		
		재고(자산)	60만원
현금(자산)	150만원		
		매출	150만원

다시 말해 손익계산서에서 계산된 90만원의 이익은 자본으로 흘러간다. 즉 자본이 늘어난 만큼(매출 150만원 - 제조원가 60만원) 재무상태표의 순자산 또한 증가했다(현금 150만원 - 재고 60만원). 이를 기본공식에 대입해서 생각해볼 경우 '자산(+90만원) = 부채 + 자본(+90만원)'이 된다. 이 공식은 이처럼 언제나 성립한다. 다시 말해 기업의 이익이 많이 발생할수록 주주몫은 증가하고, 기업의 순자산 또한 늘어나게 된다.

미리 지불해둔 비용으로 인해 수익이 발생하는 것

매출이 발생되며 재고는 없어졌다. 제품이 고객에게 인도되었기 때문이다. 그에 따라 제품을 만드는 데 들어간 지출도 비용으로 기록됐다.

여기서 자산의 또 한 가지 중요한 특성이 나온다. 대부분의 자산은 언젠가 비용이 되어 사라진다는 것이다. 영원한 자산이라는 것은 없다. 그런데 기업은 왜 어차피 비용이 되어 사라질 자산에 돈을 쓰는 걸까? 그것은 자산으로부터 발생하는 경제적 이익이 자산을 취득하는 데 들어간 돈보다 클 것이라고 판단했기 때문이다.

갤럭시S21 한 대의 재고가 판매되면서 얻어진 매출(150만원)이 재고자산을 생산하는 데 들어간 비용(60만원)보다 훨씬 컸다. 이로 인해 기업에겐 90만원어치의 이익이 늘었다. 기업으로서는 제품을 만들어 파는 것이 남는 장사인 것이다. 정리하면 재고자산은 다음과 같은 특징이 있다.

나는 사라지지만 자본은 늘어난다

원자재

✧ 재고자산의 특징
- 과거에 돈을 들여 만든 것이다.
- 제품은 팔리면 비용으로 사라진다.
- 제품이 팔리는 순간 매출도 발생한다.
- 매출이 비용보다 크기 때문에 제품의 판매는 순이익과 순자산을 증가시킨다.

자산의 본질은 미리 지불해둔 비용이라는 것이며, 이로 인해 언젠가 수익이 발생한다는 것이다. 이러한 논리 자체는 모든 자산에서 적용된다. 수익과 비용은 얼핏 보면 정반대인 것 같지만 실은 동전의 앞뒤와 같다.

재고를 비롯한 대부분의 유동자산은 이처럼 수익화와 비용화가 즉각적으로 이뤄진다. 마치 휘발성이 좋은 연료처럼 판매와 동시에 재고는 즉시 비용으로 산화하고 열에너지를 발생시킨다.

괴짜회계사의 한 줄 정리

자산이란 미래에 이익을 발생시킬 것이 기대되는 자원이다.

유형자산의 특징 ①

유형자산은 기업의 엔진이다

04

모든 제조업 기업은 비슷한 메커니즘을 통해 돈을 벌지만, 모든 기업이 비슷한 이익을 내는 것은 아니다. 자동차 중에도 연비가 좋은 차가 있듯이, 남들보다 훨씬 더 많은 이익을 발생시키는 기업이 있다.

삼성전자는 바로 그중 하나이다. 삼성전자가 만든 전자제품들은 일반적으로 경쟁사보다 높은 가격을 받고 판매된다. 똑같은 제품 하나를 팔더라도 남는 이익이 훨씬 더 많은 것이다. 삼성전자의 경쟁력은 어디에서 나오는 것일까?

삼성전자는 왜 300조원을 유형자산에 썼을까?

삼성전자는 전 세계 전자회사 중에 연구개발비를 가장 많이 쓰는 회사이다. 삼성전자가 공시한 2020년도 연구개발비 지출액은 무려 21조원이다. 이는 IT기업인 구글보다는 약간 적고 경쟁사인 인텔, 애플보다는 훨씬 많다.

게다가 연구개발비보다도 더 많은 돈을 유형자산에 쓴다. 전체 자산 378조원 중 약 129조원, 즉 3분의 1을 유형자산으로 보유 중이다.* 2020년도에만 신규 유형자산을 취득하는 데 무려 39조원을 썼다.

삼성전자는 그 어떤 기업보다 많은 돈을 제품을 잘 만드는 것에 투자하는데, 그 증거가 재무제표에 천문학적인 연구개발비와 유형자산으로

* 앞에서 나온 117쪽 삼성전자의 재무상태표를 참고하자.

기록된다. 그렇기 때문에 만들어지는 결과물 또한 질이 높다. 삼성전자는 높은 품질의 제품을 생산하여 많은 이익을 벌어들이고, 이를 다시 재투자하여 품질을 끌어올리는 선순환을 이뤄낸 모범적인 제조업 기업이라고 할 수 있다.

전통적인 제조업 기업의 코어는 바로 유형자산이다. 유형자산의 성능에 따라 만들어지는 제품의 질과 단가가 달라진다. 제조업 기업에서 유형자산은 자동차로 치면 연료를 연소시켜 구동력을 얻는 엔진이라고 할 수 있다. 그만큼 제품생산과 이익창출에 핵심적인 역할을 한다. 삼성전자는 이 유형자산(엔진)의 성능이 매우 우수하기 때문에 제품생산을 통해 얻는 이익(추진력) 또한 매우 큰 것이다.

다음은 삼성전자가 주석에서 공시한 유형자산에 관한 내용이다.*

• 117쪽 삼성전자 재무상태표의 유형자산 항목을 보면 주석의 번호가 있다. 10번 주석을 확인하면 다음과 같은 표를 볼 수 있다.

삼성전자의 유형자산에 대한 주석

10. 유형자산:

가. 당기 및 전기 중 유형자산의 변동 내역은 다음과 같습니다.

(1) 당기

(단위 : 백만원)

구 분	토지	건물및구축물	기계장치	건설중인자산	기타	계	
기초장부금액	9,774,554	30,469,620	52,149,936	23,930,019	3,501,345	119,825,474	
− 취득원가	9,828,309	48,839,439	211,416,021	23,930,019	10,061,981	304,075,769	
− 감가상각누계액(손상 포함)	(53,755)	(18,369,819)	(159,266,085)		(6,560,636)	(184,250,295)	
일반취득 및 자본적지출(*1)	141,197	8,524,794	32,907,696	(3,443,884)	1,281,811	39,411,614	
감가상각	(45,707)	(2,978,741)	(22,780,113)		(1,311,174)	(27,115,735)	
처분·폐기	(20,308)	(276,235)	(108,935)	(618)	(104,829)	(510,925)	
손상(환입)	−	(3,627)	(316,723)		(4,806)	(325,156)	
매각예정분류	(29,275)	(540,258)	(181,744)	(8,947)	(6,390)	(766,614)	
기타(*2)	(48,305)	(643,549)	(675,987)	(300,653)	102,728	(1,565,766)	
기말장부금액	9,772,156	34,552,004	60,994,130	20,175,917	3,458,685	128,952,892	❸
− 취득원가	9,850,942	55,026,369	233,056,501	20,175,917	10,496,584	328,606,313	❶
− 감가상각누계액(손상 포함)	(78,786)	(20,474,365)	(172,062,371)		(7,037,899)	(199,653,421)	❷

(*1) 자본화된 차입원가는 3,897백만원이며, 자본화가능차입원가를 산정하기 위하여 사용된 자본화 이자율은 0.6%입니다.
(*2) 기타는 환율변동에 의한 증감액 및 정부보조금 차감 효과 등을 포함하고 있습니다.

유형자산의 이익창출 방식은 재고자산과 다르다

유형자산 기업의 엔진

둘 다 이익창출, but 방식은 다르다

재고자산 기업의 연료

유형자산은 토지, 건물, 설비 등으로 구성되어 있다. 삼성전자의 전체 유형자산의 취득원가는 무려 329조원(표의 ①)이나 된다. 그러나 감가상각(표의 ②, 200조원)이 발생하기 때문에 실제 재무상태표에 드러나는 유형자산의 금액은 그만큼 낮아져 129조원(표의 ③)이 됐다.

삼성전자는 미래의 경제적 이익을 얻기 위해 돈을 들여 유형자산을 취득했다. 이 사실은 재고자산을 취득하는 이유와 같다. 다만, 유형자산이 경제적 이익을 발생시키는 방식은 재고자산과는 다소 다르다.

재고자산은 직접 매출을 발생시킴과 동시에 연료처럼 연소되어 비용으로 사라지는 특성이 있다. 반면, 유형자산은 그 자체로 수익을 발생시키지 못한다. 공장이 돌아간다고 이익이 바로 생기진 않는다. 게다가 유형자산은 비싸다. 또한 투자한 돈을 회수하기까지는 짧게는 몇 달 혹은 몇 년이 걸리기도 한다.

그 대신 유형자산은 두고두고 사용할 수 있다. 기계장치의 경우 몇 년, 건물의 경우 수십 년 동안 써먹을 수 있다. 이 기간 동안 기업은 유형자산을 활용하여 좀더 높은 품질의 제품을 생산하거나 제품생산에 드는 단가를 낮출 수 있다.

유형자산을 보면 기업의 전략이 보인다

반도체의 주요 원재료는 실리콘, 즉 모래이다. 나 같은 문과생들은 모래가 널린 사막에 떨어뜨려 놓은들 반도체를 만들지 못한다. 즉, 단순히 원재료에다 인력을 투입한다고 해서 반도체가 뚝딱하고 만들어지지 않는다. 반도체에는 그동안의 수많은 시행착오와 정밀하고 자동화된 생산설비, 최첨단 기술이 집약되어 있기 때문이다. 반도체의 성능이 향상될 수 있었던 것은 지금까지 설비와 기술에 대한 투자가 축적되었던 덕분이다.

물론 반도체를 직접 생산하지 않고 외주를 줄 수도 있다. 세계 최대의 파운드리 업체*인 대만의 TSMC사는 애플, AMD 등으로부터 발주받은 반도체를 위탁생산한다. 반도체 설계업체들은 위탁생산을 맡길 경우 그만큼 유형자산에 대한 투자를 아낄 수 있다.

• 파운드리 업체는 반도체 위탁생산을 전문으로 하는 업체를 말한다.

대신 위탁생산은 비싸다. 당연하지만 파운드리 업체들도 먹고살아야 한다. 따라서 위탁생산의 비중이 높을수록 생산자가 제품을 팔아 남길 수 있는 마진이 줄어들고, 장기적으로는 위탁생산비로 많은 지출이 발생한다.

삼성전자는 최근 반도체 파운드리 사업에 대한 설비투자를 급속도로 늘리고 있다. 자사가 생산하는 반도체의 외주비용을 줄이겠다는 의도, 그리고 타사 제품을 위탁생산함으로써 추가 이익을 얻겠다는 의도가 동시에 깔린 것으로 보인다. 이를테면 자동차(유형자산)를 장만하여 매번 내야 할 렌탈비(위탁생산비)도 아끼고, 아예 운행을 통해 부수입도 올리려는 것이다. 최근 삼성전자는 무선통신 칩의 세계 최강자로 알려진 퀄컴의 차세대 반도체 위탁생산 계약을 따내는 등 파운드리 사업에서도 분위기가 나쁘지 않다.

반면 경쟁회사인 애플은 대부분의 생산공정을 위탁한다. 반도체 같은 핵심부품을 TSMC사로부터 납품받을 뿐만 아니라 팍스콘을 통해 조립까지 맡기고 있다. 애플이 스마트폰 제조사라지만 실

유형자산을 보면 기업의 전략을 알 수 있다

제 제조하는 비중은 매우 낮은 것이다. 자동차(유형자산)를 안 사는 정도가 아니라 아예 운전기사(조립업체)까지 고용한 셈이다. 그렇다 보니 애플은 이렇다 할 유형자산이 거의 없다. 애플의 전체 자산규모는 삼성전자보다도 훨씬 크지만 정작 유형자산은 40조원밖에 되지 않는다.

삼성전자와 애플 사례에서 알 수 있듯이, 기업이 부가가치를 발생시키는 방법에는 여러 가지 방법이 존재한다. 삼성전자처럼 제품을 직접 잘 만들어서 부가가치를 창출할 수도 있지만, 애플처럼 소프트웨어적인 면에서 가치를 만들어낼 수도 있다. 각자의 전략에 따라 재무상태표에 드러나는 자산의 구성도 달라진다.

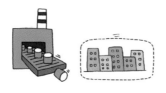

괴짜회계사의 한 줄 정리

유형자산을 보면 기업의 전략을 알 수 있다.

반도체 소재 수출을 규제한 일본은 어떻게 되었나

삼성전자는 매출 기준으로 전 세계 1, 2위를 다투는 반도체 기업이다. 반도체 산업의 재미있는 점은 소수의 승자가 대부분의 이익을 독식한다는 것이다. 대부분의 제조업에서는 후발주자들이 저가 공세를 통해 선도기업과의 격차를 줄이는 것이 가능하지만, 반도체 산업에서는 선도기업이 가장 좋은 품질의 물건을 가장 싸게 만든다. 바로 수율 때문이다.

수율(Yield)은 전체 칩 중에 품질이 합격된 칩의 비율인데 생산공정에 따라 판이하게 달라진다. 후발주자들은 기술력과 노하우 부족으로 수율이 현격하게 떨어지며, 낮은 인건비에도 생산단가가 비쌀 수밖에 없다. 반면 선도기업은 가장 최신 기술이 적용된 칩을 높은 수율을 통해 효율적으로 대량생산을 할 수 있다. 반도체 산업에서는 승자독식 현상이 두드러지는 것은 당연한 일이다.

전 세계 반도체 산업을 이끄는 삼성전자의 기술력은 첨단화된 설비와 우수한 엔지니어에 있다. 반도체 산업은 자본집약적인 현대 제조업 중에서도 끝판왕급으로 자본을 많이 잡아먹는다. 삼성전자는 이러한 경쟁에서 뒤처지지 않기 위해 누구보다 많은 돈을 설비에 투자해왔다.

2019년 일본의 반도체 소재(유기 발광다이오드, 레지스트, 에칭가스) 수출규제가 우리 국민들의 큰 공분을 산 적이 있다. 삼성전자는 수율을 높이기 위해 가장 순도가 높은 일본산 소재를 사용해왔는데, 일본의 수출규제는 일본 소재에 맞추어 최적화해둔 공정을 바꾸도록 강요했다. 하지만 결과적으로 수율이 약간 감소했을 뿐, 제품 생산이 중단되거나 품질이 떨어지지는 않았다. 일본의 반도체 소재 수출규제는 이미 오랜 시간의 치킨게임을 통해 한국 반도체 제조사 두 곳(삼성전자, 하이닉스)이 전체 시장의 과반을 차지하고, 일본 반도체 제조산업이 몰락한 현실에서 자국 소재기업을 반도체 글로벌 공급망(서플라이체인)에서 고립시키는 자충수일 뿐이었다.

유형자산의 특징 ②
유형자산은 내용연수 동안 이익을 가져다준다

05

반도체 같은 첨단산업이 아니더라도 현대 제조업은 많은 설비투자를 요구한다. 노동집약적 산업 중에 대표적인 신발을 예로 들어보자. 10만원을 호가하는 운동화를 만들기 위해 제3세계 어린아이들이 바느질을 하는 사진을 한번쯤은 본 적 있을 것이다. 신발회사들은 무엇보다 바느질할 값싼 노동력이 많이 필요하기 때문에 과거 우리나라, 그리고 지금은 주로 동남아시아에 공장을 두고 있다. 2016년까지만 하더라도 아디다스 신발의 96%가 아시아에서 생산되었을 정도이다.

아디다스사가 신발공장을 미국으로 옮긴 이유는?

2016년 이후로 신발 제조업은 격변했다. 아디다스사가 선진국인 독일과 미국에 생산공장을 지은 것이다. 3D프린팅과 자동화 기술의 적극적인 도입으로 인건비의 비중을 극단적으로 낮출 수 있게 되었기 때문이다.

보통 아시아의 신발공장 하나에 500~1,000명에 달하는 노동자들이 일한다. 대부분의 제작공정이 수작업으로 이뤄지기 때문이다. 그런데 독일 공장은 160명만 고용하면서도 연간 50만 켤레의 신발을 생산한다. 대부분의 인간 근로자는 기계가 만든 제품의 상태를 점검하거나 기계를 유지보수하는 데 시간을 쓰고 있다. 이렇게 만들어진 스마트공장은 막대한 생산성을 자랑한다.

이 생산성의 원천은 결국 돈이다. 3D프린터로 이뤄진 생산라인을 설치하고 바느질을 해줄 로봇암(Robot arm)이 비치된 생산시설을 짓기 위해서는 막대한 투자가 필요하다. 이러한 투자는 전부 유형자산으로 재무상태표에 기록된다.

기계장치는 비싸지만 한번 설치하고 나면 아주 저렴한 가격에 신발을 찍어낼 수 있으며, 파업을 하지도 않고 노동착취 같은 윤리적 문제도 일으키지 않는다. 리스크의 관점으로 봐도 훨씬 관리하기가 쉽다. 의도가 어느 쪽이든 간에, 아디다스사는 유형자산에 투자하는 것이 장기적으로는 이득이라고 판단한 것이다.

멀리 보고 유형자산에 투자한다

유형자산은 재고자산처럼 직접적으로 매출을 일으키지는 못하지만, 삼성전자의 반도체 설비처럼 첨단제품을 생산하거나 아디다스사처럼 인건비를 줄이는 방식으로 기업에게 이익을 가져다준다. 또한 재고자산은 팔고나면 비용으로 사라지지만, 유형자산은 오랫동안 기업에 남아 있으면서 지속적으로 경제적 이익을 발생시킨다.

기업은 유형자산을 취득하는 데 투자한 돈을 수년에 걸쳐 회수한다. 기계장치 같은 경우 수년 동안 가동함으로써 투자금 이상의 이익을 뽑아낸다. 이처럼 유형자산을 통해 경제적 이익을 얻을 것이 예상되는 기간을 **내용연수**라고 한다. 다음은 삼성전자가 주석에서 공시한 자산별 추정 내용연수이다.

삼성전자 자산별 대표 추정 내용연수

구분	대표 추정 내용연수
건물 및 구축물	15, 30년
기계장치	5년
기타	5년

기계장치의 내용연수가 5년이라고 해서, 멀쩡한 기계장치가 5년이 지나면 완전히 마모되어 고철덩어리가 된다는 것은 아니다. 5년이 지나도 사용은 가능하겠지만, 유지관리비가 너무 많이 발생하거나 기술수준이 뒤쳐질 것이기에 계속 유지하는 효용이 없어지는 것이다. 다시 말해 내용연수가 5년이라는 것은 삼성전자가 기계장치를 통해 경제적 이익을 얻을 것으로 예상되는 기간이 5년이라는 뜻이다.

수익 비용 대응의 원칙에 따라 기업은 기계장치에 들어간 지출을 한 번에 비용처리하지 않는다. 이로 인해 득을 볼 것으로 예상되는 기간 동안, 즉 내용연수 동안 서서히 비용을 감가상각한다.

삼성전자의 유형자산에서는 1년 동안 무려 27.1조원의 감가상각이 발생했다. 이미 보유한 유형자산이 129조원이나 되기 때문에 이로 인해 발생하는 감가상각의 규모 또한 엄청나게 크다. 공시에 따르면, 삼성전자는 2020년 동안 39조원가량의 신규 유형자산을 취득했는데, 이는 감가상각 금액보다 크다. 삼성전자는 일류 제조사로서의 경쟁력을 유지하기 위해 이처럼 계속해서 재투자를 하는 것이다.

괴짜회계사의 한 줄 정리

유형자산은 내용연수 동안 기업이 제품을 만드는 데 기여한다.

무형자산의 특징 ①

무형자산으로 인한 이익은 불확실하다

06

무형자산이란 말 그대로 물리적인 형태가 없는 자산이다. 대표적으로 영업권, 특허권, 상표권 등이 있다. 무형자산은 형태가 명확하지 않지만 어쨌든 기업이 투자한 금액 이상의 이익을 뽑아낼 수 있다고 판단하고 돈을 내고 구입한 것이다. 무형자산은 형태는 명확하지 않지만 유형자산과 비슷한 형태의 이익을 가져온다. 재고자산처럼 사라지는 것이 아니라 유형자산처럼 두고두고 쓸 수 있기 때문이다.

맨유에게 가장 가치 있는 자산은 무엇일까?

사례 박지성 선수가 뛴 것으로 우리나라에 잘 알려져 있고, 시가총액이 수조원을 넘으며 나스닥에 상장되어 있는 영국 프리미어리그 프로축구 구단 맨체스터유나이티드에게 가장 가치 있는 자산은 무엇일까?

바로 실제 축구경기를 뛰는 선수들이다. 축구팬들은 인기 있는 선수들의 플레이를 보기 위해 맨유의 경기를 지켜본다. 또한 맨유는 명문구단으로 최고의 선수들과 함께 프리미어리그 및 챔피언스리그에서 우승 트로피를 들어 올린

찬란한 역사를 갖고 있다. 이러한 인기와 성적을 바탕으로 맨유는 매년 막대한 중계권료, 스폰서 계약 및 입장료 수익을 올려왔다.

맨유가 지금의 인기를 유지하고 계속해서 매출을 유지하려면 결국 축구를 잘해야 하고 주요 대회에서 우승 경쟁에 도전하는 모습을 팬들에게 보여줘야 한다. 이를 위해 맨유 같은 빅클럽은 매년 막대한 돈을 들여 유명선수들을 영입한다. 이때 선수 영입에 들어간 지출(이적료, 계약금, 에이전트 수수료 등)은 무형자산으로 기록된다.

물리적 형태가 없지만 두고두고 쓸 수 있는 자산

상각의 예

무형자산

서서히
비용이 된다

선수 영입에 들어간 돈은 즉시 비용으로 처리하지 않고, 일단 무형자산으로 기록했다가 계약기간 동안 나누어 비용으로 처리한다. 이는 수익 비용 대응의 원칙에 따라 선수 영입에 들어간 지출을 비용으로 인식하는 시기와, 선수가 소속 선수로서 팀의 성적, 나아가 수익에 기여할 것으로 예상되는 시기를 일치시키기 위함이다. 이러한 순차적인 비용처리는 유형자산의 감가상각과 매우 유사하다. 다만 무형자산에 대한 지출을 서서히 비용으로 인식할 때는 감가상각(Depreciation)이라는 말 대신 **상각**(Amortization)이라는 말을 쓴다.

맨유는 최근 몇 년 간 매우 공격적으로 외부 선수들을 영입한 결과 무형자산이 무려 7.7억 파운드에 달한다. 이는 맨유 전체 자산의 약 70%에 달하는 수치이다. 즉, 맨유 같은 스포츠 구단에게 가장 중요한 자산이 선수라는 것은 회계적으로 봤을 때도 명백한 사실이다.

다시 말해 맨유가 거액을 들여 선수를 영입하는 이유는, 삼성전자가 설비에 투자하는 이유와 근본적으로 같은 것이다. 제조업 회사인 삼성전자가 제품을 더 잘 만들기 위해 설비에 투자하는 것처럼, 스포츠 구단인 맨유는 더 좋은 성적을 거두기 위해 선수 영입에 돈을 투자한다. 더 좋은 성적을 거둬야 더 높은 중계권 수입과 스폰서십 계약을 따낼 수 있기 때문이다.

다만 차이가 있다면 삼성전자가 투자한 설비는 그 실체가 명확해 육안으로 확인할 수 있고 원하면 만져볼 수도 있다. 반면 맨유가 투자한 무형자산은 그 실체가 불분명하다. 물론 영입한 선수 자체는 개인으로 명확한 실체를 갖추고 있고 선수가 뛰는 모습을 중계를 통해 생생히 볼 수 있지만, 맨유가 취득한 것은 선수 그 자체가 아닌(그랬다간 인신매매다), 해당 선수가 소속팀 선수로 활동한다는 계약이다.

무형자산의 실체라는 것은 종이쪼가리에 지나지 않는다. 영입된 선수는 계약에 따라 맨유의 승리를 위해 최선을 다할 수 있지만 그렇지 않을 수도 있다. 잉글랜드의 축구선수로 '유리 몸'이라 불리던 하그리브스처럼 장기부상으로 인해 돈값을 못 할 수도 있고, 프랑스 축구선수로 현재 맨체스터 유나이티드 소속인 포그바처럼 태업 논란이 따라다닐 수도 있다. 아무리 큰돈을 들인 대형 영입이라도 기대했던 효과를 전혀 보지 못할 수도 있는 것이다. 반대로 별 기대하지 않고 영입했던 선수나 자체 유스팀 선수의 기량이 만개하여 엄청난 활약을 하는 경우도 종종 있다. 즉, 무형자산으로 얻을 수 있는 수익은 유형자산에 비해 불확실하다.

연예기획사의 자산에서 전속계약금 비중이 작은 이유는?

축구는 질색을 하지만 연예인은 좋아한다면 엔터테인먼트 회사의 예를 살펴보자. 연예기획사에게 가장 가치 있는 자산은 소속 연예인이다. 이때 연예기획사가 소속 연예인에게 지급한 전속계약금은 무형자산이다. 계약금은 일단 자산으로 기록해뒀다가 이를 통해 수익이 발생될 것으로 예상되는 계약기간 동안 서서히 상각시킨다.

사례 국내 3대 연예기획사로 손꼽히는 YG나 JYP의 2019년도 재무제표를 보면 생각보다 전속계약권의 비중이 작다. YG의 전체 자산규모는 5,000억원이 넘지만 무형자산 중 전속계약금의 비중은 단 수십억원 수준이다. 특히 JYP는 전체 자산 2,000억원 중에 전속계약금의 비중은 단 몇 억원 수준이다. 왜 그럴까?

연예기획사의 돈 버는 방식이 바뀌었기 때문이다. 과거 연예기획사들은 거액의 계약금을 안겨주고 스타연예인을 영입하는 식으로 운영해왔다. 연예시장의 규모가 작았던 데다가 인기 있는 연예인은 한정적이었고, 인기 지속시간이 지금보다 훨씬 길었다는 점도 한몫했을 것이다. 그러나 한류 열풍으로 인해 한국 연예인의 인기가 전 세계로 확산되자, 엔터테인먼트 업계에도 본격적인 산업화가 이뤄졌다. 특히 대형 기획사들은 기존 스타들에게 매출을 전적으로 의지하던 것에서 시스템을 통해 아이돌을 발굴 및 육성하는 것으로 전략을 바꾸었다.

아이돌 육성은 실패할 가능성이 매우 높은 대신(절대 다수의 연습생들은 데뷔에 실패한다), 성공할 경우 신인 아이돌을 전성기 동안 장기계약으로 묶어둘 수 있다는 엄청난 장점이 있다. 하이리스크, 하이리턴인 셈이다. 대형 연예기획사들은 지난 수년간 다수의 연습생을 트레이닝과 경쟁을 통해 스타로 길러내는 육성 시스템을 만들어왔다. 실제로 최근

YG와 JYP는 자체육성 아이돌그룹인 블랙핑크와 트와이스로 각각 대박을 터뜨렸다. 돈을 버는 방식이 기존의 관리에서 육성으로 전환된 것이다.

대형 기획사들은 시스템을 통해 육성된 아이돌그룹과 전속계약을 맺어 계약기간 동안 최대한 수익을 일으켰다. 그리고 전속계약이 만료되면 거액을 지불하고 재계약을 맺기보다 다시 차세대그룹의 육성에 전념해왔다. 이러한 이유로 인해 전체 자산 중에 전속계약금의 비중은 생각보다 낮은 편이었던 것이다.

여담이지만 3대 기획사 중 나머지 하나인 SM은 전속계약금 규모가 훨씬 큰 편이다. SM은 최근 몇 년 간 아이돌그룹뿐 아니라 연기·예능을 아우르는 종합 엔터테인먼트 회사로 발돋움했기 때문이다. 아이돌과 달리 전속 배우나 예능인들에게는 많은 계약금이 지급된다. SM의 경우 육성과 관리를 동시에 추진하고 있는 셈이다.

괴짜회계사의 한 줄 정리

미래에 경제적 가치가 있을 것으로 판단되는 지출만이 무형자산으로 인정된다.

YG, JYP의 아이돌 제작비 회계처리 방식

연예기획사가 정식 데뷔한 아이돌에게 지급한 전속계약금은 당연히 무형자산이다. 문제는 아이돌 연습생에게 들어간 돈이다. 연예기획사는 데뷔 전까지 수년에 걸쳐 각종 레슨비, 트레이닝비, 숙소 임대료, 식대 등으로 많은 비용을 지출한다. 아이돌그룹 하나를 데뷔시키기 전까지 5억원 이상

을 쓴다는 것이 업계 통설이다. 게다가 앨범 하나당 보통 3억원가량의 제작비(음반, 뮤직비디오, 홍보비, 의상, 안무 등)가 추가로 들어간다. 따라서 음반을 2집까지 낸다고 했을 때 아이돌그룹 하나에 10억원 이상의 돈이 투자된 셈이다. 그런데 음원 수익은 매우 제한적이다 보니 아이돌은 투자된 돈을 회수하기 위해 최대한 행사에 전념할 수밖에 없다(아이돌이 유독 많은 교통사고를 당하는 이유이기도 하다).

그럼 아이돌 연습생에게 쓴 지출은 어떻게 회계처리를 할까? 회사마다 관점이 다르다. YG는 무형자산으로 본다. 연습생에게 쓴 돈 이상을 데뷔 후에 회수할 수 있다고 보는 것이다. 반면 JYP는 자산으로 잡지 않고 즉시 비용처리를 한다. 연습생이 실제로 데뷔에 성공해서 회사에 돈을 벌어줄 수 있을지 불확실하니, 이를 자산으로 기록하지 않고 비용처리를 하는 것이다(이 방식이 일반적이긴 하다).

얼핏 보면 YG처럼 연습생에 쓴 돈을 자산으로 잡는 것이 좀더 인간적인 것처럼 느껴질 수 있다. 마치 연습생을 회사의 자산으로 여기는 것 같으니까. 하지만 실상은 반대다. 연습생 시절 쓴 트레이닝비는 데뷔 후 아이돌그룹에 빚으로 청구되어 모두 갚고서야 멤버별로 활동에 대한 정산을 받을 수 있다(이런 이유로 신규 그룹 멤버들은 누구 하나라도 먼저 인기를 얻길 간절히 바란다. 한 명이라도 뜨면, 그룹의 전체 채무가 우선적으로 변제되기 때문이다). 반면 JYP는 연습생 개인에게 비용을 청구하지 않는다. 신인 개발비 명목으로 매년 정식으로 회사가 비용처리를 하기 때문이다.

무형자산의 특징 ②

내부 개발한 무형자산은 비용처리된다

07

무형자산은 유형자산처럼 기업의 이익추구에 계속 사용된다. 경제적 이익이 될 것 같지 않으면 애초에 기업이 돈을 투자할 리가 없다. 기업은 보통 1년 이상 사용할 목적으로 유형자산과 무형자산을 취득한다. 이렇게 오랫동안 이익창출에 기여하는 두 자산을 묶어서 **고정자산** 혹은 **비유동자산**이라고 한다.

다음은 삼성전자가 주석에서 공시한 무형자산 내역이다.*

• 117쪽 삼성전자 재무상태표의 무형자산 항목을 보면 주석의 번호가 있다. 11번 주석을 확인하면 다음과 같은 표를 볼 수 있다.

삼성전자의 무형자산에 대한 주석

(1) 당기

(단위 : 백만원)

구 분	산업재산권	개발비	회원권	영업권	기타	계
기초장부금액	4,365,510	740,774	222,499	6,250,439	9,124,282	20,703,504
개별 취득	300,399		1,785		1,356,267	1,658,451
내부개발에 의한 취득	–	109,482	–	–		109,482
상각	(297,465)	(455,990)			(2,466,426)	(3,219,881)
처분·폐기	(30,055)	–	(343)		(912)	(31,310)
손상(환입)	(189,155)	(3,474)	7,091	(570,817)	(161,739)	(918,094)
매각예정분류			(313)		(1,108)	(1,421)
기타(*)	(115,330)	(19,401)	(732)	(5,980)	309,214	167,771
기말장부금액	4,033,904	371,391	❸ 229,987	5,673,642	8,159,578	❶ 18,468,502

(*) 기타는 환율변동에 의한 증감액 등을 포함하고 있습니다. ❷

삼성전자의 무형자산은 약 18조원(표의 ①)으로, 앞서 살펴본 유형자산(129조원)에 비하면 작은 규모이다. 게다가 영업권과 기타의 무형자산이 14조원가량(표의 ②)으로 대부분을 차지한다. 영업권은 다른 회사를 인수하면서 지불한 프리미엄이다. 반면 생산에 직접 도움을 줄 것 같은 산업재산권과 개발비는 약 4.4조원(표의 ③)밖에 되지 않는다.

회사에게 돈이 될지 알 수 없기 때문

앞에서 삼성전자가 연구개발에 돈을 많이 쓴다고 했는데, 무형자산에 나타난 재산권이나 개발비는 왜 이렇게 작을까? 그 이유는 삼성전자는 지출한 연구개발비의 대부분을 자산으로 잡지 않고 비용처리를 하기 때문이다. 2020년 연구개발비 21조원 중에 무형자산으로 잡은 것은 고작 1,100억밖에 되지 않으며, 대부분을 즉시 비용으로 잡았기 때문에 재무상태표에 남아 있는 무형자산이 작은 것이다. 이는 연구개발비에 대한 삼성전자 내부의 회계기준을 따른 것이다.

어떠한 지출이 자산으로 인정받는 데 가장 중요한 기준은 그 지출이 미래에 경제적 이익을 발생시킬 수 있는가 하는 것이다. 한마디로 회사에게 돈이 될 것인가 하는 것이다. 이러한 기준은 특히 투자대상의 형태가 명확하지 않으며 자체적으로 사용된 연구개발비에 더욱 엄격하게 적용된다.

투자 당시에는 연구개발에 성공할 수 있을지, 혹은 결과로 얻은 특허가 얼마만큼의 경제적 가치를 갖고 있는지는 잘 알 수가 없다. 모든 투자가 그 결과를 미리 알 수 없지만, 특히 연구개발비처럼 실체가 없는 곳에 쓴 지출은 회수가 불투명하다. 아주 큰돈을 들여 개발한 신약이라도 임상을 통과하지 못하면 경제적 가치가 없다. 그래서 자체적으로 사용한 연구개발비의 대부분은 자산으로 인정받지 못하고 비용으로 처리된다.

나 같은 문과생들은 연구와 개발을 혼용해서 사용하지만, 연구비와 개발비는 엄연히 다르다. **연구비**는 새로운 지식을 연구하기 위해 사용하는 돈이며, 아직 구체적으로 결과물을 설정하지 않고 대안과 가능성을 열어두고 탐색하는 과정이다. 분명 필요한 지출이긴 하지만 수익으로 이어질 연관성은 상대적으로 작기에, 회계에서 연구비는 전부 비용처리를 한다.

연구비
구체적 결과물 없이 새로운 지식을 연구하는 데 사용

개발비는 연구를 바탕으로 시제품을 설계 및 제작하는 단계이다. 아이디어를 구체화하고 결과물을 만드는 것이다. 회계기준은 개발단계에서 사용된 지출을 무형자산으로 인정받기 위해 필요한 여섯 가지 요건을 제시하고 있다. 즉 개발비를 자산으로 인정받기란 매우 까다롭다.

개발비
연구를 바탕으로 구체적 결과물을 만드는 데 사용

개발비가 자산으로 인정받는 경우는 이미 연구개발이 거의 끝난 상태에서 직접적으로 수익화에 들어가는 지출 등 극히 일부이다. 예를 들면 특허를 신청하는 데 직접적으로 들어간 법률비용 등이 여기에 포함된다. 하지만 자산으로 인정되는 액수가 작다고 해서 무형자산 자체가 중요하지 않다는 것은 아니다.

애플은 하드웨어 대부분을 위탁생산함에도 불구하고, 전 세계 스마트폰 제조사들이 벌어들이는 전체 영업이익 중의 절반 이상을 독식하고 있다. 한때 스마트폰 제조사 전체 영업이익의 90%를 가져간 적도 있으며, 현재도 60% 이상을 혼자 차지한다. 애플이 이렇게 많은 영업이익을 독식할 수 있었던 이유는 아이폰이 갖는 소프트웨어의 경쟁력 덕분이다. 누군가는 아름다운 디자인 때문에, 누군가는 심플하면서도 세심한 배려가 엿보이는 편의성 때문에 사과 모양 로고가 새겨진 아이폰을 구입한다. 이러한 애플의 소프트웨어적 경쟁력을 가장 잘 설명해줄 수 있는 회계개념이 바로 무형자산이다.

대박 혹은 쪽박의 영역, 연구개발비

무형자산이 애플의 가장 큰 경쟁력임에도 불구하고, 정작 애플은 2018년도부터 무형자산을 아예 자산으로 공시하고 있지 않다. 무형자산의 규모가 회사 전체 규모에 비해 너무 작기 때문이다. 마지막으로 무형자산이 있었던 2017년도 재무상태표에서 애플이 공시한 무형자산의 액수는 고작 수조원에 불과하다. 앞에서 설명한 대로 내부적으로 지출한 연구개발에 대해서는 지극히 일부(특허 출원 비용)만 자산으로 인정받았기 때문이다.

질문 그동안 지출한 연구개발비를 전부 자산으로 인정해주면, 애플이 갖고 있는 무형자산의 가치를 제대로 나타낼 수 있을까?

아마 없을 것이다. 지금까지 애플이 지출한 연구개발비가 100조원이 넘지만 이는 세계 최고의 스마트폰 개발비용 치고는 터무니없이 싼 비용이다. 시장에서 평가받는 애플의 시가총액은 2,000조원이 넘기 때문이다.

반대로 다른 회사가 100조원을 투자한다면 아이폰같이 성공적인 제품을 만들 수 있을까? 실제 제품이 나오기 전에는 알 수 없다. 이미 수많은 후발주자가 많은 돈과 노력을 기울여 창의적인 디자인의 스마트폰을 내놓았지만, 아직 아이폰처럼 상업적인 성공을 거둔 스마트폰은 없다. 즉, 연구개발비와 시가총액은 비례하지 않는다.

질문 NC소프트가 출시한 리니지 게임은 얼마만큼의 연구개발비가 들어갔을까?

리니지는 조 단위 매출을 벌어들이는 독보적인 게임 IP이다. 하지만 리니지를 개발하는 데 압도적인 개발비용이 들어간 것은 아니다. 오히려 비슷한 시기에 개발된 MMORPG게임 중에는 리니지보다 더 많은 돈이 들어간 게임도 수두룩하다. 하지만 그 어떤 게임도 리니지처럼 가치 있는 IP가 되지는 못했다. 쓴 돈과 만들어진 결과물의 값어치가 비례하지 않는 것이다. 이는 게임, 영화, 만화 등의 창작물이 갖는 공통적인 특성이기도 하다.

누군가가 끄적인 로고가 천문학적인 가치를 가지게 될 수 있다. 나이키 로고처럼 말이다. 반대로 막대한 자본을 투자한 프로젝트가 대참사로 끝나는 경우도 숱하게 많다. 수없이 많은 신약개발이 마지막 임상단계에서 승인을 받지 못해 물거품이 된다. 블록버스터 게임 혹은 영화가 흥행에 참패하는 경우도 흔하다. 시장의 반응을 보기 전까진 연구개발한 무형자산(제품, 특허, 영화)이 어떤 결과를 낼 수 있을지 알 수 없다. 이는 새로운 콘텐츠를 창작하는 산업에 내재되어 있는 리스크라고 볼 수 있다.

괴짜회계사의 한 줄 정리

내부적으로 개발한 무형자산의 가치는 평가하기가 매우 어렵다.

지출을 무형자산으로 잡기 위한 6가지 요건

개발단계에서 사용된 지출을 무형자산으로 인식하는 국제회계기준(IFRS)의 여섯 가지 요건은 다음과 같다. 이런 요건을 이해하는 좋은 방법은 자산화할 수 없는 황당한 개발비용을 각각 떠올려 보면 된다. 예를 들어 설명하겠다.

① 무형자산을 완성할 수 있는 기술적 실현 가능성

　예 타임머신 개발: 기술 실현 가능성이 지금으로서는 없다.

② 무형자산을 완성하여 사용하거나 판매하려는 기업의 의도

　예 지구온난화 가속기구 개발: 이런 기술을 완성하려는 기업도 없거니와, 있다 한들 팔거나 사용할 리가 없다.

③ 무형자산을 사용하거나 판매할 수 있는 기업의 능력

　예 유기농 마약 개발: 우리나라에선 마약 판매 자체가 불법이다. 기술을 개발한들 이를 합법적으로 사용할 수 있을 리가 만무하다.

④ 무형자산이 미래 경제적 효익을 창출하는 방법

　예 북금곰용 패딩 개발: 북금곰은 좋겠지만, 회사가 어떻게 돈을 벌 수 있을지 모르겠다.

⑤ 개발 완료 후 판매·사용이 필요한 기술적·재정적 자원 등의 입수 가능성

　예 핵무기 개발: 핵무기를 만든다고 해도 일개 기업이 이를 수출하거나 감당할 능력은 없어 보인다.

⑥ 개발과정상 관련 지출을 신뢰성 있게 측정할 수 있는 기업의 능력

　예 유흥업소에서 쓴 개발비: 아무리 피치 못할 사정이 있더라도 유흥비를 개발비로 슬쩍 끼워 넣는 회사는 신뢰할 수 없다.

08

무형자산의 특징 ③

외부에서 사온 무형자산은 자산으로 인정한다

자본의 관점에서 보자면 투자한 만큼 수익으로 연결되지 않는 것은 무척 골치 아픈 부분이다. 돈을 투입했으면 그와 비례한 결과물이 나와야 하는데 유독 지적재산권과 같은 무형자산에서는 이런 상관관계가 제대로 적용되지 않는다. 별로 기대하지 않았던 제품이나 창작물이 대박을 터뜨리기도 하지만 큰 자본이 투입된 대형 프로젝트가 고꾸라지는 일도 다반사다.

따라서 회계에서는 이러한 리스크 때문에 내부적으로 개발된 무형자산에 대해 최대한 보수적으로 접근한다. 재무제표는 정보이용자의 의사결정을 위해 쓰이기 때문에 기업의 희망이 아닌 객관적인 수치로 정보를 기록한다. 이런 맥락에서 기업이 사용한 전체 지출 중 수익화가 확실한 일부만 자산으로 인정하는 것이다. 하지만 이러한 보수적 접근법은 '내부적으로 개발된' 무형자산에만 적용된다.

비용회수에 대한 불확실성이 해소되어 있기 때문

축구선수나 연예인에게 지급된 계약금이 무형자산으로 인정된 이유는 외부로부터 영입하면서 발생한 지출이기 때문이다. 거액의 계약금을 주고서 어떤 프로선수를 영입했다는 것은 그만큼의 경제성이 있다는 것을 의미한다.

어떠한 지출을 비용으로 처리하느냐 혹은 무형자산으로 인정하느냐에서 가장 중요한 것은 객관성이다. 그다음 중요한 것은 불확실성의 해소인데, 이미 개발된 **지적재산권, 특허, 상표권** 등을 외부로부터 구입하는 것은 그 불확실성이 해소되어 있다.

이에 따라 내부에서 개발한 무형자산과 외부로부터 취득한 무형자산에 대한 회계처리가 다르다. 자체적으로 개발한 특허는 연구개발비가 대부분 비용으로 처리되지만, 외부로부터 취득한 특허, 상표권 등은 무형자산으로 인정된다.

비용인가 자산인가, 언제 손익을 감소시키는지의 문제

어떠한 지출을 자산으로 봐야 할지, 아니면 비용으로 봐야 할지는 애매한 부분이 있다. 실무에서도 가장 많은 이견이 발생하는 부분이기도 하다. 관점에 따라 어떤 지출은 자산으로 인정해줄 수도 있고 아닐 수도 있다(앞에서 살펴본 아이돌 연습생에 대한 지출이 그 예다). 지출을 자산으로 잡는 것과 비용으로 처리하는 것 사이에는 어떤 차이가 있을까? 당장의 손익에 영향을 미친다.

질문 어떠한 지출을 자산으로 인정할 경우, 현재 손익에 어떤 영향을 미칠까?

지출을 비용으로 잡지 않기 때문에 지금 당장 손익에 영향을 미치지는 않는다. 손익에 영향을 줄 때는 지출에 의한 수익이 발생할 때이다. 고정자산 취득에 들어간 지출은 수년간의 내용연수 동안 나뉘어 비용으로 처리된다. 즉 자산으로 인정된 지출도 언젠가 비용이 되어 미래 손익을 감소시키는데, 대신 이는 내용연수 동안에 걸쳐서 매우 서서히 이루어진다.

질문 어떠한 지출을 즉시 비용으로 잡는 경우, 현재 손익에 어떤 영향을 미칠까?

현재의 손익이 즉시 비용만큼 감소한다. 대신 한꺼번에 모든 지출액이 비용으로 잡히기 때문에 나중에 미래 손익에 영향을 주지는 않는다.

결과적으로 특정 지출을 자산으로 잡는 것과 비용으로 잡는 것의 차이는 언제 손익을 감소시키는지의 차이다. 일시불로 결제를 하는지, 아니면 할부로 나눠서 결제를 하는지의 차이인 셈이다.

현재의 모든 지출을 한방에 비용으로 털고 미래 손익을 개선하는 것이 나은지, 아니면 일단은 자산으로 인정했다가 내용연수 동안 나눠 서서히 비용으로 잡는 것이 나은지는 각 기업이 처한 상황에 따라 달라질 수 있다. 실적 달성의 압박을 느끼는 기업의 경영진은 비용으로 처리하는 시기를 미루고 싶을 것이다. 반면 목표 실적을 초과한 기업이라면 모든 비용을 미리 잡고 싶을 수 있다. 비용을 당겨 잡은 만큼 미래 실적은 더 개선될 것이기 때문이다. 이러한 맥락과 의도를 이해하면 회계처리가 각기 다른 기업들을 비교하기가 수월해진다.

괴짜회계사의 한 줄 정리
비용 처리한 지출은 현재의 손익을 감소시키고, 자산으로 잡은 지출은 미래의 손익을 서서히 감소시킨다.

신약을 개발하지 않는 제약회사

제약회사는 신약에 대한 특허권으로 돈을 번다. 문제는 신약개발에는 엄청난 리스크가 따른다는 것이다. 임상 중에 예상치 못한 부작용이 발견되거나 유의미한 효능이 입증되지 않을 경우 큰돈이 들어간 신약도 승인받지 못한다. 이러한 리스크를 해소하고자 했던 기업이 바로 미국의 제약회사 밸리언트(Valeant)사이다.

밸리언트사는 자금력을 바탕으로 리스크가 큰 신약개발에 나서기보다 이미 신약개발에 성공한 경쟁사를 인수하는 방식의 새로운 비즈니스 모델을 추구했다. 다른 제약회사들은 내부 연구개발에 대한 지출을 무형자산으로 인정받지 못하기 때문에 자산은 적고 비용만 많은 빈약한 재무제표를 갖는다. 그러나 밸리언트사는 외부로부터 특허를 취득함으로써 지출 대부분을 무형자산으로 기록했고, 법인세가 저렴한 캐나다에 본사를 두고 투자에 대한 세금혜택을 챙기는 등 절세전략도 잘 세웠다. 이러한 시도는 얼마 동안 성공을 거두어 월스트리트에서 가장 각광받는 제약회사가 되기도 했다.

그러나 밸리언트사는 불과 몇 년 만에 실적이 급격히 나빠졌고 지금은 아예 공중분해된 상태다. 외부로부터 특허를 사오는 전략은 신약에 대한 리스크를 줄여주었지만, 결과적으로 구입한 특허로 얻을 수 있는 수익 또한 감소시켰다.

특허에는 보통 만기가 정해져 있기에 밸리언트사의 비즈니스 모델이 지속되려면, 보유한 기존 특허가 만기가 되기 전에 그에 준하는 새로운 특허에 재투자하는 것이 중요했다. 하지만 가치 있으면서 매입 가능한 특허의 수는 제한되어 있고, 밸리언트사가 성공을 거둘수록 인수 대상에 오른 기업들은 높은 프리미엄을 요구하기 시작했다. 이로 인해 밸리언트사가 처음 계획했던 특허권을 싸게 사와서 관리한다는 모델은 실패했다.

무형자산의 특징 ④

영업권은 주기적으로 상각한다

09

대표적으로 외부로부터 취득하는 무형자산에는 영업권이 있다. **영업권**은 인수기업이 다른 기업을 인수합병할 때 지불하는 프리미엄을 의미한다.

인수합병으로 인한 시너지, 영업권

사례 A사가 B사를 인수하려고 한다. A사는 B사에게 얼마를 지불해야할까?

가장 간단한 방법은 B사의 시가총액을 살펴보는 것이다. 시가총액은 B사의 현재 유통되는 주식수에 현재주가를 적용하면 쉽게 계산할 수 있다. B사의 시가총액이 1,000억원이라고 가정하자. 이 경우 A사가 1,000억원을 지불하면 B사를 인수할 수 있을까?

절대 인수할 수 없을 것이다. A사가 인수하려 한다는 호재가 알려지면, 투자자들이 B사의 주식을 마구 산 뒤 A사에게 더 높은 가격에 되팔려고 할 것이다. 그 과정에서 B사의 주가는 치솟을 것이다. 비슷한 사례로는 주택 재개발사업이 있다. 재개발 소문이 돌면 그 지역에 땅을 미리 사서 땅값을 올려 받으려는(흔히 말하는 알박기) 업자들이 붙는 것처럼 말이다.

결국 A사가 B사를 인수하려면 기존 주주들의 과반수가 동의할 만큼 매력적인 가격을 제시하는 수밖에 없다. 평소 적용되는 시가에 프리미엄을 얹은 가격을 제시해야 하는 것이다.

질문 A사가 B사에게 현재 시가총액보다 30%가량 높은 1,300억원을 제시했다. A사는 이 300억원만큼 손실을 입은 것일까?

시장에서 B사가 1,000억원의 평가를 받는다고 해서 A사에게도 같은 가치를 지니는 것은 아니다. 두 기업이 결합했을 때 추가적인 시너지가 생길 수 있다. 가령 B사가 보유한 특허나 기술력을 A사의 기존 제품에 적용하거나, 양사의 중복 투자를 줄이거나, 시장점유율을 끌어올림으로써 얻게 되는 이익이 있을 수 있다. 중요한 것은 그것이 무엇이든 간에, A사는 B사를 인수함으로써 300억원 이상의 시너지를 얻을 수 있다고 예상했다는 것이다.

회계에서는 시장가치를 초과해서 지불한 인수합병 프리미엄을 영업권, 즉 무형자산으로 기록한다. 인수합병 시너지는 그 형태를 특정할 수 없지만 분명히 존재하기 때문이다.

개인 간의 거래에서도 영업권과 비슷한 것이 있다. 바로 권리금이다. 장사가 잘되는 카페를 매매할 때는 권리금이 오간다. 그런데 잘 생각해보면 기존 임차인으로부터 그 가게를 계속 영업할 권리를 물려받는 것뿐이다. 그런데도 권리금을 지불하고 인수하는 것은 그 가게에 무언가 특별한 것이 있다는 것이다. 그 특별함이 예쁜 인테리어일 수도 있고, 맛있는 디저트 레시피일 수도 있다. 실체가 명확한 것이 아니고 특정할 수도 없지만 어쨌든 뭔가가 있기 때문에 돈을 더 주고 산 것이다. 권리금이 개별 가게에 대한 프리미엄이라면, 영업권은 기업 단위에서 발생하는 프리미엄인 것이다.

영업권이 남아 있으면 자산, 사라졌으면 비용

시세를 초과해 지불한 프리미엄만큼을 영업권이자 무형자산으로 인정한다. 하지만 당초 기대했던 시너지가 잘 나오지 않거나 더 이상 없을 수도 있다. 그래서 기업들은 반드시 영업권이 남아 있는지를 주기적으로 평가해야 한다. 만약 기업 인수 시너지가 없어지거나 영업권 이하로 내려갔다고 판단되면 이에 대한 가치감소(상각)를 비용으로 잡는다.

유동자산의 특징 ①
1년 안에 현금으로 회수될 자산이다

10

재무상태의 나머지 자산들에 대해서도 알아보자. 삼성전자의 자산 중에서 유형자산 다음으로 규모가 큰 것은 단기금융상품(92조원), 매출채권(31조원), 현금 및 현금성 자산(29조원) 등이다.* 이 세 가지를 편의상 각각 일하는 현금, 들어올 현금, 그리고 놀고 있는 현금이라고 하자.

• 117쪽 2020년 삼성전자 재무상태표를 참고하자.

일하는 현금, 단기금융상품

단기금융상품은 1년 내 만기가 닥치는 금융상품이다. 1년이라는 시간은 금융시장에서 유의미한 수익을 얻기엔 매우 짧은 시간이다. 일반적으로 유통되는 주택담보대출의 만기는 보통 수십 년, 회사채의 만기는 수년에 달한다. 그런데 이렇게 많은 돈을 단기금융상품에 투자한다는 것은 의도적으로 만기가 매우 짧은 금융자산을 고르고 골라 투자한다는 뜻이다. 단기금융상품처럼 만기가 짧은 상품은 상대적으로 덜 위험한 대신 기대수익률도 매우 낮다.

질문 삼성전자는 왜 이렇게 많은 돈을 단기금융상품에 투자할까?

단기금융상품의 수익률이 아무리 낮아도 현금으로 그냥 들고 있는 것보단 낫기 때문이다. 또한 만기가 짧기 때문에 원금손실 위험이 매우 낮고 유사시에 현금화하기도 수월하다. 그래서 기업들은 신규 투자나 유사시를 대비한 여유자금을 단기금융상품에 투자한다. 지나치게 많은 돈을 현금으로 놀리기보단 약간의 수익이라도 얻고자 굴리는 것이다. 한마디로 단기금융상품은 일하고 있는(필요하면 언제든 회수될 수도 있는) 현금인 셈이다.

들어올 현금, 매출채권

매출채권은 재무제표 작성일을 기준으로 아직 회수되지 않고 있는 대금이다. 발생주의 원칙에서 알아보았다시피, 거래는 정상적으로 완료되었을 때 매출로 기록된다. 또한 이미 매출이 발생했더라도 아직 못 받은 돈이 있다면 이는 매출채권으로 기록된다.

언제 대금이 회수되느냐는 계약조건에 따라 달라질 수 있지만, 대부분의 매출채권은 1년 내 현금으로 회수된다. 기업 입장에서 매출채권은 곧 들어올 현금인 셈이다. 따라서 매출채권은 현금, 단기금융상품 및 앞서 살펴본 재고자산과 함께 유동자산으로 분류된다.

즉, **유동자산**이란 이미 현금이거나 1년 안에 현금으로 회수될 자산을 말한다. 이는 2020년 연말에 기록된 단기금융상품, 매출채권, 재고자산은 2021년 중에 현금으로 회수되어 없어진다는 뜻이다. 물론 2021년 연말에도 새로운 유형자산이 기록되겠지만, 이는 2020년도에 기록되어 있던 유형자산과는 또 다른 것이다.

가령 삼성전자가 생산을 지속하는 한 재무제표에 항상 재고자산이 존재할 것이다. 하지만 실제 기록되는 재고자산은 올해 갤럭시S21에서 내년에는 갤럭시S30으로 바뀌어 있을 것이다. 그리스의 철학자 헤라클 레이토스는 "같은 강물에 두 번 발을 담글 수 없다"는 말을 남겼다. 이 말을 빌리자면, 같은 유동자산은 두 개의 연간재무상태표에 걸쳐 기록 될 수 없다.

놀고 있는 현금, 현금성 자산

현금 및 현금성 자산도 유동자산이다. 참고로 현금성 자산에는 만기가 3개월 내인 초단기 금융상품도 포함된다. 다음 분기 재무상태표(3월 31 일)가 나오기도 전에 만기가 닥치기 때문에 현금과 묶어서 현금성 자산 이라고 하는 것이다. 현금 및 현금성 자산은 그 자체로는 별다른 수익을 발생시키지 않기에, 이를 단기금융자산과 구분지어 '놀고 있는 현금'이 라고 봐도 무방하다.

　이쯤에서 한번 생각해볼 필요가 있다. 삼성전자의 현금과 단기금융 상품을 합치면 무려 120조원이다. 여기에 곧 들어올 현금(매출채권)까지 합치면 150조원이 된다. 삼성전자의 전체 자산 중 3분의 1 정도가 현금 으로 되어 있는 셈이다.

삼성전자는 왜 유동자산을 많이 쥐고 있을까?

사실 삼성전자만 이렇게 현금을 많이 쥐고 있는 것이 아니다. 경쟁사인 애플도 현금성 자산으로 무려 100조원을 쌓아두고 있고, 여기에 추가로 110조원을 장기금융상품에 투자하고 있다. 애플은 삼성보다 더 많은 현 금과 금융자산을 쌓아두고 있는 것이다.

대금회수 문제 등 현금부족에 대비

대기업들이 현금 혹은 현금화가 수월한 금융자산을 쟁여두고 있는 것에는 몇 가지 이유가 있다. 먼저 현금은 기업에 매우 특별한 자산이다. 기업이 정상적으로 제품을 생산하기 위해서는 지속적으로 원재료와 노동력을 공급해주어야 하는데, 생산에 필요한 부품을 구입하거나 월급을 주려면 현금이 필요하다. 물론 대부분의 경우 영업을 통해 벌어들이는 현금으로 이러한 일상적인 필요를 맞출 수 있지만, 대금회수에 문제가 발생하면 일시적으로 현금 부족을 겪게 될 수도 있다. 기업은 이러한 유사시를 대비해 일정량의 현금을 항상 보유해두고 있는 것이다. 현금은 부족한 것보다 넉넉하게 보유하는 편이 낫다.

지속적인 재투자를 위한 것

두 번째 이유는 재투자를 위한 것이다. 당장 회수되고 있는 현금이 많다면 기업이 보유한 자산이 성공적으로 역할을 하고 있다는 뜻이다. 하지만 상각 등으로 인해 앞으로 발생될 경제적 이익은 서서히 감소할 것이다. 따라서 기업이 현재의 이익을 유지하거나 나아가 성장을 하려면 지속적인 재투자가 필요하다. 현재의 잉여 현금을 미래의 경쟁력으로 바꿔야 하는 것이다.

위기상황 시 활용하도록 전략적으로 보유

마지막으로 현금은 기업의 전략적 예비자산이다. 대부분의 기업은 평상시에 현금을 재투자하지만, 경제위기 상황이 발생하면 현금을 구하기가 매우 어려워진다. 모든 기업이 현금을 움켜쥐려고만 하기 때문이다. 이때 빛을 발하는 것이 바로 전략적으로 비축해둔 현금이다. 이런 위기

상황에서 예비현금을 활용하면 가치 있는 자산을 평소보다 싼 가격으로 매입할 수 있다.

실제로 2020년 초 코로나19 위기가 발생했을 때 수많은 소매업 기업, 항공기업, 자영업자들이 부족한 현금을 구하지 못해 파산에 직면했을 때 현금 보유량이 많던 대기업들은 적극적으로 인수합병에 나서 경쟁사를 헐값에 인수하거나 신규사업에 대한 투자를 확대했다. 현금은 위기 상황에서 빛을 발하는 전략자산인 셈이다.

괴짜회계사의 한 줄 정리

현금 및 현금성 자산은 기업의 나머지 자산이 원활하게 기능하도록 돕는다.

11 유동자산과 비유동자산이 맞물려 돌아갈 때 이익이 생긴다

자산에는 크게 유동자산과 비유동자산이 있다. 재무상태표의 모든 자산과 부채는 **유동성**, 즉 현금화가 언제 이뤄지는지를 기준으로 차례차례 나뉜다.

• 유동성에 대한 설명은 218쪽에서 자세히 다룬다.

유동자산은 무엇?

유동자산은 현금과 1년 내로 현금으로 회수되는 유동적인 자산을 의미한다. 유동자산 중에서도 가장 유동적인 현금이 맨 먼저 나오고, 뒤를 이어 단기금융자산, 매출채권, 그리고 재고자산 등이 등장한다.**

•• 재고자산은 형태가 있기에 비유동자산의 한 종류인 유형자산으로 착각할 수 있으나, 1년 안에 팔려 현금으로 회수하기에 유동자산으로 분류한다.

유동자산의 주된 역할은 기업이 정상적으로 영업하는 데 필요한 현금을 공급하는 것이다. 기업은 현금을 통해 원재료비와 인건비를 써서 재고를 만들고, 이렇게 만들어진 재고는 직접적으로 매출을 일으키며, 재고가 판매되면 그것을 만드는 데 들어간 지출 또한 비용으로 잡힌다. 매출이 비용보다 크면 결과적으로 기업에는 이익과 잉여현금이 쌓이게 된다.

앞서 살펴본 삼성전자의 현금과 단기금융상품의 규모는 100조원을 넘었다. 이는 삼성전자가 일상적인 영업활동을 유지하기에 충분한 현금을 보유하고 있을 뿐만 아니라 유사시에는 이를 활용해 자산을 얻을 여력을 갖고 있음을 뜻한다.

유동자산의 종류

구분	내용
현금 및 현금성 자산	이미 현금으로 존재한다.
단기금융상품	만기가 짧기 때문에 쉽게 청산할 수 있다.
매출채권	역시 만기가 짧아서 즉시 현금화할 수 있다. 할인된 가격에 매출채권이나 어음 등을 현금화하는 것을 이른바 '깡'이라고 한다. 현금이 급한 기업들이 주로 사용하는 방식이다
재고자산	재고정리 세일을 하여 빨리 현금화할 수 있다.

비유동자산은 무엇?

유동자산과 달리, 1년 이상 기업에 남아 있으면서 지속적으로 이익추구에 기여하는 자산을 **비유동자산**(고정자산)이라고 한다. 비유동자산에는 형태가 명확한 유형자산과 형태가 불분명한 무형자산이 모두 포함된다.

대표적인 유형자산에는 기계장치와 건물 등이 있다. 유형자산은 재고처럼 직접적으로 매출을 일으키진 않지만, 대신 제품을 효율적으로 생산할 수 있게 해준다. 삼성전자는 유형자산에 대한 압도적인 투자를 통해 전자제품을 가장 잘 만드는 회사가 됐다.

　유형자산처럼 이익추구에 간접적으로 기여하는 또다른 자산은 무형자산이다. 삼성전자는 내부적으로 진행한 연구개발비를 대부분 비용처리를 하기 때문에 무형자산의 규모가 그리 크지 않았다. 대신 다른 기업을 인수하는 과정에서 지불한 프리미엄이 영업권으로 기록되어 무형자산의 대부분을 차지한다.

비유동자산의 종류

구분	내용
유형자산	토지, 기계장치 등 형태가 존재하는 자산
무형자산	영업권, 특허, 저작권처럼 형태가 정해져 있지 않은 자산
투자자산	장기채권이나 주식처럼 금융수익을 목적으로 취득한 자산

회계적으로 봤을 때 기업이란 돈을 벌기 위해 모아둔 거대한 기계장치이다. 각 자산은 이 기계장치의 부속품으로 서로 맞물려 돌아가면서 이익을 가져온다. 이 비유의 핵심은 모든 자산이 서로 맞물려 돌아갈 때 이익이 만들어진다는 것이다. 현금은 유형자산에 생산요소를 공급하고, 유형자산은 이를 바탕으로 제품을 생산한다. 생산된 재고는 고객에게 판매됨으로써 기업에게 현금을 가져다준다. 모두가 각자의 방식으로 기업의 이익추구에 기여한다. 기업이라는 거대한 기계장치 속에서 부품들이 서로 맞물려 돌아갈 때 이익이 발생하는 것이다.

모든 자산이 맞물려 돌아갈 때
이익이 발생한다.

한국의 기업가치 PBR을 높이려면

$$\text{PBR(배)} = \frac{\text{시가총액}}{\text{순자산}}$$

PBR(Price to Book Value Ratio)은 **주가순자산비율**이라고 하는데, 기업의 시가총액(Price)을 회계장부상 순자산(Book)으로 나눠서 계산한다.* 현재 주가가 주당 순자산의 몇 배인지를 보여준다. PBR은 응용하면 기업의 주가가 적정한지 평가할 수 있다.

미국 나스닥의 경우 PBR이 3.5배 정도 된다. 나스닥에 상장한 기업이 순자산을 100억 달러어치 보유했다고 치면, 그 기업의 주식 가치는 350억 달러 정도로 평가받는다는 의미이다. 이렇게 주식이 높은 평가를 받는 것은 그만큼 돈 버는 '기계장치'가 효율적으로 작동해서 주주 몫으로 많은 이익을 남길 것으로 기대된다는 뜻이다.

2020년 1월을 기준으로 코스피 기업의 PBR은 0.86배밖에 되지 않는다. 이는 기업이 장부상 보유한 순자산이 100억원이라고 치면 주가는 고작 86억원 정도로 평가받는다는 것이다. 즉, 기업이 들인 돈보다 주식시장에서 낮은 평가를 받고 있다는 뜻이다.

혹자는 낮은 PBR을 들어 한국 기업의 주가가 미국에 비해서 싸도 너무 싸다는 주장한다. 북한 리스크가 반영됐다고 볼 수도 있고, 자본시장이 미국에 비해 효율적으로 작동하지 않기 때문일 수도 있다.

반면 한국 기업들이 미국이나 다른 선진국만큼 이익을 효율적으로 벌어들이지 못했기 때문에 주식시장의 기대치가 낮은 것일 수도 있다. 그 원인이 시장경제 원칙이 제대로 작동하지 않기 때문인지, 기업 경영이 오너 위주로 굴러가서인지는 잘 모르겠지만 아마 둘 다일 것이다.

내가 보기에 한국은 시장경제 원칙이 효율적으로 작동하지 않는 축에 속하는 것 같다. 수많은 스타트업, 콘텐츠 기업들이 규제와 사회적 인식에 가로막혀 수익화에 실패하거나 아예 사업을 포기해야 했다.

또 한국 기업의 지배구조는 경영권과 지배권이 한 몸이 되어 엉켜 있다. 이렇다 보니 일부 기업들은 주주들의 이익이 아닌 오너의 이익에 복무하는 것처럼 보인다. 경영권 승계를 앞둔 기업은 상속세를 낮추기 위해 고의로 주가를 떨어뜨리거나 오너 소유 기업에 일감 몰아주는 식으로 기업의 자산을 낭비하고 있다.

이러한 이유들이 결합되어, 한국 기업들은 투자자들로부터 저평가를 받아왔다. 지난 10년간 전 세계 주요 증시가 급등할 동안, 코스피지수는 2,000선을 오르내릴 뿐이었다. 그러나 2020년 사상 최초로 3,000선을 돌파하며 박스권을 벗어났다. 앞에서 말한 PBR 또한 1배를 넘기는 데 성공했다.

회계적으로 기업의 선(善)은 이익을 많이 발생시키는 것이다. 한국 기업이라는 기계장치가 더욱 효율적인 방향으로 개선되어 앞으로도 많은 이익을 발생시키길 바란다. 그러면 한국 증시 또한 일시적 상승이 아니라 지속적인 재평가가 이뤄지지 않을까.

괴짜회계사의 한 줄 정리

모든 자산이 선순환할 때 기업의 가치도 올라간다.

아직도 부채라는 단어에 마음이 불편해지는가? 부채를 모르면 자본주의를 이해할
수도, 자본주의 사회에서 살아갈 수도 없다. 레버리지가 수익에 미치는 영향으로
부채의 기능에 대해 알아본다. 특히 예금으로 먹고사는 은행을 예로 들어 부채가
가진 신용위험, 시장위험, 유동성 위험을 살펴본다.

부채 자세히 알아보기

01 경제를 움직이는 건 어디선가 빌려온 돈이다

우리나라는 부동산 공화국이다. 우리나라 국민들의 순자산 중 75% 이상이 부동산을 비롯한 비금융자산에 묶여 있다. 다른 나라와 비교해봤을 때 이는 매우 특수한 상황이다. 미국이나 일본같이 금융시장이 발달한 나라들은 순자산에서 비금융자산이 차지하는 비율이 절반이 채 되지 않는다. 우리나라와 경제규모가 비슷한 다른 국가들도 전체 순자산에서 부동산이 차지하는 비율이 그다지 높지 않다. 왜 하필 부동산으로 돈이 몰리는 걸까?

부동산 투자로 보는 부채의 기능

나는 이것이 경험의 결과라고 생각한다. 지난 수십년간 집값은 꾸준히 올라왔다. 1997년 외환위기 이후로 기업이 도산하고 개인의 소득이 지체되는 동안에도 서울의 아파트 가격만큼은 계속해서 올랐다. 세상이 바뀌어도 부동산만큼은 오른다는 인식이 국민들 머릿속에 강하게 각인된 것이다.

부동산 가격이 이렇게 급격하게 상승하고 부동산 투자를 통해 돈을 번 부자들이 늘어날 수 있었던 이면에는 부채가 존재한다. 부동산 담보대출은 개인이 은행으로부터 가장 쉽고 싸게 돈을 빌릴 수 있는 방법이다. 신용대출이나 주식대출에 비해서 많은 금액을 빌릴 수 있고 이자도 저렴하다.

  돈을 빌리기가 쉽다는 것은 그만큼 비싼 가격의 집을 구입하기가 수월하다는 것을 의미한다. 또한 전세금 제도는 집주인이 세입자로부터 사실상 이자 비용 없이 돈을 빌릴 수 있는 수단이 됐다. 집주인은 세입자로부터 받은 전세금을 활용해 더 비싼 집 혹은 투자용 주택을 구입할 수 있었다.

부채를 모르면 자본주의를 이해할 수 없다

부채는 부동산 가격뿐만 아니라 우리 사회에서 벌어지는 여러 경제적 현상을 설명해주는 데 매우 유용하다. 현대 사회가 전적으로 부채에 의존해 운영되기 때문이다. 위대한 헤지펀드 매니저 레이 달리오가 몇 년 전 추산한 미국의 총부채는 약 5경 달러였다. 이는 미국 정부뿐 아니라 가계, 기업들의 부채까지 모두 더한 수치다. 반면 미국에 실제로 존재하는 현금은 약 3,000억 달러밖에 되지 않는다.

  그러니까 실질적으로 경제를 움직이는 것은 통장에서 놀고 있는 현금(3,000억 달러)이 아니라 어디선가 빌려온 돈(5경 달러)이라는 것이다. 우리는 이처럼 부채에 의해 곱절은 뻥튀기된 금융세상에 살고 있다. 아파트나 건물 같은 자산에 천문학적인 가치가 매겨지는 원인은 나만 빼고 다른 사람들이 다들 부자여서가 아니라 그만큼 많은 돈을 빌리고 있어서다. 부채를 알지 못하는 것은 자본주의 사회를 실제로 움직이는 작동원리를 알지 못하는 것과 마찬가지다.

사회발전의 촉매제가 된 금융시장 발달

물론 부채를 전혀 사용하지 않고도 사업이나 기술에 관한 아이디어를 구현할 수도 있다. 평생 직장을 다니면서 모은 돈으로 창업을 하고 그 이익을 재투자해서 사업의 규모를 서서히 키워나갈 수도 있다.

실제로 역사의 대부분 동안 인류는 가진 돈(자기자본)을 중심으로 발전해왔다. 그러나 자기자본을 중심으로 한 사회발전의 속도는 현재를 기준으로 하면 매우 고통스러울 정도로 느렸다.

사회발전 속도가 본격적으로 가속화된 것은 지난 200년 남짓한 시간 동안이다. 직접적인 이유는 기술발전 덕분이다. 하지만 급속도로 기술이 팽창할 수 있었던 결정적인 원인은 금융시장의 발달이다. 금융시장은 혁신적인 아이디어와 기술에 자금을 지원했다.

좋은 아이디어와 기술을 실현하는 데 필요한 자본이 공급되기 시작하자 사회발전 속도는 더욱 가속됐다(여기에 돈 관리의 투명성을 부여한 회계 또한 한몫을 했다고 숟가락을 얹고 싶다). 전기가 보급된 지 수십 년만에 집집마다 인터넷이 깔리고 얼마 지나지 않아 컴퓨터는 손바닥만 한 스마트폰이 되었다. 이러한 인프라와 기술발전에 부채의 사용이 결정적인 역할을 했음은 물론이다. 기업은 빚을 사용해 광케이블을 깔고 설비시설을 첨단으로 업그레이드했다. 세상은 내가 어렸을 때보다 더 빠른 속도로 바뀌고 있고, 아마 내 딸이 자라날 때 즈음엔 훨씬 더 빠르게 변해갈 것이다.

주식시장으로 보는 사회변화의 속도

세상이 얼마나 빨리 변하는지 돈으로 알 수 있는 방
법이 있다. 자본주의의 꽃인 주식시장을 보면 된다.
미국 주식시장 시가총액 상위 500개 기업의 주가는 S&P500
이라는 지수로 측정된다. S&P500 지수는 1957년 처음 발표된
이후로 50년 동안 30배가 넘게 올랐다. 여기에 배당수익까지 포함
한 연평균 수익률은 2007년 기준 무려 10.83%에 달한다. 1957년에
100만원을 투자했다면 2007년에는 무려 1.7억원을 버는 셈이다.

게다가 주가상승률은 2007년 이후에 더욱 가속되어(2008년 글로벌 금융
위기에도 불구하고) 현재는 다시 2007년도의 두 배가 되었다. 금융시장이
이처럼 높은 수익률을 올렸다는 것은, 금융시장에 돈을 댄 기업들의 생
산성 또한 그만큼 증가했다는 것을 뜻한다.

S&P500 지수는 양적으로 늘어났을 뿐만 아니라 질적으로도 변화
했다. 지수가 처음 발표됐을 때는 S&P500 기업 중 절대 다수(425개)가
제조업 혹은 공업 관련 회사였지만, 2007년이 되면서 상위 기업은 IT회
사와 금융회사로 대체됐다. 지난 50년 동안 살아남은 원년 기업은 코카
콜라, 포드, GE, 보잉, IBM사를 비롯해 불과 86개밖에 되지 않는다. 나
머지 414개의 기업은 변화의 속도를 따라가지 못해 도태되거나 다른 기
업에 인수됐다. 이들이 빠져나간 자리는 기술발전을 선도해온 애플이나
구글 같은 새로운 대기업으로 대체됐다.

변화의 속도는 점점 더 빨라지고 있다. S&P500 지수에 편입된 기업
들이 지수에 남아 있는 평균 수명(Tenure)은 점점 짧아지고 있다. 1964년
에 평균 33년 정도 되던 수명은 2016년에는 24년으로 줄어들었다. 전문
가들은 앞으로 S&P500 지수에 남아 있는 기업의 수명이 10년 내에 반

토막이 될 것으로 예상한다.

금융시장의 발달은 돈이 성장하고 있는 산업과 기업으로 빠르게 옮겨가도록 했다. 지난 수십 년간 무수히 많은 스타트업이 생겨났고(세계 최대 금융시장이 위치한 미국에 실리콘밸리가 있는 것은 결코 우연이 아니다), 세상을 바꾸는 혁신들이 계속해서 나타났다. 주식과 더불어 부채의 발달은 사회발전을 가속하는 촉매제 역할을 해온 것이다.

괴짜회계사의 한 줄 정리
부채는 효율적으로 자원을 분배해 사회발전을 가속하는 촉매제 역할을 한다.

이익과 손실 폭 키우는 레버리지 효과

02

부채를 한마디로 말하면 '갚아야 할 돈'이다. 일상생활에서 부채라는 단어를 들으면 부정적인 이미지가 먼저 떠오른다. 부채의식이라는 단어나 빚을 못 갚아서 집에 빨간 딱지가 덕지덕지 붙은 장면이 먼저 연상되기 때문이다. 그러나 부채는 자금을 조달하는 수단 중 하나일 뿐이다.

자산을 구입하는 데 드는 돈을 조달하는 방법에는 크게 두 가지가 있다. 남한테 돈을 빌리거나(부채), 내 돈(자본)을 써서 구입하는 것이다. 이를 공식화한 것이 앞서 배운 '자산 = 부채 + 자본'이다. 우변에서 알 수 있듯 모든 자산은 부채와 자본으로 조달한 것이다.

투자 성패에 상관없이 원금과 이자만 갚는다

부채는 내가 가진 돈만으로는 살 수 없는 자산을 구입하게 해주는 수단이다. 부채를 사용하면 자산을 구입하는 데 드는 시간을 크게 앞당길 수 있다. 하지만 부채는 반드시 갚아야 하는 돈이다. 이는 부채의 가장 중요한 특징이다. 빚을 내서 시도한 투자가 성공하든 실패하든 그 결과와 상관없이 항상 원금과 이자는 갚아야 한다.

다르게 말하면 투자가 성공했을 때는 내가 가져갈 몫이 그만큼 늘어난다. 은행에서 돈을 빌려 구입한 집값이 올라도 나는 은행에게 딱 빌린 돈만큼만 갚으면 되기 때문이다. 집값이 올랐다고 약속한 이자 이상을 줘야 할 의무는 없다.

반대로 집값이 내려가면 손실이 발생한다. 이때도 은행은 내가 부동산 투자에 실패해서 손실을 입었다고 원금을 깎아주지 않는다. 그러니까 부채가 갚아야 할 돈이라는 말에는 설령 구입한 집값이 오르거나 내려도 항상 빌린 돈만큼은 갚아야 한다는 뜻이 담겨 있다.

즉 투자의 성패를 가르는 것은 부채 그 자체가 아니라 부채를 통해 구입한 자산의 가격이다. 부채를 사용해 얻은 수익과 손실은 투자의 주체인 자본이 감당해야 한다.

이익을 극대화해준다

여기서 기억해야 할 것은 부채를 사용하면 투자를 통해 얻는 수익과 손실의 폭이 커진다는 것이다. 이를 **레버리지 효과**라고 한다.

지렛대를 사용하면 내가 들인 힘보다 훨씬 무거운 물체를 들어올릴 수 있다. 즉 부채를 사용할 경우 내가 가지고 있는 돈보다 훨씬 비싼 자산을 살 수 있다. 부채는 투자로 인한 수익과 손실의 폭을 늘리는 지렛대(레버리지) 역할을 하는 것이다.

사례 4억원짜리 아파트를 구입하기 위해 대출 3억원과 내 돈 1억원을 들였다. 구입한 아파트의 값이 20% 오른다면 어떻게 될까?

상상만 해도 행복하다. 오른 집값만큼 아파트 투자로 인한 차익이 생기기 때문이다. 이를 기록하면 다음과 같다.

아파트의 가격(자산) : 4억원 → 4억 8,000만원 상승

자산(4억 8,000만원) = 부채(대출 3억원) + 자본(저축 1억원 + 수익 8,000만원)

아파트값이 오른 만큼(+8,000만원) 투자수익(자본)이 발생했다. 이 투자수익은 당연히 집주인인 내 몫이다. 다시 말해 투자의 손익은 투자를 결정하고 투자한 자산을 소유한 자본의 몫이다. 여기서 눈여겨볼 것은 수익의 규모이다. 무려 8,000만원의 수익이 발생했다. 분명히 아파트값은 20%가 올랐을 뿐인데 투자한 돈 대비 수익률은 무려 80%(=8,000만원/1억원×100)이다.

수익의 폭이 늘어난 이유는 부채를 많이 끼고 집을 구입했기 때문이다. 빌린 돈으로 구입한 아파트의 가격이 4억 8,000만원으로 올라도 은행에 갚아야 할 금액에는 변동이 없다. 따라서 은행빚을 다 갚았을 때 남은 수익은 모조리 내가 가져간다.

다만 손실은 나눠지지 않는다

투자의 성공을 나눠 갖지 못하는 은행이 그럼에도 돈을 빌려주는 이유는 무엇일까?

이자와 수수료 수익 때문이다. 은행은 부동산 담보대출에 대한 이자를 받아가고, 담보대출을 제공하는 것에 대한 수수료도 청구한다. 이러한 비용은 투자에 실패했을 때도 동일하게 적용된다.

손실은 내가 전부 감당

1000원

질문 구입한 아파트값이 20% 내리면 어떻게 될까?

아파트 가격(자산) : 4억원 → 3억 2,000만원

자산(3억 2,000만원) = 부채(대출 3억원) + 자본(저축 1억원 − 손실 8,000만원)

아파트값이 내려간 만큼(−8,000만원) 투자손실이 발생했다. 나의 자본도 투자손실만큼 감소했다. 반면 대출을 해준 은행은 투자손실과는 무관하다. 따라서 부채는 아파트값이 내려도 그대로이다. 부채는 투자손실을 나눠지기 않기 때문에 자본이 입게 되는 손실(8,000만원) 또한 커진다.

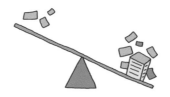

괴짜회계사의 한 줄 정리

레버리지는 투자로 발생할 수 있는 이익과 손실의 폭을 늘려준다.

03

레버리지의 특징 ②
빚이 많을수록 이자비용은 올라간다

앞의 예시에서 은행이 손실을 입지 않았던 이유는 투자손실(8,000만원)이 내가 가지고 있던 자본(1억원)보다 낮았기 때문이다. 만약 이 상태에서 이자나 원금을 제때 갚지 못한다면 은행은 담보물인 아파트를 경매에 넘길 것이다. 담보물이 청산절차를 밟을 경우 부채는 자본보다 항상 먼저 돈을 받아간다. 경매낙찰금 중 첫 3억원은 대출 제공자인 은행이 무조건 먼저 받아가는 것이다.

은행 입장에서는 아파트 가격이 20% 내려갔어도 다행히 담보물의 가치(3억 2,000만원)가 대출금보다 높기 때문에 돈을 떼일 일은 없다. 다시 말해 아파트 가격이 3억원 밑으로 내려가지 않는 한 은행은 원금손실을 입지 않는다.

자본이 감당하지 못하는 손실에 대한 위험비용

은행 입장에서 보자면, 내가 아파트를 사는 데 쓴 자본 1억원은 '깔아둔 돈'이다. 아파트 값이 떨어져 발생하는 손실 중 첫 1억원(전체 아파트 가격의 약 25%)은 자본이 감당하기 때문이다. 하지만 그것을 넘는 손실이 생길 경우 은행도 손실을 입을 수 있다. 이러한 원금손실에 대한 리스크를 **신용위험**(Credit Risk)이라고 한다.

신용위험은 전체 자산에서 부채가 차지하는 비중이 높을수록 증가하

게 된다. 부채의 비중이 높을수록 깔아둔 돈이 적기 때문이다.

　게다가 은행 입장에서는 대출기간 동안 현금이 필요해지더라도 이미 대출해준 돈을 조기에 회수하는 것이 불가능하다. 따라서 은행은 원금 손실에 대한 위험과 유동성 위험을 대출자에게 청구한다. 그 대가가 바로 대출이자다.

서브프라임모기지 사태로 보는 부채

레버리지는 사용할수록 이자비용이 올라간다. 은행이 이러한 리스크를 무릅쓰고 무리하게 대출을 해준 사례가 역사적으로 있다.

　1980년대 중반 일본의 버블경제 당시 부동산 시장이 그러했고, 지난 2008년 미국의 서브프라임모기지 사태가 그러했다. 당시 미국 은행들은 고객의 소득이나 자산을 제대로 확인하지도 않은 상태에서 주택담보대출을 마구 해줬다. 이로 인해 경제적 능력이 없는 사람들까지 너도나도 부동산을 구입했고, 집값에 엄청난 버블을 발생시켰다.

　은행들은 왜 부실대출을 눈 감아줬을까? 이는 당시 은행들이 돈을 버는 방식과 관련이 있다. 2000년대 초 미국 주택시장의 붐으로 인해 주택담보대출 수요가 매우 많아졌다. 덕분에 당시 은행들은 신규 담보대출이 완료되면 이를 즉시 월스트리트에 재판매할 수 있었다. 은행들은 주택담보대출을 만기까지 보유하는 대신 투자자들에게 되팔았던 것이다. 그러는 편이 원금손실 리스크를 떠넘기고 돈도 확실하게 벌 수 있었기 때문이다.

　그 대신 은행은 담보대출 승인에 대한 수수료(underwriting fee)와 담보대출기간 동안에 이자와 원금을 대신 징수해주는 것(Servicing fee)으로 막대한 이익을 올렸다(주택담보대출에서 가장 돈이 되는 사업이다). 대출에 대한 리스크는 전혀 지지 않으면서도 담보대출에 도장을 찍어주는 값으로 중간에서 쏠쏠한 이득을 올린 셈이다. 대출심사도 제대로 하지 않고 마구 승인해준 담보대출(서브프라임모기지) 자금이 부동산 시장으로 유입되자 집값이 급격하게 올랐다. 그러나 모두가 알듯 가격상승은 오래가지 못하고 끔찍한 파국을 맞이했다.

자본이 적을수록 이자비용은 올라간다

우리나라 부동산 시장은 2020년 가격 상승률이 역대 최고를 기록했다. 이렇게 집값이 비싼 상태에서 집을 사려면 어떻게 해야 할까? 대출을 아마 아주 많이 받아야 할 것이다.

은행의 걱정은 언제나 원금회수이다. 이는 깔아둔 돈, 즉 자본의 관점으로도 이해할 수 있다. 집값이 올라갈수록 자기자본의 비율은 줄어든다. 4억원짜리 집에서 주인의 자본이 1억원이라면 자기자본비율이 집값의 25%이지만, 10억원짜리 집이라면 10%밖에 되지 않는다. 자기자본비율이 낮아질수록 은행은 대출로 원금 손실을 입을 위험이 높아진다.

이렇게 위험한 도박에 돈을 선뜻 빌려줄 은행은 없다. 그래서 대출 최대한도가 정해져 있지 않은 미국에서는 구매자의 능력을 초과하는 대출은 거절하거나 부동산 대출보험에 의무적으로 가입하도록 되어 있다. 집 구매자가 대출금을 못 갚을 때 대신 갚아줄 보험회사를 찾아오라고 요구하는 것이다.

어쩌면 명동 사채업자에게 가면 돈을 빌릴 수 있을지도 모른다. 하지만 그분들도 자선업자는 아니기에 그 대가로 무지막지한 이자를 요구할 가능성이 높다. 제2금융권이나 대부업체들은 은행에서 거절한 위험한 대출도 해주는 대신 그에 상응하는 높은 이자율을 요구한다.

여기에 레버리지의 두 번째 특성이 있다. 레버리지는 많이 사용할수록 비싸진다. 앞에서 말한 대로 레버리지는 수익과 손실의 폭을 키운다. 그런데 채권자 입장에서는 수익이 발생하더라도 딱히 돈을 더 받는 것이 아니고, 손실이 발생하면 높은 확률로 원금을 떼인다. 따라서 레버리지를 사용할수록 돈 빌려준 사람이 손실을 입을 가능성만 올라간다. 이처럼 늘어난 리스크를 보상받기 위해 돈 빌려주는 사람은 높은 레버리지에 대한 높은 이자율을 요구하는 것이다.

괴짜회계사의 한 줄 정리

빚이 많을수록 레버리지를 사용하는 데 들어가는 이자비용은 올라간다.

레버리지의 특징 ③
부채의 규모보다
무엇을 샀는지가 더 중요하다

04

부채를 갚기 위해선 반드시 미래소득의 일부를 희생해야 한다. 부채는 은행으로부터 돈을 빌리는 것이기도 하지만, 현재의 내가 미래의 나로부터 빌리는 돈이기도 하다.

하이리스크, 하이리턴

부채를 분석할 때는 부채를 어디에 투자했는지가 굉장히 중요하다. 같은 부채라도 생산적인 곳에 썼는지, 비생산적인 곳에 낭비했는지에 따라 그 의미는 크게 달라진다.

경제적으로 봤을 때 교육과 빈곤퇴치를 위해 사용하는 부채는 수익률이 좋은 편이다. 교육은 국민 개개인의 생산성을 향상시키므로 장기적으로 봤을 때 국가의 세수를 증가시킨다. 빈곤퇴치 또한 범죄 및 불평등 등의 사회적 비용을 낮춰주기 때문에 지속적인 수익을 가져다준다. 반면 지나친 토목공사는 경제적으로 비효율적인 지출이다. 경기부양 효과가 단기적이기 때문이다. 올림픽 등 거대한 국가 행사를 치른 나라들이 행사 직후 재정악화를 겪은 것도 부채로 인한 장기수익률이 좋지 못했기 때문이다.

이익을 추구하는 기업에게 부채의 사용은 특히 중요한 문제이다. 기업은 모든 투자를 할 때 이에 소모되는 재원을 부채로 조달할지, 자본으로 조달할지 결정해야 한다.

부채는 단기간에 기업의 덩치를 늘릴 수 있다. 미래의 소득과 생산성을 높이는 방향으로 알맞게 쓰인다면 레버리지는 기업에게 막대한 이익과 성장을 가져다준다.

반대로 빚을 내서 시작한 사업이 실패하거나 빚이 비생산적인 곳에 낭비되었다면 기업이 입는 손실은 배가된다. 이자비용이 발생할 뿐 아니라 레버리지 효과로 손실의 폭이 더욱 커지기 때문이다. 그래서 남의 돈을 빌려 투자한다는 것은 등에 큰 짐(이자비용)을 짊어진 것과 같다. 하이리스크, 하이리턴은 부채를 설명하는 데 가장 적절한 표현이다.

부채를 사용할수록 효율은 점점 떨어진다

기업이 레버리지로 돈을 버는 방식은 개인의 투자와는 다소 다르다. 레버리지 부동산 투자의 주목적은 시세차익을 얻는 데 있다. 아파트를 싸게 사서 비싸게 파는 것이다. 반면 기업은 레버리지를 통해 영업의 규모를 늘린다. 구입한 자산으로 시세차익을 노리기보다는 이를 지속적으로 운용하면서 경제적 이익을 얻는 것이다.

유전 개발에 따른 비용
- 회사 자본 : 100억원
- 유전개발비용(개당) : 100억원
- 내용연수 : 10년
- 감가상각 비용 : 10억원
- 연간 예상 생산량 : 1만 배럴
- 예상 국제유가(배럴당) : 50만원
- 예상 채굴비용(배럴당) : 30만원

사례 원유 탐사 및 채굴로 돈을 버는 A사가 있다. 자본은 100억원이고 유전 하나를 개발할 때 드는 비용도 100억원이다. 유전 하나당 연간 예상 생산량은 1만 배럴이고 감가상각 비용은 10억원이며 내용연수는 10년이다. 배럴당 채굴비용이 30만원, 국제유가가 50만원이라 할 때 A사가 유전으로 얻는 예상 순이익은 얼마일까?

일반적인 석유 채굴회사가 돈을 버는 방식은 원유가 나올 만한 지역을 탐사해서 해당 지역의 채굴권을 매입한 다음에 유전을 개발해 생산하는 것이다. 문제는 유전을 탐사, 매입, 개발하는 데 모두 돈이 든다는 것이다. 회사가 보유한 자본은 한정되어 있기 때문에 개발할 수 있는 유전의 수 또한 제한된다.

A사가 회삿돈 100억원을 들여서 유전을 개발했을 때 얻을 수 있는 매출총이익은 예상 국제유가에서 예상 채굴비용을 뺀 금액에 연간 예상 생산량을 곱하면 20억원이다. 이때 기대되는 연간 순이익은 10억원(매출총이익-감가상각)이다. 또한 이 사업의 연간 자본 대비 수익률은 10%(순이익 10억원/자기자본 100억원×100)이다. 현재 벌어들이는 순이익만으로 비슷한 규모의 유전을 개발하려면 앞으로 10년은 더 있어야 하는 것이다.

질문 A사에게는 마침 두 번째 유전개발을 위해 봐둔 땅이 있다. 가능하면 빨리 두 번째 유전을 개발해 지금보다 원유 생산량을 늘리고 싶다. 첫 번째 유전과 생산성이 같다고 할 때 연 5%의 이자로 돈을 빌려 두 번째 유전을 개발한다면 예상 순이익이 얼마일까?

레버리지를 사용함으로써 순이익은 10억원에서 15억원(20만원×1만 배럴×2개-감가상각 20억원-이자비용 5억원)으로 1.5배 늘었다. 늘긴 늘었는데 영업이익*(40억원-20억원)처럼 순이익도 두 배가 되진 않았다.

그 이유는 레버리지를 사용하는 것에 대한 이자비용 5억원이 발생했기 때문이다. 하지만 영업이익의 증가량(20억원-10억원)이 이자비용(5억원)보다 훨씬 높았기 때문에 전체 순이익은 늘었다. 이 기업의 자본은 그대로 100억원이지만 순이익은 늘어난 것이다. 이로 인해 자본 대비 수익률은 15%로 늘어났다(순이익 15억원/자기자본 100억원×100).

* 영업이익이란 매출에서 매출원가와 판매관리비를 제한 것으로 271쪽에서 자세히 다룬다. 여기서는 매출총이익에서 감가상각비를 제한 값이다.

레버리지를 사용하면 매년 얻을 것으로 예상되는 영업이익은 증가한다. 부채를 사용할수록 자산의 덩치가 커지고 영업을 통해 얻을 것으로 예상되는 이익의 양은 늘어나는 것이다. 반면 레버리지 사용으로 인해 순이익의 증가폭은 감소한다. 전체 영업이익의 증가량은 10억원이었지만 순이익은 5억원만큼만 늘었다. 이자비용이 순이익을 감소시켰기 때문이다.

질문 A사가 추가로 100억원을 대출받아 세 번째 유전을 개발하려고 한다. 이때 적용되는 이자율은 이미 있는 100억원의 대출로 인해 연 7% 금리를 받을 수 있다. A사의 예상 순이익은 얼마일까?

먼저 영업이익은 10억원이 증가하지만 추가 대출에 대한 이자비용이 7억원 발생하고, 이로 인해 세 번째 유전개발로 인한 예상 순이익은 18억원이 된다.

유전 개수에 따른 순이익 변화

구분	유전 1개	유전 2개	유전 3개
배럴당 이익	20만원	20만원	20만원
매출총이익	20억원	40억원	60억원
감가상각비	10억원	20억원	30억원
영업이익	10억원	20억원	30억원
이자율	×	연 5%	연 7%
이자비용	×	5억원	12억원
순이익	10억원	15억원	18억원

5억원   3억원

순이익 증가폭 감소

연간순이익 15억원

유전 2개

연간순이익 18억원

유전 3개

부채를 많이 사용해 유전을 개발할수록 각 유전으로부터 얻을 수 있는 예상 순이익의 증가량은 줄어든다. 첫 번째 유전의 예상 순이익 증가량은 10억원, 두 번째 유전은 5억원 그리고 세 번째 유전은 3억원이다. 부채비용이 상승할수록 레버리지를 통한 사업 확장의 효율은 점점 떨어지는 것이다.

기업은 효율이 갈수록 떨어짐에도 항상 부채사용에 대한 유혹을 느낀다. 효율이 떨어지는 건 맞지만 어쨌든 이익은 늘어나기 때문이다. 영업이익은 이자비용의 영향을 받지 않기 때문에 부채를 사용할수록 늘어난다. 순이익도 이자비용이 유전의 예상 수익률의 10%보다 낮은 이상 늘어난다. 단순히 덩치를 키우는 것만으로도 기업이 벌어들일 것으로 예상되는 이익의 폭은 증가하는 것이다.

예상이 어긋날 경우 손실은 더 크다

기업은 부채를 사용하기만 하면 돈을 더 많이 벌 수 있을까? 절대 아니다. 지금까지 우리가 알아보았던 레버리지의 효과는 어디까지나 기업의 자체적인 예상치였다. 이러한 예상치가 실현되려면 최소한 개발된 유전에서 예상했던 10년간 1만 배럴 이상의 원유가 생산되어야 하고, 이 기간 동안 국제유가가 평균 50만원 이상으로 유지되어야 한다.

두 가지 가정 중 하나라도 어긋나게 될 경우 유전개발은 예상보다 적은 이익을 얻거나 아예 손실을 입게 될 수 있다. 더 큰 문제는 국제유가이다. 원유가 기대했던 것만큼 생산되더라도 국제유가가 떨어지면 손실을 입기 때문이다.

가령 국제유가가 25만원으로 떨어졌다면 이는 원유채굴 비용 30만원보다도 낮은 가격이다. 따라서 A사는 원유를 생산할수록 5만원의 손해를 보게 된다. 이러한 저유가가 1년 이상 지속되면 유전 하나당 한 해 5억원(1만 배럴×5만원)의 손실이 생긴다. 만약 유전 두 개를 개발 중이라면 이로 인해 10억원의 손실이 발생한다(5억원×2개). 여기에 감가상각과 이자비용으로 인한 손실이 더해지면 기업이 얻게 되는 최종적인 타격은 더욱 커진다.

부채는 자산과 함께 봐야 한다

레버리지는 사업이 성공했을 때 이익의 폭을 키워주지만, 실패했을 때는 마찬가지로 손실의 폭을 키워준다. 그래서 레버리지는 양날의 칼이다. 가장 긍정적인 전망에 근거해서 가장 많은 레버리지를 사용한 프로젝트일수록 실패했을 때 입는 손실은 커진다. 반대로 레버리지가 많은 투자가 성공했을 때는 그만큼 막대한 부를 거머쥘 수 있다.

우리가 이름을 들어봤을 정도로 유명한 창업자, 기업가들은 이런 미친 도박을 반복해왔던 사람들이다. 우리가 이름을 기억하는 것은 그들이 이러한 도박에 멋지게 성공했기 때문이다. 반면 비슷한 도박에서 실패했던 다수는 아무도 기억하지 못한다. 때문에 부채 자체보다도 그 부채로 어떠한 자산을 샀는지가 중요하다. 즉 부채는 자산과 함께 봐야만 제대로 이해할 수 있다.

자기자본이익률이 중요한 이유

부채로 어떤 자산을 샀는지 유심히 살펴보면 지금 기업이 단순히 덩치 키우기를 하고 있는지, 질적 성장에 집중하고 있는지 알 수 있다. 당연히 질적 성장을 꾀하는 기업이 좋은 기업이다. 확장에만 눈이 멀어 수익성이 낮은(질이 낮은) 자산을 높은 가격을 주고 구입하면 자산의 수익률은 떨어지고 주주의 부는 서서히 파괴되기 때문이다. 레버리지 사용에 따른 이자비용이 커지고 그로 인해 기업의 재무 위험도가 높아지는 것은 덤이다.

따라서 기업을 평가할 때 자기자본이익률(ROE)*이 중요하다. 자기자본이익률은 순이익을 자본으로 나누어 계산하는 것으로, 자기자본이익률이 높으면 경영진이 의미 없는 양적 성장을 지양하고, 주주의 부를 높일 수 있는 사업에 집중하고 있다는 의미이다.

• 자기자본이익률에 대해서는 343쪽에서 자세히 설명한다.

주주들이 맡긴 돈(자본)을 자신의 돈처럼 소중히 관리하는 것을 '청지기정신(Stewardship)'이라고 한다. 어떤 기업이 오랜 기간 동안 높은 자기자본이익률을 기록했다면, 그 기업의 경영진이 모범적인 청지기 정신을 발휘했다는 것을 뜻한다. 말이 아닌 실적으로 주주의 부를 실현시켜주는 기업, 적절한 자산에 적당한 레버리지를 사용할 줄 아는 기업을 고르는 것이 투자의 기본이다.

괴짜회계사의 한 줄 정리

부채로 산 자산에 따라 레버리지의 성패가 갈린다.

국제유가의 마이너스 사태

부채 사용의 예로 유전개발을 다룬 이유는 유전개발 산업이 레버리지를 가장 공격적으로 사용해왔기 때문이다. 2000년대 중반 이후 미국 셰일가스 기업들은 막대한 부채를 통해 신규 유전을 개발해왔다. 남발된 부채로 인해 순식간에 텍사스 서남부는 유전으로 뒤덮였다.

탐사기술과 채굴기술의 발전은 각 유전에서 생산되는 원유의 양을 어느 정도 보장해줬다. 여기에 2008년 이후로 지속된 저금리로 인해 레버리지 사용에 드는 이자비용도 낮아졌다. 미국 셰일기업들은 기술발전과 저금리를 무기로 몸집을 가파르게 늘렸다. 심지어 2016년 이후 국제유가가 급락해 다른 산유국들이 생산량을 줄이는 와중에도 미국 셰일기업들은 계속해서 석유를 퍼올렸다. 덕분에 미국은 러시아와 사우디아라비아를 제치고 세계 최대의 산유국이 됐다.

멈출 줄 모르는 셰일기업들의 발목을 잡은 것은 바로 국제유가이다. 일부 산유국들의 감산에도 불구하고, 미국 셰일기업들이 생산량을 늘렸기 때문에 국제유가는 계속해서 낮게 유지됐다. 결정적으로 2020년 초 코로나19 위기는 비행기, 공장, 자동차들을 멈춰 세웠다. 전 세계 원유 수요의 30%가량이 증발했다. 이로 인해 국제유가는 붕괴했고, 사상 최초로 5월 인도분 유가 선물*가격이 마이너스로 내려갔다. 어떻게 현물의 가격이 마이너스로 내려갔을까?

현물인 원유는 인화성 물질이기 때문에 전용 저장고에 보관해야 할 뿐더러 부피와 무게가 많이 나가기 때문에 옮기는 데도 많은 비용이 든다(인도 비용은 원유 선물가격에 더해져서 청구된다). 그런데 이미 전 세계 원유 저장소는 포화상태였기 때문에 누구도 원유를 인도하길 원치 않았다.

* 선물이란 원유나 농산품 같은 상품 또는 금융자산을 미리 결정된 가격으로, 미래 시점에 인수·인도하기로 약속하는 거래를 말한다.

원유 수요가 줄고 국제유가가 폭락하면 채굴을 멈추는 것이 이론적으로는 맞다. 문제는 유전이라는 특수성에 있다. 유전은 와인이나 위스키처럼 코르크 마개 같은 걸로 잠시 막아놓는 것이 불가능하다. 따라서 애써 개발한 유전을 아예 막든가, 아니면 당장의 손실을 감내하면서 국제유가가 다시 오를 때까지 버텨야 한다. 그동안 대부분의 셰일기업들은 후자를 선택해왔다. 사업 실패를 인정하고 생산성이 떨어진 유전을 정리하기보다, 당장 손실을 감수하더라도 국제유가가 회복될 때까지 버티기를 선택해온 것이다.

셰일기업들이 이번에도 버티기를 선택하면서 공급과잉 문제는 걷잡을 수 없이 커졌다. 각국 해안에는 갈 곳 없는 원유를 가득 실은 유조선이 정박하기 시작했다. 이에 따라 미리 선물을 샀던 측이 인도를 원치 않게 됐으며, 선물 만기일을 앞두고 현물 강제 청산에 들어가게 됐고, 그 결과 국제유가는 사상 처음으로 마이너스가 됐다.

마이너스 가격 자체는 기술적인 요소들이 만들어낸 일시적인 현상이다. 하지만 국제유가가 마이너스까지도 하락할 수 있다는 것을 보여준 일대의 사건이었다.

06 우리은행으로 보는 부채의 사용

앞서 부채는 자산과 함께 봐야 한다고 했다. 이제부터는 실제 기업의 예를 통해 부채의 사용과 자산의 구성에 대해 알아보자.

다음은 우리은행이 공시한 2020년 재무상태표 중 자산과 부채이다.

자본 대비 부채비율이 왜 높을까?

먼저 살펴볼 것은 자산총계이다. 우리은행의 자산총계는 무려 374조원(표의 ①)이나 된다. 우리은행은 이익규모나 시가총액 등에서 삼성전자보다 훨씬 작은 회사이지만, 자산총계만 보자면 삼성전자 못지않다. 우리은행이 이렇게 많은 자산을 보유할 수 있는 이유는 바로 부채 때문이다. 자산을 구입하는 데 들인 돈 대부분을 부채(351조원, 표의 ②)로 조달했다.

반면 앞서 살펴본 삼성전자의 부채는 고작 102조원밖에 되지 않았다. 즉 삼성전자의 자산은 빌린 돈으로 구입한 것이 아니라 자체적으로 벌어들인 이익을 재투자해 구입한 것이다. 두 기업의 재무구조는 이처럼 전혀 다르다.

참고로 우리은행은 메이저 은행 중에서도 자기자본비율이 다소 낮은 편이다. 그동안 지주사(우리금융지주)에 높은 배당을 지급해왔기 때문이다.* 다른 메이저 은행들은 이익의 대부분을 자본으로 쌓아둬서 자기

* 우리은행의 고배당 정책은 지분의 100%를 소유한 우리금융지주사의 의중이 반영된 것으로 보인다. 우리금융지주는 이 배당금을 적극적으로 활용해 다른 기업들을 공격적으로 인수합병 해왔다. 이는 우리금융지주가 최근 몇 년 간 빠르게 성장하는 데 기여했지만, 동시에 자회사인 우리은행의 자본을 다른 시중은행들에 비해 헐거워지게 했다. 이를 잘 인지하고 있는 우리은행 또한 2019년 하반기에만 여러 차례 신규자본을 확충하는 등 자기자본비율 개선에 적극적으로 나서고 있는 모습이다.

우리은행의 연결재무상태표

제187(당)기 : 2020년 12월 31일 현재
제186(전)기 : 2019년 12월 31일 현재

주식회사 우리은행과 그 종속기업 (단위:백만원)

과 목	제187(당)기		제186(전)기	
I. 자산				
1. 현금및현금성자산	9,366,442		6,162,029	
2. 당기손익-공정가치측정 금융자산	12,402,450	❺	6,672,557	
3. 기타포괄손익-공정가치측정 금융자산	29,952,641	❻	27,628,707	
4. 상각후원가측정 유가증권	17,020,839	❹	20,320,539	
5. 상각후원가측정대출채권및기타금융자산	300,374,775	❸	282,201,102	
6. 관계기업투자자산	748,770		786,730	
7. 투자부동산	584,144		617,589	
8. 유형자산	2,908,460		2,939,276	
9. 무형자산	482,268		552,030	
10. 매각예정자산	50,411		95	
11. 당기법인세자산	74,840		46,253	
12. 이연법인세자산	–		–	
13. 파생상품자산(위험회피목적)	174,820		111,764	
14. 기타자산	169,555		142,987	
자산총계		374,310,415 ❶		348,181,658
II. 부채				
1. 당기손익-공정가치측정 금융부채	6,529,072		2,956,294	
2. 예수부채	288,511,010	❼	263,643,964	
3. 차입부채	19,900,256		18,575,566	
4. 발행사채	21,866,767		22,834,408	
5. 충당부채	419,560		379,197	
6. 순확정급여부채	3,079		48,278	
7. 매각예정자산관련부채	–		–	
8. 당기법인세부채	317,679		135,490	
9. 이연법인세부채	185,211		179,529	
10. 파생상품부채(위험회피목적)	28		43	
11. 기타금융부채	12,883,990		16,595,398	
12. 기타부채	173,507		178,401	
부채총계		350,790,159 ❷		325,526,568
III. 자본				
1. 지배기업 소유주지분	23,422,853		22,555,074	
(1) 자본금	3,581,392		3,381,392	
(2) 신종자본증권	3,105,070		3,660,814	
(3) 자본잉여금	1,086,812		287,480	
(4) 기타자본	(2,212,278)		(2,120,597)	
(5) 이익잉여금	17,861,857		17,345,985	
(대손준비금 적립액)	(2,146,348)		(2,356,246)	
(대손준비금 환입(전입)필요액)	20,331		209,898	
(대손준비금 환입(전입)예정액)	20,331		209,898	
2. 비지배지분	97,403		100,016	
자본총계		23,520,256		22,655,090
부채와자본총계		374,310,415		348,181,658

← 대출채권 (5번 항목 가리킴)

자본비율이 높다. 반면 우리은행은 주주에게 높은 배당을 지급해 이익금을 주주에게 배당했기에 자본이 감소하고 자기자본비율도 낮아졌다.

돈 버는 방식에 따라 다른 자산 구성

우리은행의 자산 구성 또한 부채비율만큼이나 다르다. 우리은행의 자산에서 절대다수를 차지하는 것은 상각후원가측정대출채권및기타금융자산(300조원, 표의 ③)이다. '상각후원가 측정'이란 공정가치를 적용하지 않고 취득원가를 기준으로 가치평가를 한다는 뜻이다.* 여기서는 앞으로 상각후원가측정대출채권및기타금융자산이라는 항목은 그냥 '대출채권'이라고 하겠다.

우리은행의 전체자산 374조원 중에 무려 300조원은 대출채권에 투자되어 있다. 그 다음으로 비중이 높은 건 유가증권 17조원(표의 ④), 당기손익-공정가치측정금융자산 12조원(표의 ⑤), 기타포괄손익-공정가치측정금융자산 30조원(표의 ⑥)이다.** 즉 350조원이 넘는 금액이 금융자산(Financial Asset)에 투자되어 있다는 사실에 주목하자.

유형자산의 비중이 높은 제조업

삼성전자의 자산은 대부분 유형자산과 현금성 자산으로 구성되어 있다. 반면 우리은행의 자산구성은 이렇게까지 다를 수 있을까 싶을 정도로 금융자산에 치우쳐 있다. 왜 이러한 차이가 발생할까?

두 기업의 돈 버는 방식이 전혀 다르기 때문이다. 삼성전자는 유형자산을 활용해서 제품을 만드는 제조업 기업이고, 우리은행은 돈을 한쪽에서 빌려서 다른 한쪽으로 빌려주는 금융기관이기 때문이다.

금융자산의 비중이 높은 금융업

재무제표에 따르면 우리은행은 자산 대부분을 대출채권 등으로 빌려주고 있다. 이자수익은 은행에 가장 중요한 수입원인데, 우리은행은 2020

• 이와 대비되는 개념은 '공정가치 측정'이다. 47쪽을 참조하자.

•• 당기손익이란 해당 기간 동안 기업이 벌어들인 순이익을 말한다. 기타포괄손익이란 해당 기간 동안 기업에서 발생한 순자산의 변동 중, 당기손익을 제외한 나머지를 말한다. 금융자산평가손익과 해외사업환산손익처럼 자산의 가치변동에 따라 발생하는 손익이 기타포괄손익에 속한다.

년 한 해 동안 이자수익으로 무려 8.5조원을 벌어들였다. 이러한 이자수익의 규모는 그다음으로 규모가 컸던 수수료 수익(1조원)보다 약 8배가량 높은 수준이다. 은행은 이처럼 자산의 대부분이 대출채권에 집중되어 있는 만큼 이자수익은 은행 전체 수입에서 절대적인 비중을 차지한다.

그럼 은행의 돈은 어디서 나올까? 대부분 부채로부터 나온다. 그중에서도 가장 액수가 크고 중요한 것은 고객의 예금이다. 은행 입장에서 예금은 언젠가는 고객에게 돌려줘야 할 돈, 즉 부채로 예수부채(Deposit due to customer)라는 이름으로 장부에 기록된다. 우리은행의 전체 부채 351조원 중에서 예수부채는 289조원(표의 ⑦)을 차지한다.

이 예금에 대한 이자는 은행이 고객에게 지급하는 비용이며 지출항목 중 비중이 가장 크다. 우리은행은 2020년에 무려 3.3조원을 이자비용으로 지불했다.

은행은 부채로 돈을 번다

재무제표에 따르면, 우리은행은 예금 고객들로부터 돈을 받아다가(289조원), 이 돈의 대부분을 다시 대출고객에게 대출해준다(300조원). 대출고객들로부터 받는 이자는 이자수익(8.5조원)인 반면 예금고객에게 주는 이자는 이자비용(3.3조원)이다.

이자수익이 이자비용보다 두 배 이상 높기 때문에 결과적으로는 우리은행에는 이익이 남았다. 이를 '순이자이익(8.5조원-3.3조원=5.2조원)'이라고 한다. 고객으로부터 예금받은 돈인 예수부채와 고객에게 대출로 빌려준 돈인 대출채권에는 큰 차이가 없다. 하지만 은행에는 상당히 많은 순이자이익이 남았다. 왜 그럴까?

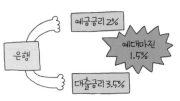

예금에 적용되는 금리와 대출에 적용되는 금리가 다르기 때문이다. 이를 예금금리와 대출금리의 마진 차이, 줄여서 **예대마진**이라고 한다. 은행은 예대마진을 통해 순이자이익을 남긴다.

가령 예금금리가 2%이고 대출금리는 3.5%일 때 예대마진은 1.5%이다. 어느 날 고객이 100만원을 연금리 2%에 예금했다면, 은행이 1년 동안 지급해야 될 이자비용은 2만원(100만원×2%)이다. 은행이 이 예금 100만원을 다시 대출고객에게 연금리 3.5%에 대출해줬다면 1년 동안 받는 대출이자 수익은 3만 5,000원(100만원×3.5%)이다. 즉 이자수익에서 이자비용을 제한 1만 5,000원이 은행에는 순이자이익으로 남는다.

혹시 은행이 이렇게 예대마진으로 돈을 버는 게 부당해보이는가? 제조업 회사는 열심히 뭔가를 생산해 돈을 버는데 은행은 가만히 앉아서 불로소득을 올리는 것처럼 보이는가?

실제로 여러 종교와 문화에서는 돈을 빌려줘서 이자수익을 버는 금융업을 금기시하거나 천시해왔다. 하지만 현대 들어서 금융업의 중요성은 계속 커지고 있다. 금융업은 남는 곳에 고여 있는 돈을 좀더 필요한 곳으로 옮겨주며, 이로 인해 경제에는 활력과 성장이 생겨난다. 은행과 같은 중개기관이 없다면 한쪽에서는 갈 곳 없는 현금이 남아돌고, 다른 한쪽에서는 현금을 구하지 못하는 개인과 기업들이 발을 동동 구를 것이다.

예금금리가 박하다지만, 은행 예금은 개인들이 '안전하게' 이자수익을 벌 수 있는 거의 유일한 방법이다. 또한 대출금리가 비싸다지만, 은행에서 돈을 빌리는 것은 사업을 시작하거나 집을 구입할 때 돈을 융통하지 못하는 최악의 상황보다는 낫다. 은행은 이처럼 남는 돈을 필요한 곳으로 순환시킴으로써 경제를 성장시키고 모두의 금융비용을 낮춰준다.

은행은 매우 큰 원금손실 리스크를 떠안는다

생각보다 은행을 운영하는 데는 많은 비용이 든다. 메이저 은행은 누구나 쉽게 방문할 수 있도록 전국에 지점을 두고 있다. 지점 임대료, 냉방비, 은행원 월급 등이 은행에게 전부 비용이다.

요즘 일반화된 인터넷뱅킹 인프라를 관리하는 데도 많은 돈이 든다. 갈수록 진화하는 해커들에 맞서 보안을 강화하고, 늘어난 트래픽과 거래를 처리하기 위해 전산관리에 비용을 투자해야 한다. 이러한 비용들이 모두 반영된 2020년도 우리은행의 일반 관리비는 무려 3.5조원이다. 적어도 은행이 가만 앉아서 막대한 돈을 벌고 있는 건 아니라는 소리다.

예대마진에 대한 정당성은 리스크의 관점으로 이해할 수도 있다. 예금자보호법으로 원금 중 일부가 보장된다(우리나라는 5,000만원). 게다가 그 금액이 넘어도 메이저 은행은 국가 차원에서 관리되기 때문에 예금자가 은행에 돈을 맡겼다가 떼일 확률은 매우 낮다.

미국 역시 2차 세계대전 이후로 은행에 예금을 맡겼다가 떼인 예금자는 없다. 2008년 글로벌 금융위기로 무수히 많은 은행이 망했지만 은행 예금자는 우선 구제됐다. 정부가 공적자금을 지원해서 은행을 살리거나 다른 은행과의 인수합병을 주선했던 것이다. 은행 예금자는 리스크를 거의 감수하지 않기 때문에 이에 비례해서 낮은 예금금리를 받아간다.

반면 은행은 많은 리스크를 감수하며 자산을 운용한다.

원금손실 리스크

돈 떼일 확률

은행이 예금자에게 이자를 주기 위해선 받은 예금을 다시 대출해줘야 하는데, 여기서 문제는 대출해준 돈은 언제든 떼일 수 있다는 것이다.

　돈을 빌려간 개인 혹은 기업이 돈을 갚지 않으면 은행은 회수하지 못한 대출금을 손실로 떠안아야 한다. 은행이 편안하게 이자수익을 가져가는 것 같아도 실제로는 원금손실 리스크를 관리하기 위해 끊임없이 노력한다. 은행은 리스크에 대한 보상으로 대출자에게 높은 금리를 청구하는 것이다.

절대 망해서는 안 되는 존재가 된 금융기관

사실 미국인들은 2008년 글로벌 금융위기가 월스트리트의 탐욕으로부터 비롯되었으니 금융권이 그에 상응하는 대가를 치르길 원했다. 하지만 AIG를 비롯한 금융기관은 미국 정부로부터 공적자금을 지원받아 파산위기를 넘겼다. 이미 이들이 미국 경제에서 너무나 중요한 기능을 맡고 있었기 때문이다.

은행들이 망하면 수많은 예금자와 보험 가입자들이 막대한 피해를 입을 것이 확실했다. 또한 연쇄파산으로 인해 금융 시스템 자체가 마비될 경우, 불황 지속 등 사회가 치르게 될 비용이 너무 컸기에 공적자금이 투입된 것이다. 대마불사의 논리가 결자해지의 논리를 이긴 것이다.

하지만 리먼브라더스, 베어스턴스를 비롯한 투자은행은 망하도록 사실상 방치했다. 예금자의 예금으로 운영되는 상업은행과 달리, 직접투자 및 투자 자문으로 돈을 버는 투자은행이 망했을 때의 영향은 제한적이기 때문이다.

현대에서 금융기관은 너무 중요해진 나머지, 절대 망해서는 안 되는 기관이 됐다. 즉 어느 정도는 정부의 지원 혹은 보증이 예상되는 사회적 기관이 됐다. 그럼에도 불구하고 금융기관들은 그들이 얻은 수익을 나누지는 않는다(물론 도드 프랭크법*을 비롯한 규제법안이 발의되어 이들이 준수해야 될 규제는 늘어났다).

금융기관은 사기업이다. 사기업이 이익을 추구하는 것 자체는 당연하다. 다만 그 이익을 만드는 과정에서 정부로부터 암묵적인 지원과 보장을 받고 있다면 이들이 추구하는 수익 수준이 적정한지, 그리고 성과를 어떻게 사회와 공유할지에 대한 논의가 필요해 보인다.

• 도드 프랭크법은 2009년 미국 상원 은행위원장과 하원 금융위원장의 이름을 따서 제정된 금융개혁법이다. 금융기관에 대한 광범위한 제재가 포함되었는데, 그중에서도 금융기관이 자기자본으로 파생상품 등의 고위험 자산에 투자하는 일을 금지시킨 것이 대표적이다.

부채의 3가지 위험 ①, ②
신용위험과 시장위험

07

사업보고서와 주석에는 기업의 영업에 대한 많은 정보들이 담겨 있다. 여기에는 기업이 직면하고 있는 여러 가지 위험과 이에 대한 관리 또한 포함되어 있다. 우리은행은 주석에서 다음과 같은 리스크를 언급하고 있다.

빌려준 돈을 받지 못할 신용위험

신용위험이란 은행 입장에서는 상대방이 대출금을 갚지 못할 경우 생기는 리스크이다. 즉 원금손실에 대한 리스크다. 은행은 담보물을 청산해 일부를 당장 회수하거나, 채무조정 등을 통해 원금을 채무자가 갚을 수 있을 정도로 탕감해준다. 어느 쪽이든 간에 은행은 빌려준 돈의 일부를 회수하지 못하게 된다.

다시 말해 은행 입장에서 신용위험은 가장 경계해야 할 위험이다. 은행이 대출이자로 벌어들일 수 있는 이익은 한 자릿수 금리로 고정되어 있는 반면, 돈을 빌려간 채무자가 파산할 경우 두 자릿수의 원금손실이 발생한다. 하나의 부실채권은 나머지 수십 개의 채권에서 벌어들인 수익을 앗아갈 수도 있는 것이다.

시장이 변해 자산가치가 떨어지는 시장위험

은행이 가지고 있는 또다른 리스크는 금리, 주가, 환율과 같은 시장요인의 변동에 따라 투자한 자산의 가치가 떨어질 위험이다. 이를 **시장위험**이라고 한다. 은행은 예금자로부터 빌린 돈 중 일부를 금융상품에도 투자하는데 금융상품의 가치는 시장요인에 의해 민감하게 변한다.

그 요인 중 금리 변동에 대해 알아보자. 고정금리 채권의 경우 만기 시까지 고정된 이율을 제공하지만, 시장에서 적용되는 금리는 채권이 발행된 이후에도 얼마든지 바뀔 수 있다.

사례　올해 K사가 30년 만기 채권을 5% 이율로 발행했고, 은행은 그 채권을 샀다. 그런데 앞으로 시중금리가 오를 것이라는 전망이 우세하다. 은행의 자산에는 어떤 영향이 있을까?

이 채권은 앞으로 30년간 매년 5%의 이자를 채권투자자인 은행에 지급할 것이다. 이때 적용된 이율 5%는 K사의 신용도와 시중금리 등이 반영된 것이다. 비슷한 신용도를 가진 기업들이 현재 30년 만기로 돈을 빌릴 때 일반적으로 통용되는 이자율이 5%라는 뜻이다.

문제는 금리가 변한다는 것이다. 20년 뒤 비슷한 신용도를 가진 기업이 10년 만기 채권을 발행할 때 10% 이자를 준다고 해보자. 이 경우 시중금리 10%보다 K사의 채권금리가 5% 낮다. 남들은 10%씩 이자를 주는데 K사 채권의 이자는 5%이니 이 채권의 가치는 상대적으로 낮아진다. 은행 입장에서는 상대적으로 가치가 내려간 채권에 계속해서 돈이 묶여있는 것이기 때문에 자산에 손실이 생긴다.

리스크와 수익은 비례한다

은행은 신용위험과 시장위험에 항상 노출되어 있고, 이 위험이 현실로 나타날 경우 보유한 자산(담보대출, 금융자산)의 가치가 하락한다. 자산이 계속 줄어들면 은행의 신용도에 큰 영향을 미친다. 은행이 운용하는 자산은 대부분 예금자로부터 빌린 돈인데, 부실채권 등으로 자산이 크게 줄어들면 지급불능 상태에 빠질 수도 있기 때문이다. 이로 인해 간혹 수많은 예금자가 은행으로 몰려가 일시에 많은 돈을 인출하는 일이 발생하는데 이를 **뱅크런**이라고 한다. 예대마진으로 먹고사는 은행은 이미 예금의 대부분을 대출해주고 있기에, 뱅크런이 발생하면 지급능력과 현금보유고는 빠르게 고갈된다.

그럼에도 은행은 항상 어느 정도의 리스크를 감수한다. 리스크와 수익은 비례하기 때문이다. 아무런 신용위험과 시장위험도 감수하지 않으려면 모든 자산을 현금으로 금고에 넣어두면 된다. 이는 가장 안전한 방법인 대신 아무런 수익도 내지 못한다. 예금자에게 줄 이자조차 벌 수 없다.

반대로 많은 리스크를 감수하면 많은 수익을 낼 수 있다. 아르헨티나 국채처럼 아무도 사지 않으려는 자산에 투자하면 두 자릿수의 수익률을 올릴 수 있을지도 모른다. 문제는 그만큼 돈을 잃을 확률 또한 크게 높아진다는 것이다.

결국 리스크는 세균처럼 박멸해야 할 존재가 아니라 적정수준으로 관리해야 하는 대상이다. 은행은 많은 부채를 바탕으로 운영되기 때문에 리스크를 적정수준으로 관리하는 것이 특히 중요하다.

은행의 신용위험과 시장위험은 매우 엄격하게 관리되고 있는데, 반쯤은 규제를 따르는 것이고 반쯤은 은행에서 자체적으로 관리하는 것이다. 전체 자산 중에 투자등급(BBB-) 이하 신용도인 자산의 비율을 낮추거나, 지점이나 고객별로 감수할 수 있는 리스크의 한도를 미리 정해놓는 등 은행의 리스크 관리사항 일부가 주석으로 공시되어 있으니 참고하자.

우리은행 연결재무상태표의 주석 일부

5) 신용위험 익스포저

가) 금융자산
당기말 및 전기말 현재 당기손익- 공정가치측정금융자산 및 파생상품자산(위험회피
목적)을 제외한 금융자산의 신용건전성은 다음과 같습니다.

(단위:백만원)

| 금융자산 | 제18기(당)기말 | | | | | | | | | | | |
| | Stage1 | | Stage2 | | Stage3 | 총 액 | 손실충당금 | 순 액 | 담보가치 | | | |
	적정신용 등급이상(*1)	제한적신용 등급이하K(*2)	적정신용 등급이상(*1)	제한적신용 등급이하K(*2)					Stage1	Stage2	Stage3	합 계
상각후원가측정대출채권 및기타금융자산	263,001,029	18,824,782	9,609,894	9,213,656	1,197,719	301,847,080	(1,472,305)	300,374,775	186,086,072	15,541,012	655,453	202,282,537
정부	9,653,295	1,061	52,279	-	-	9,706,635	(2,510)	9,704,125	19,280	-	-	19,280
은행	18,533,350	105,890	75,876	-	25,598	18,740,714	(15,334)	18,725,380	1,026,552	-	-	1,026,552
기업	88,752,134	13,595,849	1,526,178	3,674,412	748,136	108,296,709	(1,111,301)	107,185,408	61,837,551	3,854,348	376,484	66,068,383
일반기업	59,717,733	8,928,667	1,201,507	2,530,906	546,599	72,925,412	(835,537)	72,089,875	35,484,872	2,660,188	271,815	38,416,875
중소기업	24,530,914	4,479,993	324,671	1,076,691	178,388	30,590,657	(239,437)	30,351,220	24,662,588	1,194,160	104,669	25,961,417
프로젝트파이낸싱 등	4,503,487	187,189	-	66,815	23,149	4,780,640	(36,327)	4,744,313	1,690,091	-	-	1,690,091
소매	146,062,250	5,121,982	7,955,561	5,539,244	423,985	165,103,022	(343,160)	164,759,862	123,202,689	11,686,664	278,969	135,168,322
상각후원가측정유가증권	17,025,405	-	-	-	-	17,025,405	(4,566)	17,020,839	-	-	-	-
기타포괄손익-공정가치측정금융자산(*3)	28,789,281	158,860	-	-	-	28,948,141	(9,631)	28,948,141	-	-	-	-
합 계	308,815,715	18,983,642	9,609,894	9,213,656	1,197,719	347,820,626	(1,486,502)	346,343,755	186,086,072	15,541,012	655,453	202,282,537

(*1) 기업은 AAA~BBB, 소매는 1등급~6등급에 해당합니다.
(*2) 기업은 BBB-~C, 소매는 7등급~10등급에 해당합니다.
(*3) 기타포괄손익-공정가치측정금융자산의 손실충당금은 장부가액을 줄이지 아니하므로 총액표시하였습니다.

• 표의 왼쪽에는 투자 중인 금융자산의 종류가 들어간다. 시중은행들은 대부분 소매 (개인)대출의 비중이 가장 크고, 그다음으로 기업대출의 비중이 크다.
표의 위쪽은 금융자산을 신용위험에 따라 구분하고 있다.
신용위험이 낮은 자산을 Stage1, 부실자산을 정도에 따라 Stage2와 3으로 구분한다.
은행은 신용위험에 대비하여 손실충당금을 쌓아두고 있으며, 각 자산별 담보가치도 공개하고 있다.

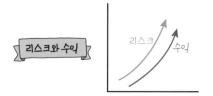

리스크와 수익

괴짜회계사의 한 줄 정리

리스크는 수익과 비례하기 때문에 항상 관리해야 한다.

08

부채의 3가지 위험 ③

유동성 위험

앞서 살펴본 신용위험과 시장위험은 투자한 돈을 까먹는 것에 대한 리스크였다. 하지만 자산의 가치가 떨어지지 않아도 빚을 갚지 못하는 경우가 있다. 바로 유동성이 부족해지는 경우이다.

투자자산 현금화에 걸리는 시간, 유동성

기업은 돈을 벌기 위해 다양한 종류의 자산에 투자하고 있다. **유동성**은 그렇게 투자한 자산을 현금화하는 데까지 걸리는 시간을 말한다. 또한 1년 내에 현금화가 가능한 자산들을 묶어서 유동자산이라고 한다.

재무상태표에서 자산과 부채는 유동성을 기준으로 배열되어 있다. 가장 유동적인 현금이 기록되고 그 뒤를 이어 단기금융상품, 매출채권 등이 나온다. 유동자산 다음에는 현금화까지 1년 이상 걸리는 비유동자산이 나온다. 비유동자산 중에서도 상대적으로 현금화가 쉬운 유형자산이 앞에 나오고 현금화가 어려운 무형자산이 나중에 나온다.

유동성을 기준으로 자산을 구분하고 나열하는 원칙은 부채에도 적용된다. 부채의 경우 만기를 기준으로 유동성을 측정한다. 재무상태표가 작성되는 시점에서 1년 내로 만기가 되는 부채를 **유동부채**라 하고, 1년 이상 만기가 남은 부채는 **비유동부채**라고 한다.

유동부채와 유동자산 비교, 유동성을 파악한다

기업의 유동성은 유동자산과 유동부채를 비교해 측정한다. 삼성전자가 1년 내로 갚아야 할 유동부채는 76조원이 넘는다. 하지만 아무도 삼성전자의 유동성을 걱정하지 않는 이유는 거의 세 배에 가까운 유동자산을 쌓아두고 있기 때문이다. 따라서 유동부채의 만기가 되어도 삼성전자가 빚을 못 갚을 일은 없다.

유동성을 파악하는 데 중요한 것은 유동부채와 유동자산 간의 비교이다. 유동성을 측정하는 가장 간편한 방법은 유동자산을 유동부채로 나누는 것인데 이를 **유동비율**이라고 한다. 이 유동비율이 높을수록 기업이 현금화할 수 있는 자산이 부채 대비 넉넉하다는 것을 뜻한다.

$$☆\ 유동비율(\%) = \frac{유동자산}{유동부채} \times 100$$

유동부채를 갚지 못할 위험, 유동성 위험

아무리 자산이 많고 수익을 내는 기업이라도 만기가 닥치는 부채를 갚지 못하면 망한다. 적절한 예인지 모르겠지만 게임 속에서 만렙을 찍고 아무리 좋은 장비를 맞췄어도, HP(Hit Point, 게임 캐릭터가 버틸 수 있는 능력수치)가 0이 되면 캐릭터는 죽는다. 기업의 HP에 해당하는 것이 바로 이 유동성이다. 예대마진으로 먹고사는 은행에게 유동성은 특히 골치 아픈 문제이다.

남아돌던 현금도 경기가 침체되면 가뭄에 논이 갈라지듯이 완전히

사라진다. 모두가 유동성을 신경쓰게 되면 아무도 다른 사람에게 돈을 빌려주지 않는다. 현금을 움켜쥐려고만 한다.

　같은 시기 예금자들은 은행에 맡겨둔 현금을 서둘러 인출해가고, 대출자들은 이자와 원금 갚는 것을 차일피일 미룬다. 은행 입장에서 유동부채인 예금의 만기는 짧아지고, 유동자산인 채권의 회수는 더뎌지는 것이다. 은행에게 유동성은 필요 없을 때는 남아돌고 정작 필요할 때는 사라지는 골칫덩어리인 셈이다.

　이런 유동성을 조정하는 것이 각국 중앙은행의 역할이다. 우리나라에는 한국은행, 미국에는 연방준비제도(연준, Fed)가 있다. 이들은 경기가 과열되어 현금이 지나치게 많이 유통될 때는 현금 공급량을 줄이고, 반대로 경기가 악화될 때는 발권력을 동원하여 현금을 공급한다. 하지만 중앙은행의 개입은 때로 너무 늦거나 혹은 부족한 경우가 있다. 따라서 각 은행은 자체적으로 유동성을 관리해야 한다.

　그런데 은행의 재무상태표에는 유동자산이나 유동부채에 대한 구분이 따로 없다. 대출과 예금이 만기일에 따라 유동자산이 되기도 하고, 유동부채가 되기도 하기 때문이다(혹은 비유동자산이 되거나 비유동부채가 될 수도 있다). 그렇다고 은행이 유동성 관리를 하지 않는다는 것은 아니다. 오히려 주석을 통해 부채의 만기일을 3개월 단위로 세분화해 공시해놓고 있다.

　다음은 우리은행이 주석에서 공시한 유동성 위험의 관리에 대한 내용이다. 다음의 공시에서 눈여겨볼 것은 **ALM**(Asset Liability Management, 자산부채종합관리)에 대한 언급이다. 은행은 자산과 부채를 대략적으로 유동자산과 유동부채로 나누어 개별적으로 관리하는 것이 아니라 자산과 부

(3) 유동성위험

유동성리스크관리란 자산·부채의 만기불일치 또는 예상치 않은 자금의 유출 등으로 발생할 수 있는 유동성 부족상태를 효과적으로 관리함으로써 자금부족으로 인해 금융기관이 입을 수 있는 손실을 예방하기 위한 위험관리를 말합니다. 재무제표상의 모든 자산 및 부채와 현금흐름이 발생할 수 있는 난외계정 등이 유동성리스크 관리의 대상이 됩니다.

1) 유동성위험의 관리

가) 바젤Ⅲ 규제 대응
표준 ALM시스템을 통하여 단기(유동성커버리지비율, 1개월 이내) 및 중장기(순안정자금조달비율, 1년 이상)로 나누어 유동성리스크를 관리하고 있습니다. 일별로 유동성커버리지비율(LCR) 및 분기별로 순안정자금조달비율(NSFR)를 산출하고 모니터링하고 있으며 바젤은행감독위원회(BCBS, Basel Committe on Banking Supervision) 공시기준에 따라 관련 정보를 제공하고 있습니다.

나) 만기별 조달 운용 현황 분석
자산 및 부채를 계정과목별로 특성에 맞게 ALM계정과목(COA; Chart of account) 단위로 그룹화하여 다양한 시간, 구간별(예: 잔존만기별, 계약기간별 등) 현금흐름 보고서를 통하여 갭비율을 파악한 후 당해 기 설정된 목표비율(한도) 이내로 유지하도록 함으로써 유동성리스크를 관리하고 있습니다. 또한 이탈가능성이 높은 특정 자금조달원에 대한 편중도 관리 목표비율을 설정하여 관리하고 있습니다. 아울러 일일 ALM 시스템을 통하여 사업그룹별 해당 만기분류 보고서 조회 기능을 제공하여 유관부서 (예: 재무기획부, 자금부, 각 사업그룹 등)에서 유동성리스크 관리 지표 및 현황을 파악할 수 있도록 하고 있습니다.

다) Contingency plan(위기관리대책) 수립 및 시행
급격하고 예기치 못한 시장상황변동에 따른 자금유출 및 조달위험에 효과적으로 대처하기 위하여 전행 Contingency plan(위기관리대책)을 수립하여 정기적으로 점검함으로써 유동성리스크와 관련된 다양한 점검 항목들을 일별 또는 주별로 모니터링하고 있습니다. 또한, 2012년 1월부터는 외화유동성 Contingency Plan을 별도로 운영함으로써 외화유동성 관련 모니터링을 더욱 강화하였습니다.

-Contingency plan 점검표 상 유동성 리스크 관련 점검항목
·원화/외화 자금과부족 규모
·유동성커버리지비율(월 평잔, 일 잔액)
·당좌대출 한도소진율
·거치식수신 잔액 감소율
·주체별/기간별 자금 편중도 비율
·원화/외화 조달 스프레드 등

2) 비파생금융부채의 만기분석

가) 당기말 및 전기말 현재 비파생금융부채의 잔존계약 만기에 따른 원금과 이자의 현금흐름은 다음과 같습니다.

(단위:백만원)

구 분	금융상품분류	3개월이내	4~6개월	7~9개월	10~12개월	1~5년	5년초과	합 계
제187(당)기말	당기손익-공정가치측정금융부채	64,183	3,735	991	-	-	-	68,909
	예수부채	190,405,551	33,851,699	24,910,324	30,520,751	8,929,176	1,793,143	290,410,644
	차입부채	9,538,815	2,522,809	1,712,897	1,865,217	3,939,324	463,376	20,042,438
	발행사채	1,996,575	2,147,939	2,785,291	2,097,571	11,748,493	2,080,105	22,857,974
	리스부채	49,411	41,089	38,371	31,831	186,348	34,780	381,830
	기타금융부채	7,272,322	45,547	193	384	47,523	2,124,557	9,490,526
	합 계	209,328,857	38,612,818	29,448,067	34,515,754	24,850,864	6,495,961	343,252,321
제186(전)기말	당기손익-공정가치측정금융부채	115,156	-	-	-	-	-	115,156
	예수부채	165,400,761	37,167,838	24,506,399	30,749,525	6,590,119	1,877,594	266,292,236
	차입부채	8,207,571	2,948,384	2,162,846	1,880,424	3,647,461	520,937	19,367,623
	발행사채	1,775,711	2,326,926	2,770,855	2,002,444	13,872,930	1,487,529	24,236,395
	리스부채	43,226	40,097	34,940	31,939	212,858	40,698	403,758
	기타금융부채	10,237,132	50,758	116,798	8,198	7,288	2,660,368	13,080,542
	합 계	185,779,557	42,534,003	29,591,838	34,672,530	24,330,656	6,587,126	323,495,710

• 옆은 주석에서 공시한 유동성 위험에 대한 내용이다. 유동성이 문제가 되는 것은 부채의 만기와 자산의 만기가 불일치할 때이다. 예금자(부채)들이 돈을 인출하려는데, 은행의 돈이 대부분 장기대출(자산)로 묶여 있으면 당장 지급할 현금이 부족해지기 때문이다. 따라서 유동성 공시에서 중점적으로 살펴볼 것은 다음과 같다.
① 곧 만기가 도래할 부채의 액수는 얼마인가?
② 이에 대비하여 은행이 쌓아둔 현금성 자산은 얼마인가?
③ 이를 통해 계산한 유동성비율은 타 은행에 비해 낮은가 혹은 높은가?

채를 종합적으로 관리한다. 가령 1년 뒤 만기가 닥치는 예금을 받았다면(부채) 이를 1년 뒤에 만기가 되는 대출(자산)을 해주는 데 사용하는 식이다.

물론 은행에는 무수히 많은 예금과 대출이 존재하며, 모든 예금에 대해 원금뿐만 아니라 다달이 이자 등도 지급해야 한다. 은행은 이러한 현금흐름을 모두 고려해 자산과 부채를 종합적으로 관리한다. 핵심은 항상 대출으로부터 회수하는 돈이 예금을 갚기에 충분한 상태로 유지하는 것이다. 다시 말해 부채는 독자적으로 존재하는 것이 아니다. 부채를 제대로 이해하기 위해서는 부채와 자산을 반드시 함께 살펴보아야 한다.

괴짜회계사의 한 줄 정리

기업은 자산·부채 종합관리를 통해 유동성 위험을 관리한다.

1997년 외환위기와 유동성

1997년 외환위기는 유동성 위기였다고 볼 수 있다. 당시 우리 기업들은 적극적으로 돈을 빌려 중국이나 동유럽에 차세대 생산기지를 짓는 일에 매진했다. 문제는 기업이 막대한 자금을 종합금융회사(종금사)라는 곳에서 빌렸다는 것이다. 종금사는 투자은행과 비슷하지만, 대출자금의 대부분을 일반 예금이 아니라 해외로부터 조달했다. 그것도 단기자금으로 말이다.

그러니까 종금사들은 일본인 은퇴자들이 잠깐 넣어둔 여윳돈을 빌려 국내 기업들의 해외공장 건설자금으로 대출해준 것이다. 회계적으로 보면, 유동부채(단기차입금)를 가지고 비유동자산을 잔뜩 취득한 셈이다. 이로 인해 자산과 부채의 만기불일치가 발생했다. 그것도 아주 끔찍한 방식으로.

1997년 동남아발 금융위기로 위기감이 고조되자, 자본이 일제히 전 세계 자본시장에서 철수하기 시작했다. 한국 종금사에도 단기자금의 상환을 요구했다. 이미 이 돈을 기업에 빌려준 종금사들은 당연히 갚을 능력이 없었다. 게다가 우리 기업도 갑자기 기존 대출의 만기연장이 안되고 추가 대출이 불가능해지자 고사상태에 빠진다. 또한 대부분의 자산이 해외 비유동자산에 묶여 있었기에, 절대 망하지 않을 것 같았던 대우 등 굴지의 대기업들이 유동성 위기를 견디지 못하고 차례로 파산했다.

이때는 외환보유고의 중요성을 모르던 때라, 우리나라의 외환보유고는 절망적일 정도로 낮았다. 외환채권을 갚으려면 달러가 필요한데, 갑작스런 유동성 위기로 인해 달러가 씨가 말랐다. 모두 달러를 구하지 못해 난리였다. 환율은 2,000원까지 폭등하고 결국 정부는 IMF에 구제금융을 요청한다. 1997년 외환위기는 여러 가지 관점으로 이해할 수 있지만, 회계적으로 보면 기업과 국가 단위에서 유동성 관리가 얼마나 중요한지를 잘 보여주는 사례이다.

기업의 근본이자 주인은 자본이다. 자본을 소유한다는 것은, 돈 벌어다주는 기계의 일부를 가지게 된 것과 같다. 자본의 세 가지 종류인 자본금, 주식초과발행금, 이익 잉여금을 알아본다. 자본금과 주식초과발행금은 주주로부터 '받은 돈', 이익잉여금은 주주로부터 '맡아둔 돈'이라 할 수 있다.

6

자본 자세히 알아보기

기업의 주인은 자본이다

01

이 세상에는 평생 동안 엄청난 자산을 모은 사람들이 존재한다. 전 세계 은행업계에서 일반적으로 정의하는 초고액 자산가의 기준은 대략 300 억원이다. 2018년 기준 초고액 자산가의 수는 전 세계적으로 약 20만 명 정도 된다.

자본은 생산수단을 소유하게 해준다

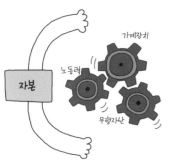

초고액 자산가들은 도대체 무슨 짓을 했기에 이렇게 많은 돈을 모을 수 있었을까? 이들 대다수는 자본가의 길을 걸었다. 이들은 노동력을 제공하고 정해진 월급을 받기보다 직접 자본을 투자해 생산수단의 소유권을 얻는 길을 택했다. 생산수단에는 직접 창업한 사업체뿐 아니라 유망한 기업 혹은 부동산에 대한 소유권도 포함된다. 월급쟁이와 달리 자본가가 성공했을 때 얻는 수익에는 그 한계가 없다.

기업이란 자산을 이용해 돈을 벌어다주는 기계이므로, 기업을 소유한다는 것은 돈 벌어다주는 기계의 일부를 소유하게 되었음을 의미한다.

이 기계(기업)는 내가 자고 있을 때나 쉬고 있을 때도 끊임없이 나를 위해 돌아간다. 그 안의 부속장치(노동력, 기계장치, 무형자산 등)는 계속해서 맞물려 돌아가면서 제품을 쏟아내고 이익을 만든다. 기업을 소유한다는 것은 게임에서 오토매크로를 돌려 이익을 얻는 것과 비슷하다.

여기에 부채를 사용하면 기업성장의 속도는 가속화된다. 단기간에 덩치를 키우고 레버리지 효과로 이익을 늘리는 것이 가능하다. 때문에 성장세에 있는 기업의 가치는 높다. 기업의 소유권을 나눠놓은 주식의 가격에는 현재 기업이 가진 자산의 가치뿐 아니라 미래에 생길 이익에 대한 기대치까지 반영되어 있기 때문이다.

인수합병 시 인수가격은 기업의 1년치 영업이익에 적정배수를 곱하는 식으로 구해지곤 한다. 인수가격을 사실상 결정짓는 적정배수는 산업 평균치에다가 기업에 따른 조정을 가하는 식으로 매긴다. 가령 제조업 기업의 평균 적정배수가 8배인데, 어떤 기업은 특별히 나은 점이 있다면 10배로 상향시키는 식이다. 기업이 소유한 자산이 가치 있을수록, 그리고 성장성이 뛰어날수록 이 배수는 증가하게 된다.

이처럼 몇 년치의 영업이익에 육박하는 가격이 매겨지는 이유는 생산수단의 소유권을 거래하는 것이기 때문이다. 가치 있는 생산수단을 얻게 되면 인수자금을 회수한 후로도 계속해서 돈을 벌 수 있다. 뿐만 아니라 이를 더욱 확장하거나 성장시키면 회수에 걸리는 시간을 단축할 수도 있다. 이는 장사가 잘되는 가게에 권리금이 더해지는 방식과 비슷하다.

자본은 모든 사업의 근본으로 리스크를 감수한다

자본은 아무것도 없는 무의 상태에서 기업을 만드는 데 들어간 돈이다. 자본이라는 말 자체가 모든 사업 혹은 장사의 근본이 되는 돈이라는 뜻이다. 기업의 모든 자산은 부채와 자본으로부터 나온다고 했지만, 아무런 자산이나 실적도 없는 기업에게 선뜻 돈을 내줄 은행은 없다. 부채조차 존재하지 않을 때 장사에 필요한 밑천을 대는 것이 바로 자본의 역할이다. 그래서 많은 사장님들이 오늘도 자신의 돈과 시간을 갈아넣어 사업체를 유지하려고 노력한다.

기업이 설립된다고 해도 수익을 낸다는 보장은 전혀 없다. 길거리에 치킨집, 옷가게 간판이 얼마나 자주 바뀌는지만 봐도 알 수 있다. 특히 사업 초기에 손익분기점을 넘기기는 매우 힘들다. 가장 성공적인 기업들조차도 설립 초기에는 사업 아이템을 개발하고 정식 출시하기까지 많은 시간과 돈이 소모되기에 돈을 전혀 벌지 못했다. 물론 이 시기에도 끊임없이 비용이 발생한다.

다시 말해 자본은 가장 많은 리스크를 감수하는 돈이다. '모든 것을 잃을 수 있다'는 리스크는 어느 정도 자리가 잡힌 뒤에도 끊임없이 기업을 위협한다. 부채 편에서도 알아봤듯이, 부채는 항상 자본보다 먼저 자기 몫을 챙겨간다. 자본이 갖는 것은 항상 부채를 갚고 난 나머지이다. 부채를 갚고 남는 것이 없다면 자본의 가치는 언제든 휴지조각이 될 수 있다. 실제로 망한 기업의 주식가치는 대부분 0원이 된다. 레버리지를 많이 사용할수록, 그리고 손실이 누적될수록 자본은 점점 더 많은 리스크를 감수해야 한다.

창업, 그 생산적인 도박에 대해

그럼에도 불구하고 누군가는 창업에 도전한다. 이를 멋지게 포장한 것이 창업가 정신(Entrepreneurship)이다. 경영학에서 창업가 정신은 누구보다도 앞서 사업기회를 포착하고 이를 실현하기 위해 자본과 시간을 투입하는 모험심을 말한다.

우리가 이름을 알고 있는 빌 게이츠나 마크 주커버그 같은 사람들은 그중에서도 가장 성공한 창업가이다. 이들은 놀라운 재능과 행운이 겹치고 겹쳐 천문학적인 성공을 거두었다. 그리고 우리가 이름을 알지 못하는 절대 다수는 모험에 실패하고 일반 직장인과 다름없는 고만고만한 삶을 살거나, 또는 사업 실패로 신용불량자가 됐다.

오늘도 미친 모험가들이 창업에 도전을 한다. 마치 잭팟을 터뜨리는 몇몇 때문에 카지노에 사람이 북적이는 것처럼 말이다. 차이가 있다면 카지노에서 대박이 터지면 돈을 딴 사람만 그 혜택을 보지만 새로운 창업자가 성공하면 그 창업자로 인해 사회에는 많은 혁신과 일자리가 생겨나게 된다. 창업은 사회적으로 봤을 때 생산적인 도박인 셈이다.

괴짜회계사의 한 줄 정리

자본은 가장 많은 리스크를 감수하는 대신 가장 높은 수익을 올리게 해준다.

02

자본은 받은 돈과
맡아둔 돈의 합이다

주주로부터 받은 돈으로 사업을 시작한다

자본계정은 그 구조가 자산이나 부채처럼 복잡하거나 세부계정이 많지 않다. 우리가 집중적으로 알아볼 것은 자본금, 주식발행초과금, 그리고 이익잉여금 딱 세 가지이다. 그중에서 먼저 자본금과 주식발행초과금을 묶어 한 덩어리로 살펴보고 이익잉여금은 따로 떼어서 살펴볼 예정이다.

간단하게 요약하자면 **자본금과 주식발행초과금**은 주주로부터 '받은 돈'이다. 기업은 주주로부터 받은 돈을 밑천 삼아 장사를 시작한다. 장사를 잘해서 이익이 발생하면 이건 당연히 기업의 주인인 주주의 몫이다. 그런데 기업은 이익 중의 대부분을 주주들에게 바로 돌려주지 않고 안에 쌓아두고 재투자한다. 이 돈이 바로 **이익잉여금**이다. 이 이익잉여금을 기업이 주주들로부터 '맡아둔 돈'이라고 하자. 즉 자본은 크게 받은 돈과 맡아둔 돈으로 구성되어 있다.

주주로부터 맡아둔 돈으로 재투자한다

삼성전자의 '받은 돈(자본금+주식발행초과금)'은 약 5.3조원이다. 반면 '맡아둔 돈(이익잉여금)'은 271조원이다. 삼성전자는 최초 받은 돈의 50배가 넘는 이익을 재투자에 쓰고 있는 것이다. 결국 지금의 자산을 이루는 것은 부채 혹은 주식을 발행해서 외부로부터 '받은 돈'이 아니라 스스로 벌어 '맡아둔 돈'이란 이야기다. 삼성전자는 그동안 벌었던 이익을 꾸준히 재투자해 규모를 서서히 늘렸으며, 우리나라 기업 중 가장 많은 이익잉여금을 쌓은 기업이다(2위는 현대자동차).

외국 기업들의 경우 벌어들인 이익 대부분을 배당 혹은 자사주 매입의 형태로 주주들에게 돌려주는 것을 선택한다. 하지만 삼성전자의 경우 이익의 대부분을 돌려주지 않고 자산을 구입하는 데 사용하고 있다. 그 방식은 다르지만 결과적으로 주주들이 얻는 효과는 비슷하다.*

• 기업이 벌어들인 이익이 어떻게 주주들에게 지급되는지에 대해서는 246쪽에서부터 자세히 다룬다.

주식이란 생산수단의 소유권을 잘게 나눈 것

'받은 돈'인 자본금과 주식발행초과금을 설명하려면 먼저 주식이 무엇인지 알아야 한다.

주식회사의 소유권은 주식(Stock)이라는 형태로 쪼개져 있다. 영어 Stock은 본래 나무그루 혹은 줄기(Trunk)를 뜻한다. 기업을 돈 버는 나무라고 했을 때, 나무가 자라는 것에 대한 권리를 주식이라고 한다. 삼성전자 주식에 투자한다는 것은 앞으로 벌어들일 이익에 대한 권리를 갖는다는 의미이다. 속된 말로 빨대를 꽂은 셈이다. 주식은 이자 같은 고정된 수익도 없고 원금조차 보장되지 않지만, 기업이 만든 이익의 모든 것을 나눈다.

주식회사 제도가 발달하기 이전에는 아주 소수의 개인만이 생산수단을 소유할 수 있었다. 생산수단의 소유권을 갖는 유일한 방법은 직접 창업을 하거나 가족 혹은 지인들과 동업하는 것뿐이었다. 이러한 생산수단의 소유구조를 바꾼 것이 바로 주식회사 제도이다. 주식회사 제도의 가장 큰 장점은 소유권을 매우 잘게 나눈 것이다. 예전에는 몇몇 창업자 가문 혹은 동업자(Partners)만 생산 수단의 소유권을 가질 수 있었지만, 주식회사 제도가 도입되면서부터는 누구든지 주식을 구입하기만 하면 소유권을 가질 수 있게 됐다.

소유권을 대중에게 개방해 더 많은 자본을 조달

기업은 소유권을 개방하는 대가로 일반 대중들로부터 막대한 자본을 모은다. 이제는 거대자본뿐 아니라 개인의 은퇴자금(국민연금, 퇴직연기금의 일부는 주식시장으로 흘러간다) 그리고 자투리 돈도 주식시장으로 흘러 들어온다.

현대의 기업은 불특정 다수의 자본이 모여 만들어진 조직이다. 이 조직의 구성원들은 서로의 얼굴도 모르지만 돈을 벌고 싶다는 목적의식은 공유한다. 그리고 기업은 주주들의 이익추구라는 의무에 충실히 복무한다.

이 글을 쓰는 시점의 삼성전자의 주가는 8만원이 조금 넘는다. 외식 한 번 할 정도의 돈만 내면 누구라도 삼성전자의 일부를 소유할 수 있다. 삼성전자의 주가가 이렇게 저렴한 이유는 소유권이 그만큼 잘게 나뉘어 있기 때문이다.

2018년도에 삼성전자는 50대 1로 액면분할을 했다. 기존의 주식 한 주를 새로운 주식 50주로 쪼갠 것이다. 삼성전자의 한 주는 250만원 정도에서 50개의 작은 조각으로 쪼개져 5만원(250만원/50)이 되었다. 이로 인해 삼성전자의 보통주 수는 늘어나서 1억 2천만 주가 됐다. 즉 누구나 삼성전자 주식을 살 수 있는 것은 맞지만 그 주식의 가치는 삼성전자 전체의 1억 2천만 분의 1이다.

여담이지만, 한 주만 갖고 있는 소액주주라도 주주로서 권리를 갖는다. 주주총회를 하면 똑같이 불러주고 나가서 의결권을 행사할 수 있다. 나 같은 경우 워런 버핏을 멀리서라도 직접 보고 싶다는 생각에 그가 소유한 버크셔 해서웨이 주식을 딱 한 주 보유 중이다.

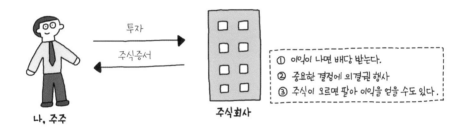

괴짜회계사의 한 줄 정리

자본은 받은 돈(자본금과 주식발행초과금)과 맡아둔 돈(이익잉여금)으로 이루어져 있다.

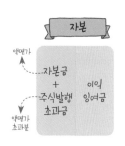

기업이 자금을 조달하는 방법
– 자본의 구성 ① 자본금과 주식발행초과금

03

기업이 주식을 새로 발행하면서 이를 인수한 주주로부터 대가를 받는 것을 **유상증자**라고 한다(반면 아무런 대가 없이 주식을 발행해주는 것을 '무상증자'라고 한다). 유상증자 시 기업이 주주로부터 받는 돈이 자본금과 주식초과발행금이다.

자본금은 액면가를 말한다

주주로부터 받은 돈을 자본금과 주식초과발행금으로 나누는 이유는 주식에는 일반적으로 액면가라는 것이 존재하기 때문이다. **액면가**는 실제 주식가치와는 무관한 말 그대로 주식의 액면상 가치를 말하는데, 주주로부터 받은 돈 중 액면가만큼은 **자본금**(Capital Stock)이라고 하고, 이를 초과해서 받은 돈은 **주식발행초과금**(Paid in Capital)이라고 해 각각 장부에 기록한다.

사례 삼성전자는 예전에는 액면가가 5,000원이었지만, 액면분할 이후로는 50분의 1로 줄어들면서 지금은 100원이 됐다. 이처럼 액면가는 정관 개정을 통해 임의로 설정하거나 바꿀 수 있다.

액면가를 초과한 돈은 주식발행초과금

액면가는 현재 삼성전자 주가인 8만원 정도보다 훨씬 낮다. 보통 기업은 액면가를 초과하는 가격으로 주식을 발행한다. 이때 액면가를 초과해서 받은 돈만큼은 주식발행초과금이 된다.

사례 삼성전자가 현재 가격(8만원)에 주식 한 주를 발행했다고 하자. 자본금과 주식발행초과금은 각각 얼마일까?

주식을 주는 대가로 주주로부터 받은 돈 중 처음 액면가(100원)만큼은 자본금이 되고, 액면가를 초과하는 나머지 7만 9,900원은 주식발행초과금이 된다. 결과적으로 삼성전자의 자본은 자본금(100원)과 주식초과발행금(7만 9,900원)을 합해 한 주당 총 8만원이 증가한다.

　액면가를 굳이 정해놓는 이유는 주식회사 제도의 역사와 관련이 있다. 주식회사 제도가 제대로 정착되지 않은 초창기에는 주식 발행을 이용한 금융사기가 매우 빈번했다. 당시 주식은 지금의 신종 암호화폐와 비슷한 면이 많았다. 주식 발행에 대해 별다른 제약이 없었고 기업에 대한 정보도 제대로 공개되지 않았다. 또한 호가창 같은 것이 존재하기는커녕 브로커에게 찾아가 주식 증서를 직접 사오는 식이다 보니, 사기꾼들이 아무 가치도 없는 기업의 주식을 싸게 마구 발행해 투자금을 유치했다.

　이에 정부는 무분별한 발행을 막기 위해 의무적으로 주식에 액면가를 표시하도록 했다. 지금은 주식시장이 과거와 비교할 수 없을 정도로 잘 작동해서 액면가에 대한 규정의 강제성도 사라졌다. 하지만 대다수의 기업은 아직도 관행에 따라 액면가를 정해놓고 있다. 대신 아주 낮게

정하고 있기 때문에(100원 혹은 몇 천원), 액면가는 실제 주식을 발행할 때 큰 영향을 미치지 못한다.

질문 삼성전자의 자본금과 주식발행초과금은 전년도에 비해 전혀 변하지 않았다. 왜 그럴까?

다른 자산이나 부채의 숫자는 하나도 빠짐없이 바뀌었지만, 자본금과 주식발행초과금에는 변화가 없다. 실은 이 숫자는 10년 넘게 그대로이다. 답은 간단하다. 삼성전자가 그동안 주식을 전혀 추가로 발행하지 않았기 때문이다.

대부분의 정상적인 기업들은 유상증자를 하는 데 아주 신중을 기한다. 삼성전자가 주식을 발행하지 않는 직접적인 이유는 새로운 자본이 그다지 필요하지 않기 때문이다. 자산항목에서 살펴보았다시피 삼성전자는 이미 196조원이나 되는 유동자산을 쌓아두고 있는데다 갚아야할 빚도 별로 없다. 이런 상황에서 새로 주식을 발행해도 그 돈을 딱히쓸 곳이 있어 보이지 않는다.

좀더 근본적인 이유는 유상증자는 최후의 자금조달 수단이기 때문이다. 주식은 기업의 소유권을 나눠놓은 것으로, 추가로 발행할 경우 소유권은 그만큼 희석되고 기존 주식의 가치는 내려가기 때문에 유상증자에 신중을 기하는 것이다.

유상증자하면 기존 주식의 가치는 희석된다

질문 D사의 기업가치가 80억원이고 매년 벌어들이는 순이익이 10억원, 발행한 주식이 총 1만 주일 때 주당 가치는 얼마일까?

한 주당 가치는 기업가치(80억원)를 주식발행수(1만 주)만큼 나누면 된다. 즉 80만원이 이 기업의 주당 가치이다. 또한 현재 D사는 매년 주주들에게 주당 10만원(순이익 10억원/1만 주)만큼의 이익을 일으키고 있는 중이다. 다시 말해 D사의 기업가치와 주당 가치는 8년치 순이익을 기준으로 매겨져 있다.

질문 만일 D사가 6,000주의 주식을 유상증자한다면 주당 가치는 얼마로 변할까?

총 발행 주식수가 1만 6,000주로 늘어나게 된다. 기존 한 주의 소유권이 1만 분의 1이었다면 추가 발행 후에는 1만 6,000분의 1로 더 잘게 쪼개지는 것이다. 기업의 가치는 그대로인데 소유권만 희석됐기 때문에 주당 가치는 줄어든다. 기업의 가치를 늘어난 주식 수로 나눈 한 주당 가치는 50만원(80억원/1만 6,000주)이다. 기존 주주 입장에서는 주당 30만원씩 손해를 보게 된 셈이다(80만원 → 50만원). 이처럼 유상증자는 주주의 부에 직접적인 영향을 미치기 때문에 상법에 따라 반드시 기존 주주들의 동의가 있어야만 한다.

유상증자는 최후의 자금조달 수단

주식 발행보다 저렴하고 일상적인 자금조달 방식은 부채를 발행하는 것이다. 이자와 원금만 갚고 남은 이익은 기업이 챙길 수 있기 때문이다. 그럼에도 기업이 유상증자를 선택할 때는 더 이상 부채로 돈을 조달하기가 힘든 경우이다.

기업이 가장 저렴하게 돈을 빌리는 방법은 단기차입의 형태로 빌리는 것이다. 그래도 부족한 돈은 회사채를 발행하거나 금융기관들로부터 대출(Syndicated Loan)을 받는다. 이미 부채가 많을수록 그리고 기업의 신용도가 낮을수록 이자율이 높아지고, 어느 순간부터는 돈을 빌리는 것 자체가 힘들어지게 된다.

이런 상황에서 기업에게 남은 자금조달 방법이 유상증자이다. 아무도 돈을 빌려주고 싶지 않은 기업이라도 소유권을 개방하면 이야기가 달라질 수 있다. 물론 이처럼 절박한 상태에서 발행한 주식은 제값을 받고 팔기가 어렵다. 아주 할인된 가격에 팔아야 되는데, 이에 따라 기존 주주들이 갖고 있던 주식의 가치 또한 파괴된다. 재무상태표의 우변에서 부채와 자본의 순서는 자금조달의 순서와 일치한다. 먼저 가장 저렴한 자금조달 방식인 단기차입금이 나오고, 그다음에는 사채, 마지막으로 가장 비싼 방식인 자본금이 나온다.

심각하게 부채에 허덕이는 상태가 아니어도 유상증자를 할 때가 있다. 기업이 빠르게 성장할 때이다. 고속성장기에 빠르게 늘어나는 자산 구입비용을 전적으로 부채에 의존하기에는 한계가 있다. 자본 대비 부채가 지나치게 늘어나면 재무구조에 큰 무리가 가기 때문이다. 이럴 때 차라리 유상증자를 해서 적정가격을 받고 새 투자자를 받아들이는 편이 기업가치 증가에 도움이 된다. 늘어난 자본금만큼 많은 부채를 빌려 기업을 더욱더 빠르게 성장시킬 수 있기 때문이다.

괴짜회계사의 한 줄 정리

주식 발행은 기존 주식의 가치를 희석시키기 때문에 가장 비싼 자금조달 방식이다.

04
유상증자는 가장 비싼
자금조달 방법이다

유상증자는 기업이 외부로부터 자금을 조달하는 수단 중 하나일 뿐이다. 다시 말해 주식 발행 자체는 가치중립적이다. 주식 발행의 성패는 그렇게 모은 돈이 어떻게 사용되는가에 달렸다.

스타트업으로 이해하는 유상증자

기업이 유상증자를 결정할 때는 크게 두 가지 경우가 있다. 빠르게 성장할 때 그 여세를 몰아가기 위해 자본을 모집하는 경우, 반대로 궁지에 몰렸을 때 살아남기 위한 경우이다. 이 선택지가 양극단에 존재하는데, 현실에서 기업은 보통 그 중간 어디쯤에 위치하고 있다.

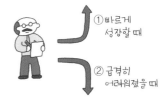

유상증자를 하는 경우
① 빠르게 성장할 때
② 급격히 어려워졌을 때

　스타트업은 그중 첫 번째 경우에 해당한다. 스타트업은 아이디어와 기술을 무기로 새로운 사업에 도전하는 기업이다. 가장 혁신적인 스타트업일수록 기존의 비효율성을 개선함으로써 거대한 새 시장을 만들어낸다. 예를 들어 4대 기술기업, 일명 FANG이라고 불리는 페이스북, 아마존, 넷플릭스, 구글은 각자 SNS, 이커머스, 온라인 스트리밍, 검색엔진이라는 새로운 플랫폼을 만들어냈다. 이 과정에서 이들 기업은 유례없는 성장을 거듭해왔다.

투자와 혁신의 또다른 이름은 돈이다. 사업 초기에는 일단 양적인 성장을 이루고 전체 시장의 파이를 키우는 것이 중요하기 때문에 비용관리까지 하는 것은 매우 힘들다. 기업의 손익전환이 이뤄지는 것은 규모의 경제를 통해 수익성을 갖추고 난 이후이다.

전환사채 줄테니 주식 줘!

앞으로 1주당 97,000달러 줘!

기업

전환사채

• 전환사채는 주식으로 바꿀 수 있는 회사채를 의미한다. 투자자는 만기까지 채권으로 보유해 이자와 원금을 회수하거나, 주식으로 전환해 차익을 실현하는 것이 모두 가능하다. 주식과 채권의 요소를 포함하는 하이브리드 자산인 셈이다.

문제는 스타트업에게는 내세울 실적이 없고 가치 있는 담보물도 거의 없다. 따라서 대부분의 스타트업은 손익분기점까지 발생하는 손실 대부분을 자본에 의존해 해결하는 수밖에 없다. 즉 부족한 자본은 유상증자를 통해 모집해야 한다(사채와 주식을 섞어놓은 전환사채*를 발행하는 것도 비슷한 맥락이다).

스타트업이 가진 것 중 가장 가치 있는 것은 바로 미래에 벌어들일 수익이다. 따라서 스타트업이 주식을 발행한다는 것은 미래 벌어들일 수익을 외부 투자자들과 나누겠다는 것이다. 유상증자는 스타트업의 미래와 투자자의 현재를 맞바꾸는 행위인 셈이다.

사례 샌프란시스코에 있는 세인트 프랜시스 고등학교는 2012년에 같은 동네에 있는 스타트업 회사에 1만 5,000달러를 투자했다. 자녀들이 그 회사가 만든 앱에 중독되는 것을 유심히 본 한 학부모가 이 회사에 투자할 것을 강권했기 때문이다. 이 회사의 이름은 2017년에 상장에 성공한 '스냅챗'이다. 스냅챗의 주가는 이 고등학교가 투자한 이후 무려 2,200배 이상 올랐다. 한 주에 불과 1달러 50센트 주고 샀던 주식이 5년 만에 3,400달러가 된 것이다.

이 사례는 스타트업에 대한 초기 투자가 성공하면 얼마나 말도 안 되는 막대한 액수의 돈을 벌 수 있는지 잘 보여준다.

소프트뱅크 손정의 회장은 이러한 초기 투자의 달인이다. 투자의 귀재라는 사람들은 일반적으로 매우 의심이 많고 조심스러운 성격을 갖고 있다. 손정의 씨는 그와 반대로 매우 창의적이고 낙천적인 사람으로 알려져 있다. 유명 투자자 중에는 아주 드문 성격유형이다. 긍정적인 성격 탓인지 그는 명성에 비해 의외로 투자 실패가 매우 잦다.

최근 공유오피스기업 위워크(WeWork)에 대한 투자 실패는 지나친 확신 탓이라는 것이 중론이다. 하지만 그는 누구보다도 먼저 기업의 잠재력을 발굴해내는 능력 또한 갖추었다. 그는 야후와 알리바바 초기 투자에 성공해서 지금과 같은 부와 명성을 쌓았다. 야구로 치면 타율은 낮지만 장타율은 높은 슬러거형 투자자인 셈이다.

전략적 유상증자는 윈윈할 수 있는 기회

또 한 가지 짚고 넘어가고 싶은 것은 이 고등학교가 돈을 번 과정이다. 아무리 좋은 회사의 주식을 싸게 샀더라도 수익을 실현하려면 제값을 받고 팔아야 한다. 그런데 비상장(Private) 기업의 주식은 이와 같은 수익 실현이 어렵다. 발행된 주식수가 적을 뿐 아니라 소유권 대부분이 소수의 창업자, 초기 투자자 그리고 직원들에 제한되어 있기 때문이다. 이처럼 소유권이 집중된 주식은 구매자를 찾기가 어렵고 거래량도 매우 적다.

그래서 성공한 스타트업은 IPO(Initial Public Offering: 기업공개)를 선택한다. IPO는 기업의 주식을 증권거래소에 상장시키면서 대량의 주식을 발행하는 것이다. 이 과정에서 소수에게 집중되어 있던 기업의 소유권은 좀더 잘게 나눠져 여러 사람에게로 옮겨간다. 이때 모집한 막대한 자본을 밑천 삼아 스타트업은 다음 단계로의 도약을 준비한다.

기업공개
(IPO)

작은 주식회사

기존 투자자 및 직원들 입장에서도 IPO는 큰 기회이다. 힘들게 일궈온 회사의 소유권이 희석되는 것은 아쉽지만, 반대로 기존에 보유하고 있던 주식을 제값에 팔 수 있는 기회를 얻는다. 스냅챗에 투자한 세인트 프랜시스 고등학교도 상장 직후 보유주식의 3분의 2를 처분했다. 잘 설계된 IPO와 같은 유상증자는 회사와 기존 주주들 모두 윈윈할 수 있는 좋은 기회이다.

직면한 위기만 모면하려는 유상증자는 독

기존 주주들 입장에서 좋지 않은 것은 이러한 전략적 의도가 결여된 유상증자이다. 가령 빚에 허덕이는 기업이 임박한 파산을 면하고자 새로운 주식을 순차적으로 찍어내는 것이다. 재무상태가 안 좋을 때 발행한 주식은 제값을 받고 팔기가 힘들기에 주가에 악재로 작용한다.

충분한 주식을 발행해서 재무구조 개선에 성공한다면 차라리 장기적으로 나을 수 있다. 당장은 주가 하락 등의 고통이 발생하지만 이를 통해 만성부채에서 벗어날 수 있다면 반전을 노려볼 수 있기 때문이다. 문제는 순차적으로 주식을 발행하는 경우이다. 전략적 의도가 결여된 상태에서 당장 직면한 위기만을 모면하고자 새로운 주식을 발행하는 것은 단지 망하는 시간을 지연시킬 뿐이다.

괴짜회계사의 한 줄 정리

유상증자는 기업의 자기자본을 늘려주지만 소유권을 희석시키는 양날의 검이다.

05 주주의 부를 늘리는 간접적인 방식
– 자본의 구성 ② 이익잉여금

돌려주지 않고 재투자하는 이익

자본에는 '맡아둔 돈'도 있다. 주주로부터 받은 돈(자본금과 주식발행초과금)을 밑천삼아 장사를 하다보면 이익이 발생하며, 이렇게 발생한 순이익은 당연히 기업의 주인인 주주 몫이다.

하지만 이익이 발생한다고 해서 이 돈이 주주에게 곧바로 전해지는 것은 아니다. 삼성전자가 갤럭시폰 한 대를 팔 때마다 자동으로 주주통장에 이익이 들어오는 것은 아니라는 말이다.

기업이 주주의 부를 늘려주는 방식에는 크게 두 가지가 있다. 주주에게 이익을 돌려주지 않는 것과 돌려주는 것이다.

사실 주주에게 이익을 돌려주지 않고 재투자해 계속 성장을 이어나가는 것도 부를 늘려주는 방법 중 하나이다. 빠르게 성장하는 기업의 주식이 매우 높은 가치평가를 받아 막대한 차익실현을 통해 큰돈을 버는 것처럼 말이다.

기업이 지금까지 발생시킨 순이익 중에서 주주에게 돌려주지 않고 맡아두고 있는 돈이 바로 **이익잉여금**이다. 이익잉여금이라고 하니 뭔가 어렵고 복잡한 것 같지만, 주주에게 돌려주지 않은 이익은 모두 해당

된다. 사장님이 계산대에서 찾아가지 않고 넣어둔 현금도 일종의 이익 잉여금이라고 볼 수 있다.

이익잉여금에 대한 오해

장사가 잘될수록, 정산이 늦어질수록 이익잉여금은 자연스럽게 늘어 난다. 기업은 이익잉여금을 재투자해 자산을 취득한다. 이익잉여금에 대한 대표적인 오해는, 욕심 많은 기업들이 경제가 어려운데도 혼자서 움켜쥐고 있는 돈이라는 생각이다. 왠지 이름에서 놀고 있는 돈이란 느 낌을 받는 것 같다. 하지만 이러한 오해와 달리, 대부분의 이익잉여금은 자산을 취득하거나 투자하는 데 사용한다. 이익잉여금이 부족한 기업은 부채 의존도가 높아지기 때문에 많은 돈을 선뜻 투자에 사용하기가 어 렵다.

삼성전자의 이익잉여금은 다 어디로 갔을까?

삼성전자의 재무상태표에서 가장 큰 특징은 막대한 이익잉여금이었다. 2020년 기준 무려 271조원에 달하는 이익잉여금을 쌓아두고 있다. 여기 서 자연스럽게 생기는 의문은 그 막대한 이익잉여금은 다 어디로 갔느 냐 하는 것이다.

정답은 자산에 있다. 자본의 한 요소인 이익잉여금이 쌓임에 따라 그 에 대응되는 자산도 함께 늘어난다. 그렇다고 해서 이렇게 모은 순이익 을 고스란히 현금 형태로 보유하고 있는 것은 아니다. 기업은 들어오는 현금을 끊임없이 재투자한다. 제품생산에 필요한 원료와 인력을 조달하 며 공장을 가동하고, 그래도 남는 돈이 있으면 단기금융상품으로 묶어두었다가 목돈으로 만들어 설비나 건물 같은 유형자산에 투자한다.

자산에서 살펴본 대로, 삼성전자는 막대한 유형자산(129조원), 무형자산(18조원) 그리고 단기금융상품(92조원) 등을 보유하고 있다. 이 자산들의 대부분은 주주로부터 맡아둔 돈, 즉 이익잉여금으로 마련한 것이다. 이익잉여금은 이처럼 삼성전자가 소유한 자산 전반에 골고루 녹아들어 있다.

만약 삼성전자가 성장하기 전에 이익의 대부분을 재투자하지 않고 주주에게 돌려줬다면 어떻게 됐을까? 아마 지금과 같은 규모의 성공을 이루지 못했거나, 아니면 성공을 이루기까지 훨씬 오랜 시간이 걸렸을 것이다.

실제로 삼성전자보다 먼저 세계를 제패했던 일본 기업들은 낮은 자기자본비율에 발목 잡혀(여기엔 부동산 버블기 당시 빌렸던 대출이 한몫했다) 경쟁에 뒤처졌다. 이익잉여금은 이처럼 기업이 경쟁력을 유지하는 데 중요한 역할을 한다.

괴짜회계사의 한 줄 정리

기업은 이익잉여금을 재투자해 순이익을 간접적으로 주주들에게 돌려준다.

06 주주의 부를 늘리는 직접적인 방식

앞에서 기업이 주주의 부를 늘려주는 방식에는 이익을 돌려주는 것과 돌려주지 않는 것이 있다고 했다. 그중 주주에게 이익을 돌려주는 방식이 바로 현금배당과 자사주 매입이다.

현금으로 지급하는 것, 현금배당

• 고배당 기업이란 벌어들인 이익의 많은 부분을 배당으로 지급하는 기업을 말한다. 일반적으로 ① 높은 현금 창출 능력을 갖추고 있고 ② 성숙기에 접어들어 많은 재투자를 필요로 하지 않는 기업들이 고배당 성향을 지닌다.

현금배당은 기업이 만든 순이익 중 일부를 직접 주주에게 현금으로 지급하는 것이다. 이는 이익을 주주에게 전달하는 가장 확실한 방법이다. 현금배당은 현금을 주주의 계좌로 넣어준다. 고배당 기업*의 주식은 짭짤한 배당수익이 더해지기 때문에 매력적인 투자자산이다. 확정된 이자를 받는 채권의 매력, 그리고 높은 시세차익을 노릴 수 있다는 점에서 주식의 매력을 동시에 지닌 셈이다.

**
배당성향
$= \dfrac{배당금액}{순이익} \times 100$

기업이 만든 전체 순이익 중에서 배당이 얼마나 되는지를 보여주는 것이 '배당성향'이다.** 가령 한 해 순이익이 100억원인데 배당으로 20억원을 줬다면 배당성향은 20%이다. 배당성향이 낮을수록 순이익 중 작은 금액을 주주들에게 돌려준다는 뜻이다.

2020년도 12월 기준으로 우리나라 전체 667개 상장사의 평균 배당성향은 27.3%였다. 다시말해, 100만원의 순이익이 생겼다면, 이 중 27만 3,000원을 주주에게 돌려줬다는 것이다. 이는 과거에 비해 크게 증가한 것으로 2019년 평균 배당성향은 17.8%밖에 되지 않았다.

한국 기업의 배당성향은 다른 나라와 비교했을 때 매우 낮은 수준이다. 코스피 200대 기업으로 좁혀 봐도 배당성향은 30% 남짓에 불과하다. 주식시장이 발달한 선진국은 물론 신흥국 상장기업들에 비교해봐도 특히 낮다. 우리나라 기업들은 왜 이렇게 배당성향이 낮은 걸까?

가장 근본적인 이유는 우리나라 기업들의 '받은 돈'이 적어서다. 삼성전자는 고작 5.3조원 남짓의 자본금과 주식발행초과금을 가지고 있다. 물가상승률을 고려해도 5.3조원 남짓한 돈으로 자산 378조원짜리 대기업이 만들어졌다는 것은 경이롭다. 기업을 시작할 때 받은 자본금이 적으니 벌어들이는 순이익의 대부분을 재투자했던 것이다. 이에 따라 삼성전자가 벌어들인 순이익의 대부분은 배당되지 않고 이익잉여금으로 쌓여 있다.

물론 같은 현상을 놓고도 전혀 다른 해석이 가능하다. 혹자는 산업적 기반이 전혀 없던 나라에서 단기간 동안 압축성장이 이뤄지다 보니 빚어진 현상이라고 한다. 혹자는 부족한 자본의 원인을 복잡한 지배구조에서 찾기도 한다. 재벌들이 순환출자 구조를 통해 문어발식으로 사업을 확장하다 보니 각 계열사의 자본금이 부족해졌다는 것이다. 아마 현실은 그 중간 어디쯤에 있지 않을까 한다.

기업이 직접 주가를 올리는 자사주 매입

기업이 주주들에게 이익을 돌려주는 또다른 방법은 바로 자사주를 매입하는 것이다. 기업이 나서서 자사 주식을 사면 시중의 주식수가 줄어들어 그 기업의 주가가 상승하며, 주가를 떠받치는 효과도 있다. 즉 자사주를 매입함으로써 주주들이 보유한 주식의 값어치가 올라간다.

질문 기업은 왜 직접 현금배당을 주지 않고, 자사주 매입으로 주가를 떠받치는 걸까?

여기에는 여러 가지 이유가 있을 수 있다. 먼저 주주 입장에서 현금배당을 받을 경우 금융소득이 발생해 세금을 내야 하지만, 자사주 매입은 직접적으로 돈을 받는 것이 아니기 때문에 세금문제에서 자유롭다. 기업 입장에서 보면 현금배당을 하다 보면 주주들이 배당에 익숙해져 실적이 안 좋을 때도 배당을 유지하기 위해 무리를 해야 할 수 있지만, 자사주 매입은 일회성 이벤트라는 것도 장점이다.

그러나 이러한 장점에도 불구하고 자사주 매입은 가성비와 효과를 따져 신중하게 이뤄져야 한다. 자사주 매입에 사용되는 돈은 기업이 주주들 몫으로 벌어들인 바로 그 이익이기 때문이다.

기업의 주가가 높은 상태에서 이뤄지는 자사주 매입은 장기적인 효과가 없다. 자사주 매입 시 지불한 높은 주가는 주식을 팔고 나가려는 단타쟁이들의 배만 불려줄 뿐이다. 이 과정에서 기업의 자산이 낭비되기 때문에 기존 주주들의 부는 파괴된다.

자사주 매입은 주가가 저평가 상태일 때 효과적이다. 주가 저평가 해소에 도움이 될 뿐만 아니라 발행 주식수를 줄이는 효과도 있다. 그러면 주당순이익은 증가하며 기존 주식의 가치는 향상된다.

다시 말해 자사주 매입은 댐의 방류와 비슷하다. 수량이 풍부할 때, 즉 주가가 고평가되어 있을 때 이뤄지는 방류는 그저 흘러갈 뿐이다. 그러나 가뭄(주가 저평가)일 때 이뤄지는 방류는 많은 이들을 이롭게 한다. 기업이 자사주 매입을 실시할 때는 그 목적과 주가 수준이 어떤지를 판단해야 한다.

배당과 자사주 매입을 적극적으로 하는 기업을 '주주 친화적인 기업'

이라고 한다. 주주 입장에서 기업이 이익을 쌓아만 두고 방치하는 것은 낭비이다. 적극적으로 재투자를 통해 이익을 계속 늘리거나, 아니면 배당이나 자사주 매입을 통해 주주들에게 이익을 돌려줘야 한다.

그러나 배당과 자사주 매입이 무조건 주주의 부를 키우는 것은 아니다. 대표적인 주주 친화 기업으로 꼽히는 IBM은 지난 10년간 1,400억 달러가 넘는 돈을 자사주 매입에 써왔다. 배당도 적극적으로 지급했다. 그러나 정작 IBM의 현재 시가총액은 1,000억 달러밖에 되지 않는다. 지금껏 주가 부양에 쓴 돈보다도 못한 가치평가를 받는 것이다. 반면 아마존은 지금껏 한 번도 배당을 준 적이 없지만 주가는 꾸준히 우상향하고 있다. 재투자를 통해 지속적으로 이익을 늘려왔기 때문이다.

기업의 존재 목적은 많은 이익을 벌어들이는 데 있다. 주주 친화적이냐, 자사주를 매입해주느냐는 어디까지나 부차적인 문제다. 투자자는 항상 기업의 경쟁력과 이익창출 능력에 집중해야 한다.

괴짜회계사의 한 줄 정리

기업은 현금 배당과 자사주 매입을 통해 순이익을 직접적으로 주주들에게 돌려준다.

손익계산서는 기업의 성적표와 같다. 한 해 동안 일을 얼마나 잘해서 얼마만큼의 이익을 냈는지 담겨 있다. 손익계산서의 각 계정을 이해하고 활용하면 세금, 이자, 판매관리비 등을 제하고 기업이 본연의 활동을 통해서 벌어들이는 이익의 규모도 알 수 있다. Top line인 매출에서 시작해 Bottom line인 순이익으로 끝나는 손익계산서에 대해 자세히 알아보자.

기업의 영업활동 성적표,
손익계산서

일 잘하는 사람보다 일 가져오는 사람이 먼저 승진하는 이유

어느 회사에 김 대리와 박 대리가 있다. 김 대리는 인품이 훌륭할 뿐 아니라 일도 잘한다. 하지만 박 대리의 평판은 영 개판인데 근태도 엉망이고 혼자서는 아무것도 할 줄 아는 게 없다. 그런데 신기하게도 영업실적은 좋다. 당신이 사장이라면 김 대리와 박 대리 중 누구를 먼저 승진시키겠는가? 탁월한 사장이라면 박 대리를 먼저 승진시킨다. 업종 그리고 기업에 따라 선택이 달라질 수도 있다. 하지만 영업을 잘한다는 것은 직장생활에서 다른 단점들을 상쇄시킬 정도로 대단한 능력이다.

영업을 잘한다는 것

나는 영업이 중요한 컨설팅 일을 하면서 이 점을 굉장히 고통스럽게 깨달았다. 가진 것이라곤 의욕과 열정밖에 없던 직장 초년병 시절, 회사에서 일 잘하고 아는 것이 많은 상사들을 존경해왔다.

그런데 정작 먼저 승진하는 것은 일 잘하는 상사가 아니라 일감을 잘 따오는 상사였다. 내가 따랐던 일 잘하는 상사들이 번번이 승진에서 누락되자 나는 그것이 내 일인 것처럼 화가 났다. 그런 나에게 직장상사는 이렇게 말했다.

"너랑 나처럼 실무하는 애들밖에 없으면 우리

회사 문 닫아야 된다. 만날 하는 일만 해서 신입사원은 어떻게 뽑고 직원들 연봉은 어떻게 올려주겠니. 모든 일은 어떻게 하든지 끝나. 정말 중요한 건 그 일을 누가 가져오는가 하는 거야."

구슬을 어떻게 꿸 것인가의 문제

앞서 재무상태표에서 살펴본 자산은 미래에 경제적 이익을 가져다줄 수 있는 자원이었다. 하지만 자산을 보유한다고 해서 저절로 수익이 나오는 것은 아니다. 구슬이 서 말이라도 꿰어야 보배다. 아무리 자산이 많아도 이를 제대로 활용하지 못한다면 이익을 낼 수 없다. 기업이 큰돈을 들여 새로운 공장을 지어도 이를 가동해서 생산량을 늘리지 못하면 쓸모가 없다. 또한 생산량이 늘어도 제품의 판로를 개척하지 못하면 매출로 이어지지 않는다.

다시 말해 좋은 제품을 만드는 것만큼이나 잘 파는 것도 중요하다. 최종적으로 매출을 발생시키는 것은 영업이기 때문이다. 제품의 생산부터 판매까지 아우르는 모든 과정을 '영업활동'이라고 한다. 기업은 이 영업활동을 통해서 이익을 창출한다.

손익계산서는 기업의 성적표

손익계산서는 기업이 작성기간 동안 발생시킨 모든 매출과 비용을 정리한 재무제표이다. 그 안에는 기업의 최신 영업활동에 관한 정보가 모두 담겨 있다. 올 한 해 동안 얼마만큼의 돈을 벌었는지, 그 과정에서 어떤 비용이 얼마만큼 발생했는지 기록되어 있다.

주가는 기업이 앞으로 벌어들일 이익에 대한 전망을 바탕으로 매겨지는데, 미래에 기업 실적이 어떻게 변할지는 아무도 알 수 없으며, 다만 예상할 뿐이다. 이러한 예상을 하는 데 가장 중요한 것은 최근 동안의 실적이다.

주식 초보들이 흔히 잘못 이해하는 것이 바로 이 지점이다. 가령 어떤 기업의 실제 매출이 예상치보다 약 10% 낮게 나왔다고 해보자. 그러면 주가도 한 10% 정도 빠지면 되는 거 아닐까? 그렇지 않다. 주가는 향후 몇 년 동안 기업이 벌어들일 예상이익을 바탕으로 매겨지기에, 가장 최근 분기 매출이 갑자기 예상치를 밑돌았다면, 미래 예상치를 10% 감소로 보지 말고 전면적으로 갈아엎어야 한다.

'매출이 왜 갑자기 줄어들었지? 혹시 제품이나 브랜드 인기가 다한 거 아니야? 다음 실적은 훨씬 더 나빠지는 거 아니야?' 이러한 의문을 가져야 한다. 이 과정에서 투자자들은 만족할 만한 답을 얻지 못하면 기업의 비즈니스 모델 자체에 대한 회의까지 한다. 앞으로 점점 더 나빠지지 않을까 하는 불안이 투자자들을 괴롭히는 것이다. 주가가 떨어지는 것은 어닝쇼크 자체가 아니라, 어닝쇼크[*]로 인해 촉발된 공포인 것이다.

• 어닝쇼크란 기업의 실적 발표가 시장 예상치를 크게 밑돌았을 때를 말한다.

어닝쇼크
이럴 수가?
내일 장 열리면
패닉 상황 되겠다.

투자자가 이처럼 실적에 민감하게 반응하는 것은 경영진들도 잘 아는 사실이다. 그래서 경영진들은 주어진 목표치, 예상치 달성에 엄청난 압박감을 느낄 수밖에 없다. 때문에 영업 잘하는 직원이 당연히 예뻐 보일 수밖에 없다. 영업을 통해 일감을 잘 따오면 실적을 달성할 가능성도 그만큼 높아지기 때문이다.

괴짜회계사의 한 줄 정리

손익계산서는 특정기간 동안에 기업이 벌어들인 실적을 담고 있다.

02 매출에서 시작해 순이익으로 끝난다

재무상태표는 현재의 재무상태를 '작성일'을 기준으로 정리해놓은 반면, 손익계산서는 '작성기간 동안' 벌어들인 매출과 비용을 모두 담고 있다. 통장으로 치면 재무상태표는 특정 일자를 기준으로 잔고를 조회한 것이고, 손익계산서는 기초잔고와 기말잔고 사이에 발생한 거래내역을 조회해놓은 것이다.*

• 예를 들면 다음과 같다.

재무상태표 ← 기초잔고(지난 달 말)

손익계산서 {
+ 수입(월급, 보너스 등)
− 각종 비용(카드값, 주택담보대출상환, 공과금 등)
}

재무상태표 ← = 기말잔고(이번 달 말)

특정기간 동안의 영업활동 내역

전기, 당기 재무상태표는 각각 기업의 기초잔고 및 기말잔고를 보여주는 반면, 손익계산서는 벌어들인 수입과 비용을 적어놓았다.

　손익계산서는 매출에서 시작해, 매출을 일으키는 데 들어간 비용을 하나씩 빼는 식으로 작성한다. 매출에서 모든 비용을 빼고 난 것이 **순이익**인데, 이는 손익계산서상 결론에 해당한다. 주주들이 가져가게 되는 몫은 이 순이익만큼 변하게 된다.

　시작점에 해당하는 매출과 결론에 해당하는 순이익 사이에서 여러 가지 비용을 차례대로 빼준다. 비용이 하나씩 빠질 때마다, 매출은 매출총이익, 영업이익, 법인세차감전순이익 등으로 점점 줄어든다. 가장 큰 수(매출)로부터 시작해서 가장 작은 수(순이익)로 끝나는 것이다.

발생주의 원칙으로 작성된다

손익계산서는 발생주의 원칙으로 작성한다. 이를테면 매출은 현금이 언제 들어오는지가 아니라 기업이 언제 거래에 대한 의무를 다했는지를 기준으로 기록한다. 비용 또한 언제 대금을 결제했는지가 아니라, 언제 비용에 대응되는 매출이 발생했는지를 기준으로 기록한다. 앞서 소개한 '수익 비용 대응의 원칙'에 따라서 말이다.

다음은 현대자동차가 공시한 2020년도 손익계산서다.

현대자동차 손익계산서

제53기 2020년 1월 1일부터 2020년 12월 31일까지
제52기 2019년 1월 1일부터 2019년 12월 31일까지

현대자동차주식회사와 그 종속기업 (단위 : 백만원)

과 목	주석	제53기		제52기	
I. 매출액	27,40		103,997,601 ❶		105,746,422
II. 매출원가	32		85,515,931		88,091,409
III. 매출총이익			18,481,670		17,655,013
IV. 판매비와관리비	28,32		16,086,999		14,049,508
V. 영업이익			2,394,671		3,605,505
1. 공동기업및관계기업투자손익	29	162,162		542,826	
2. 금융수익	30	813,916		827,120	
3. 금융비용	30	955,991		475,218	
4. 기타수익	31	1,308,642		1,120,958	
5. 기타비용	31,32	1,630,144		1,457,425	
VI. 법인세비용차감전순이익			2,093,256		4,163,766
1. 법인세비용	34	168,703		978,120	
VII. 연결당기순이익			1,924,553 ❷		3,185,646
1. 지배기업소유주지분		1,424,436		2,980,049	
2. 비지배지분		500,117		205,597	
VIII. 지배기업 소유주지분에 대한 주당이익	33				
1. 기본주당이익					
보통주 기본주당이익			5,454원		11,310원
1우선주 기본주당이익			5,502원		11,355원
2. 희석주당이익					
보통주 희석주당이익			5,454원		11,310원
1우선주 희석주당이익			5,502원		11,355원

가장 먼저 살펴볼 것은 날짜이다. 우리가 살펴볼 제53기 연간 손익계산서는 '2020년 1월 1일부터 2020년 12월 31일까지' 발생한 손익을 기록한 것이다. 앞서 살펴본 재무상태표는 특정일의 잔고를 포착한 것이기 때문에 '2020년 12월 31일 현재'라고 되어 있지만, 손익계산서는 기간 동안 발생한 거래를 모아둔 것이기에 '~부터 ~까지'라고 적는다.

가장 먼저 나오는 숫자는 매출액 104조원(표의 ①)이다. 이는 손익계산서에 나오는 가장 큰 수로 현대자동차가 1년 동안 벌어들인 매출액 전체를 말한다. 여기서 매출원가, 판매관리비, 법인세가 차례차례 비용으로 빠져나간다. 매출에서 모든 비용을 제하고 남는 것이 연결당기순이익인 1.9조원(표의 ②)이다. 그리고 재무상태표의 자본은 손익계산서의 이 순이익만큼 변하게 된다.

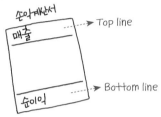

늘 적자였던 쿠팡이 조 단위의 가치평가를 받는 이유는?

매출은 특정기간 동안 재화(물건)나 용역(서비스)을 판매해 고객으로부터 받은 대가이다. 손익계산서 최상단에 위치하기 때문에 흔히 'Top Line'이라고 한다. 뒤에 나오는 모든 이익은 이 매출액에서 비용을 빼는 식으로 계산한다. 매출액 자체가 높아야 기업이 남길 수 있는 이익도 늘어난다. 따라서 매출액은 기업의 실적을 결정짓는 가장 중요한 숫자라고 할 수 있다.

현대자동차의 매출 내역을 자세히 살펴보자. 다음은 현대자동차가 주석으로 공시한 2020년 매출의 내역이다.*

먼저 재화의 판매로 인한 매출(표의 ①)의 비중이 압도적으로 높다. 이것은 현대자동차가 자동차 만드는 것을 주력으로 하는 제조회사이기 때

* 현대자동차 손익계산서의 매출액 항목을 보면 주석 번호가 있다. 27번 주석을 확인하면 다음과 같은 표를 볼 수 있다.

27. 매출

당기와 전기 중 매출의 내역은 다음과 같습니다.

(단위 : 백만원)

구분	당기	전기
재화의 판매	87,288,494 ❶	89,820,812
용역의 제공	2,329,450	2,659,058
로열티수익	188,293	96,935
금융업수익	10,920,622	10,529,505
건설계약수익	2,691,090	2,218,890
기타	579,652	421,222
계	103,997,601	105,746,422

문이다. 컨설팅회사라면 용역의 제공으로 인한 매출이 높을 것이고, 금융회사라면 금융업 수익이 높을 것이다. 이처럼 업종에 따라 매출의 구성이 달라진다.

비중은 작지만 현대자동차의 매출 중에는 용역이나 금융업 수익 등도 있다. 이것은 현대자동차가 현대카드, 현대캐피탈 등을 비롯한 다양한 계열사를 거느리고 있기 때문이다. 연결 손익계산서이기에 매출에 이처럼 현대자동차뿐 아니라 그 종속기업의 매출까지 모두 더한다.

매출은 모든 기업에게 중요하지만, 특히 성장하는 기업에게 중요한 의미를 갖는다. 빠르게 성장하는 기업은 성장을 유지하는 데 드는 비용을 공격적으로 사용하다 보니 실적관리가 잘되지 않는 경우가 많다.

종속기업 매출도 더한다
현대차
현대캐피탈…

사례 쿠팡은 아직까지 순이익 흑자를 기록해본 적이 없다. 그런데 시장에서는 조 단위의 가치평가를 받는다. 이유가 무엇일까?

쿠팡은 치열한 경쟁 속에서 시장점유율을 끌어올리기 위해 로켓배송과 최저가 판매에 막대한 비용을 쓰며 적자를 보고 있다. 그럼에도 주식시장에서 높은 평가를 받는 이유는 투자자들이 지금까지의 적자가 아닌 앞으로 벌어들일 이익에 집중했기 때문이다.

쿠팡에게는 이미 아마존이라는 좋은 선례가 있다. 아마존은 공격적인 물류투자 등으로 처음 20년 동안 적자를 기록했지만, 흑자 전환에 성공한 이후부터는 천문학적인 이익을 벌어들이면서 지금은 세계에서 가장 가치 있는 기업 중 하나가 되었다. 이커머스라는 플랫폼은 장악하기가 매우 어렵지만 한번 장악하고 난 이후부터는 안정적인 이익을 발생시킨다.

즉, 빠르게 성장하는 신생기업을 가치평가할 때 중요한 것이 Top Line, 즉 매출액이다. 매출액에는 얼마만큼 빠르게 성장하고 있는지, 시장점유율을 얼마나 끌어올리고 있는지와 같은 양적인 성장이 담겨 있다. 신생기업들도 성장성이 중요하다는 것을 잘 알고 있기 때문에 출혈경쟁을 감수하면서까지 매출을 늘리려고 한다. 막대한 홍보비를 집행하고 할인행사를 하고 무료배송 이벤트를 해주는 이유

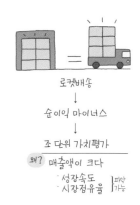

로켓배송
↓
순이익 마이너스
↓
조 단위 가치평가

왜? 매출액이 크다
· 성장속도   }파악
· 시장점유율 가능

가 여기에 있다. 이는 물론 기업 입장에서는 전부 비용이기 때문에 뒤이어 나오는 이익은 마이너스가 된다. 확실한 승자가 가려지기 전까지는 모두가 손해를 볼 수밖에 없는 구조인 것이다.

질문 우리나라에서 세 손가락 안에 드는 대기업인 현대자동차를 평가할 때는 매출이 중요할까, 순이익이 중요할까?

어느 정도 성숙기에 접어든 기업의 경우 매출 못지않게 비용이 중요

하다. 성장에는 한계가 있기 때문이다. 국산차를 구입할 사람들은 이미 현대자동차를 구입했거나 아니면 곧 구매할 계획을 가지고 있다. 수요가 어느 정도 고정적으로 존재하는 셈이다. 이런 상황에서 현대자동차가 두 자릿수 매출 성장을 거두기란 어렵다. 신차가 연이어 호평을 받고 자동차 제조사로서의 위상에 근본적인 변화가 생기지 않는 이상, 기존 시장에서 점유율을 끌어올리기는 매우 어려운 일이다.

• 다음 장부터는 매출 발생에 들어가는 여러 가지 비용들에 대해 자세히 알아볼 것이다. 여기서는 매출액의 중요성이 기업에 따라 달라질 수도 있다는 점을 기억하고 넘어가자.

그래서 대기업들이 그토록 원가절감에 집중하는 것이다. 매출성장에 뚜렷한 한계가 존재하기 때문에 조금이라도 비용을 절감하여 이익을 늘리려고 하는 것이다.•

괴짜회계사의 한 줄 정리

손익계산서는 특정기간 동안 기업이 올린 매출과 그에 대응되는 비용을 정리한 재무제표이다.

03

매출이 발생할 때 비용이 되는 매출원가

매출 다음에 등장하는 것은 매출원가이다. 매출원가는 우리가 손익계산서에서 확인하는 첫 비용이다. **매출원가**란 매출을 발생시키는 데 직접적으로 기여한 비용을 말한다.

매출내역에서 살펴본 대로 현대자동차는 주로 자동차를 팔아서 매출을 올리는 제조업 기업이다. 제조업 기업의 매출원가는 흔히 '제조원가'라고도 한다. 여기에는 원자재와 부품뿐 아니라 공장 노동자에게 지급된 인건비, 설비의 감가상각비, 운송비 등이 모두 포함된다.

제품을 만드는 데 들어간 모든 지출

사실 매출원가에 포함되는 비용은 낯설지 않다. 우리는 이미 재무상태표에서 재고자산이 무엇인지 알아보았기 때문이다. 제품을 만드는 데 들어간 모든 지출은 일단 재고자산으로 기록됐다가, 제품이 판매될 때 매출원가라는 비용으로 잡힌다.

안타깝지만 현대자동차는 매출원가를 아주 세부적으로 공개하고 있지는 않다. 매출원가는 기업의 가격 경쟁력과 연관된 민감한 사항이기 때문이다. 우리가 그랜저 한 대 만드는 데 들어가는 제조원가를 재무제표만 보고 알 수는 없지만, 대신 주석을 통해 다음과 같은 비용 내역은 알 수 있다.*

• 참고로 현대자동차의 사업보고서에는 차량별 평균 판매가격 및 주요 원재료들이 공시되어 있다. 이걸 확인해보면 세단 및 SUV의 평균 판매가격과 비용 등을 알 수 있다. 사업보고서에는 이처럼 유용한 정보들이 많이 담긴다. 주식투자자라면 관심 있는 기업의 사업보고서를 꼭 정독해보길 권한다.

현대자동차가 주석으로 공시한 비용 내역*

32. 비용의 성격별 분류

당기와 전기 중 비용의 성격별 분류 내역은 다음과 같습니다.

(단위 : 백만원)

구분	당기		전기
재고자산의 변동	(22,609)		(400,318)
원재료 및 상품 사용액	59,084,867		62,258,658
종업원급여	9,098,752	❷	9,396,921
감가상각비	2,749,513		2,545,183
무형자산상각비	1,435,860		1,286,689
기타	30,886,691		28,511,209
계(*)	103,233,074	❶	103,598,342

(*) 매출원가, 판매비와관리비 및 기타비용의 합계임.

• 256쪽 현대자동차 손익계산서의 매출원가 항목을 보면 주석 번호가 있다. 32번 주석을 확인하면 옆과 같은 표를 볼 수 있다.

회계를 더 능동적이고 재미있게 공부하는 방법은 주석에 나와 있는 내용과 재무제표의 내용을 비교해보는 것이다. 앞서 우리가 살펴본 현대자동차 손익계산서의 매출원가는 약 86조원인데, 주석에 공시된 총비용은 103조원(표의 ①)에 달한다. 왜 이런 차이가 발생할까?

매출 연관성에 따라 비용을 분류한다

주석에 공시된 총비용은 매출원가, 판매관리비 및 기타비용 등을 모두 합쳐놓은 것이다. 주석의 총비용 103조원 중 일부는 매출원가에 기록되고, 나머지는 뒤에서 살펴볼 판매관리비와 기타비용으로 잡힌다. 같은 성격의 비용이라도 매출과 직접적인 연관이 있는 비용은 매출원가, 그렇지 않은 것은 판매관리비나 기타비용으로 잡힌다.

질문 종업원 급여 9조원(표의 ②)은 현대자동차 직원 전체에게 지급한 급여이다. 현대자동차 종업원에는 생산직 근로자뿐 아니라 관리 및 경영지원을 하는 본사 사무직 직원들도 있다. 이 중 매출원가로 인정되는 급여는 누구에게 지급한 것일까?

생산직 근로자에게 지급한 급여는 매출원가로 잡힌다. 반면 사무직 직원에게 지급한 급여는 보통 판매관리비로 분류한다. 꼭 필요한 비용이긴 하지만 제품생산에 직접적으로 기여하지는 않기 때문이다. 이처럼 같은 급여라도 매출과의 연관도에 따라서 매출원가가 될 수도 있고, 판매관리비가 될 수도 있는 것이다.

　감가상각비 또한 마찬가지이다. 유형자산에는 제품을 직접적으로 생산하는 기계장치도 있지만 생산과는 연관이 별로 없는 본사건물도 있다(현대자동차는 2014년 강남구 삼성동 한전 부지를 10조원이나 주고 매입했다). 생산과 직접 관련된 기계장치의 감가상각비는 매출원가로 잡히고, 본사건물 등의 감가상각비는 판매관리비에 포함된다.

　매출원가는 매출이 발생할 때 같이 비용으로 잡힌다. 따라서 자동차를 만드는 데 직접적으로 들어간 모든 지출, 즉 원재료 및 부품 구입비, 생산직 근로자에게 준 임금˚과 기계장치에서 발생한 감가상각비는 재고자산이 되고, 매출이 발생할 때 매출원가로 비용처리를 한다.

˚ 직원 월급이 자산이라니, 이는 회계를 안 배운 사람이 들으면 매우 이상한 말이지만, 지금까지 잘 따라왔다면 수긍할 수 있을 것이다.

괴짜회계사의 한 줄 정리

매출이 발생할 때 그에 대응하는 직접적인 비용이 매출원가로 잡힌다.

매출에서 매출원가를 뺀 매출총이익

04

매출과 매출원가는 직접적으로 연결되어 있다. 따라서 둘을 묶어서 같이 보는 것이 좋다. 매출에서 매출원가를 뺀 것을 **매출총이익**이라고 한다. 손익계산서에서는 매출에서 비용을 제할 때마다 이익을 계산하는데, 매출총이익은 그중에서도 가장 먼저 계산하는 이익이다. 매출총이익은 특히 제조업 기업에게 중요한 의미를 갖는다.

제조업에 의미 있는 매출총이익

제조업 기업이 돈을 버는 가장 기본적인 방식은 제품을 잘 만들어서 원가보다 높은 가격에 파는 것이다. 그런데 매출총이익을 늘리기 위해서는 원가 대비 높은 가격에 제품을 판매할 수 있어야 한다. 어떤 제조업 기업의 매출총이익이 높다는 것은 그만큼 제품이나 브랜드의 경쟁력이 있다는 의미이다. 따라서 매출총이익은 제조업 기업의 수익성을 평가하는 데 핵심적인 항목이다.

현대자동차의 2020년도 매출액은 104조원인데 반해, 매출을 만들기 위해 들어간 매출원가는 약 86조원이고, 이로 인해 발생한 매출총이익은 18조원이다. 이는 엄청나게 큰 금액인 것은 맞지만, 얼마만큼 큰 숫자인지는 사실 감을 잡기가 어렵다. 그래서 많은 투자자들이 매출총이익률을 따져본다.

전체 매출에서 매출총이익의 비율을 **매출총이익률**이라고 한다. 현대자동차의 매출총이익(18조원)을 전체 매출(104조원)로 나눈 매출총이익률은 약 17%이다. 현대자동차가 100만원의 매출을 기록한다고 가정하면 제조원가를 제하고 약 17만원만큼이 이익으로 남는 것이다.

$$✦ \ 매출총이익률 = \frac{매출총이익}{전체\ 매출} \times 100$$

숫자를 좀더 그럴 듯하게 만들어보자. 현대자동차가 2020년 사업보고서에서 공시한 국내 승용차의 평균가격은 약 4,200만원인데, 매출총이익률 17%를 곱할 경우 714만원이 나온다. 현대자동차가 국내에서 차 한 대를 팔면 4,200만원의 매출과 714만원의 이익이 떨어지는 것이다. 여기에 국내 자동차 예상 판매량을 곱하면 현대자동차의 국내 매출총이익을 예상해볼 수 있다. 물론 단순히 평균가격에 매출총이익률을 곱하지 않고 차종과 시장(국내, 미국, 인도에서의 인기차종과 원가구조가 전부 다르다)에 따른 보정을 가하면 더 정교한 실적 예측을 해볼 수도 있을 것이다.

$$✦ \ 매출총이익 = (한\ 개당\ 평균가격 \times 매출총이익률) \times 예상\ 판매량$$

이처럼 손익계산서에 주어진 숫자들은 기업의 미래를 예측하는 데 사용할 수 있는 좋은 재료들이다. 같은 재료라도 주방장의 솜씨에 따라 음식의 맛은 전혀 달라지듯, 똑같은 재무제표를 놓고서도 뛰어난 투자자는 그 속에 담긴 함의를 꿰뚫어 볼 수 있다.*

• 독자 여러분도 A에서 B를 빼면 C가 되고, C에서 D를 빼면 E가 된다는 식으로 기계적으로 암기하기보다 각각이 무엇을 의미하는지, 이를 어떻게 응용할 것인지에 대해 생각해보길 권한다. 생각보다 회계는 지루한 암기과목이 아니라 실전이 중요한 종합격투기 같은 종목이다.

게임회사 등은 매출원가 대신 영업이익 공시

비제조업 기업의 경우 매출원가가 상대적으로 덜 중요하다. 가령 엔씨소프트를 비롯한 게임회사의 손익계산서는 매출과 매출원가를 따로 공시하지 않고 영업이익을 공시한다. 이는 게임회사가 돈 버는 방식이 제조업 기업과는 완전히 다르기 때문이다.

100개 파나 1,000개 파나 추가비용 없다

게임 아이템 다이아몬드

게임회사의 매출에는 원가라는 것이 존재하지 않는다. 다시 말해 리니지M에서 판매하는 게임 아이템에는 원가라는 것이 존재하지 않는다. 리니지M에서 다이아 100개를 파나, 1,000개를 파나 엔씨소프트가 추가로 내야 하는 비용은 없다. 물론 리니지M을 개발하고 운영하고 유통하는 데는 앱스토어 수수료 등 비용이 들어가지만, 이러한 비용들은 리니지M이라는 게임을 운영하기 위한 전체적인 비용이지, 게임 아이템 하나를 판매하기 위해 직접적으로 드는 비용은 아니다.

따라서 게임회사를 비롯한 소프트웨어 회사, 이동통신사들은 매출원가 대신 영업이익을 공시한다. 기업의 영업환경에 따라 손익계산서의 생김새는 조금씩 달라질 수 있는 것이다.

괴짜회계사의 한 줄 정리

매출총이익은 제조원가가 존재하는 제조업 기업에 중요한 의미를 갖는다.

05

모든 영업활동에 대한 비용, 판관비

매출원가 다음으로 등장하는 비용은 '판매비와 관리비'이다. **판매비**는 제품 판매를 촉진하기 위해 기업이 쓰는 비용으로 흔히 생각하는 마케팅비를 떠올리면 된다. **관리비**는 기업의 관리와 유지에 사용하는 비용으로 인사팀, 총무팀, 회계팀 등의 경영지원 업무에 필요한 비용을 떠올리면 된다. 이 두 비용은 실무에서는 구분하기가 어렵기 때문에 묶어서 흔히 **판관비**라고 한다.

판매비는 업종과 규모에 따라 달라진다

일반적인 제조업 기업에게 판관비는 매출원가 다음으로 규모가 큰 비용이다. 조직이 커질수록 본사 차원에서 인력과 자원을 효율적으로 관리하고 일이 원활하게 돌아가도록 지원하는 것이 중요해지기 때문이다.

판매비는 업종과 규모에 따라 크게 달라질 수 있다. 직접 소비자를 상대로 영업을 하기에 브랜드 인지도가 중요한 화장품회사, 패션회사 등, 즉 B2C 기업은 일반적으로 마케팅 관련 지출이 큰 편이다. 브랜드 인지도를 높이는 마케팅이 직접적으로 매출과 관련되기 때문이다. 그래서 아모레퍼시픽 같은 화장품회사들은 매출원가보다 두 배 이상 높은 액수를 판매비로 쓴다.

브랜드 인지도 높이는

립스틱

마케팅이 중요해

다음은 현대자동차가 주석으로 공시한 '판매비와 관리비'의 내역
이다.

현대자동차가 주석으로 공시한 판관비*

• 256쪽 현대자동차 손익계산서의 '판매비와 관리비' 항목을 보면 주석 번호가 있다. 그중 28번 주석을 확인하면 옆과 같은 표를 볼 수 있다.

28. 판매비와관리비

당기와 전기 중 판매비와관리비의 내역은 다음과 같습니다.

(단위 : 백만원)

구분	당기		전기
판매비:			
수출비	59,617		77,962
해외시장개척비	352,869		382,220
광고선전비 및 판매활동촉진비	2,241,458	❶	2,551,347
판매수수료	971,086		801,798
판매보증비용	4,813,729	❷	2,609,744
운반보관비	109,251		122,997
소계	8,548,010		6,546,068
관리비:			
급여	2,688,556		2,713,209
퇴직급여	183,312		183,357
복리후생비	464,627		428,622
지급수수료	1,415,025		1,388,469
연구비	1,337,872		1,289,715
기타	1,449,597		1,500,068
소계	7,538,989		7,503,440
계	16,086,999		14,049,508

각종 마케팅에 쓰는 광고선전비

판매비에서 가장 많은 비중을 차지하는 비용은 **광고선전비**(표의 ①)와 판
매보증비용(표의 ②)이다. 현대자동차가 신차를 출시할 때 이를 모르는
국민도 있을까? 그만큼 현대자동차는 지하철 광고판, 신문, TV, 웹사이

트 등을 통해 많은 광고를 하며 그 비용은 고스란히
광고선전비로 손익계산서에 기록된다.

광고선전비

나는 모 게임회사에 오랫동안 투자했다. 이 회사
는 유저를 끌어모아야 하는 게임회사의 특성상 신
작 게임이 나올 때마다 상당히 공격적으로 마케팅을 했다. 유명
배우를 모델로 TV광고를 하고 지스타 같은 게임박람회에도 참
가하는 등 막대한 비용을 썼는데, 이러한 광고비에 비해 정작 게임
을 개발하거나 안정적으로 운영하는 능력은 떨어졌다. 그렇다 보니 매
출 대비 비용 관리가 제대로 되지 않아 실적이 엄청나게 떨어지는 어닝
쇼크를 몇 번 경험한 뒤로는 투자 시 판매비를 꼼꼼히 살피는 습관이 들
었다.•

• 주식에 돈을 걸면
투자하는 회사의 일
이 정말로 내 일이 된
다. 단순히 감정이입
을 하는 수준을 넘어
살이 빠질 정도로 마
음고생을 하게 된다.
투자손실과 직결되기
때문이다. 그래서 경
제나 회계를 배우는
가장 좋은, 어쩌면 가
장 비싼 방법은 직접
투자를 해보는 것이
아닐까 싶다.

보증기간 동안 A/S하는 데 드는 판매보증비용

판매보증비용이란 현대자동차가 성능이상이나 고장에 대해 보증하는 데
드는 비용을 말한다. 자동차는 한두 푼 하는 물건이 아니다. 자동차회사
들은 고장 때문에 구입을 망설이는 구매자를 설득하고자 보증기간 동안
발생한 기계적 결함을 수리나 교체해주겠다고 보증한다. 현대자동차 입
장에서는 판매보증을 하는 데 많은 돈이 들어간다. 그럼에도 벌어들일
수 있는 매출이 판매보증비용보다 높다고 판단하기 때문에 보증을 해주
는 것이다.

판매보증기간과 조건은 시장에 따라서 크게 달라
진다. 현대자동차가 북미 자동차 시장을 성공적으로
공략할 수 있었던 데에는 판매보증이 큰 몫을 했다.
수천만원 하는 자동차를 선택할 때 소비자는 상당히
보수적인 기준으로 접근한다. 어떤 브랜드 자동차가

A/S 해줄게

잔고장이 적은지, 나중에 중고차로 팔 때는 얼마를 받을 수 있는지 등을 꼼꼼히 따져보고 구입한다. 북미 시장의 후발주자였던 현대자동차는 당시로서는 파격적인 10년 10만 마일(환산하면 무려 16만 ㎞) 판매보증을 내걸었다. 그뿐 아니라 이러한 판매보증을 신차 구매자를 넘어 중고차 구매자에게까지 적용했다.

덕분에 미국과 일본 브랜드가 양분하고 있던 북미 시장에서 현대자동차는 10년 동안 문제없이 탈 수 있는 차, 중고차 시세도 방어가 잘되는 차라는 인식이 생겼다. 판매보증비용이 생각보다 제품을 판매하는 데 중요한 요소가 되기도 하는 것이다.

관리사무직 직원들의 급여, 관리비

관리비는 급여 관련 비용이 주를 이룬다. 여기서 급여는 생산직 근로자가 아닌 본사 및 관리사무직 직원들에게 지급된 급여를 말한다. 같은 급여라도 직접적으로 제품생산에 관여한 생산직 근로자에게 지급된 급여는 매출원가에 포함되고, 그 외에 본사직원에게 지급된 급여는 제품생산과는 직접적으로 상관이 없기 때문에 매출원가가 아닌 관리비에 포함한다.

괴짜회계사의 한 줄 정리
판관비는 매출원가에 포함되지 않지만 기업의 영업활동과 관련된 비용을 말한다.

매출에서 매출원가와 판관비를 뺀 영업이익

아마 회계를 별로 접하지 않았어도 영업이익이라는 단어는 들어봤을 것이다. 언론보도 등에서 기업의 실적을 다룰 때 많이 언급하기 때문이다. **영업이익**은 매출에서 매출원가와 판매관리비까지 뺀 것이다. 이는 기업의 주된 영업활동으로 얻어진 이익을 의미한다. 영업이익이 자주 언급되는 가장 큰 이유는 비용구조가 전혀 다른 두 기업을 비교하는 데 수월하기 때문이다.

현대자동차와 루이비통의 기업가치 비교하기

질문 현대자동차와 명품업체인 루이비통을 비교한다고 해보자. 둘 중 어떤 기업이 더 기업가치가 높을까?

가장 간단한 방법은 매출을 기준으로 비교하는 것이다. 현대자동차의 2020년도 매출은 104조원으로 같은 기간 동안 루이비통의 매출 60조원보다 훨씬 크다. 그러나 매출만 놓고, 업종과 제품가격이 전혀 다른 두 기업을 비교하는 것에는 무리가 따른다. 현대자동차가 판매하는 자동차는 수천만원을 넘지만, 루이비통이 주력으로 판매하는 가방은 수백만원대이다. 게다가 기업의 가치를 결정짓는 것은 매출액이 아니라 얼마만큼 이익을 발생시키는지다.

내가 더
잘 나가

A사

아이구~
너랑 나랑은
비용구조가 달라

B사

그렇다면 매출총이익을 비교해볼 수 있다. 현대자동차의 2020년도 매출총이익은 18조원인데, 루이비통의 매출총이익은 무려 39조원이나 된다. 매출만 놓고 보면 현대자동차가 44조원가량 더 많았지만, 매출총이익은 루이비통이 오히려 21조원이 더 많은 것이다.

매출총이익이 왜 이렇게까지 차이가 날까?

두 기업의 원가구조가 전혀 다르기 때문이다. 자동차를 판매하는 현대자동차는 막대한 원자재와 부품을 소모하기에 매출원가가 매우 높다.

현대자동차의 2020년 매출총이익률은 약 17%이다. 반면 루이비통의 매출총이익률은 무려 64%에 달한다. 루이비통은 '가죽'을 파는 회사가 아니라 '명품가방'을 파는 회사이다. 평범한 가죽을 명품가방으로 만드는 것은 루이비통의 모노그램과 디자인이지 엄청나게 비싼 원재료가 아니다. 이를 적용해보면 내 아내가 애지중지하는 100만원짜리 루이비통 가방의 매출원가는 고작(?) 36만원밖에 되지 않는다. 루이비통은 나머지 64만원을 매출총이익으로 가져간 셈이다. 이렇게 높은 이익을 가져가니 루이비통의 매출총이익은 현대자동차보다 압도적으로 높다.

하지만 여기에는 한 가지 함정이 있다. 루이비통이 이렇게 높은 마진을 붙여 제품을 팔 수 있는 것은 명품브랜드이기 때문이다. 내 아내를 비롯해서 루이비통 가방을 구입하는 대부분의 소비자들도 가격이 비싸다는 것을 잘 알고 있다. 그럼에도 명품가방을 사는 것은 그 브랜드와 로고를 선망하기 때문이다.

영업이익은 비용구조가 다른 기업을 비교할 때 유용

무조건 비싸다고 명품을 사는 것이 아니다. 명품 브랜드이기 때문에 비싸도 욕하면서 사는 것이다. 그러면 명품 브랜드라는 이미지는 어떻게 만들어지는 걸까?

회계적으로 봤을 때, 명품 브랜드는 판매관리비로부터 만들어진다. 루이비통을 비롯한 명품업체들은 매년 패션쇼를 개최하고 톱스타에게 자사 제품을 입히기 위해 협찬한다. 또한 품질관리와 고객관리에도 많은 공을 들인다. 이는 전부 막대한 판매관리비로 환산된다. 루이비통은 2020년도에만 27조원가량의 판매관리비를 썼다. 제품을 만드는 데 들어가는 돈 이상의 돈을 명품 브랜드의 가치를 만드는 데 쓴 것이다.

루이비통은 막대한 판관비를 지출한 덕에, 이제는 소수의 부유층뿐 아니라 평범한 사람들도 적금을 부어 산다. 프랑스를 넘어 한국, 중국, 일본을 비롯한 전 세계 소비자들의 사랑을 받는 명품 브랜드가 됐다.

명품시장은 루이비통 이전과 이후로 나눌 수 있을 정도이다. 루이비통 이전 명품시장은 주로 부유층들을 위한 것이어서 그 규모가 작았고, 경영 또한 가족 단위로 유지됐기에 경영위기를 겪기도 했다. 루이비통은 이러한 명품 브랜드를 인수한 뒤 현대적 경영기법을 도입해 브랜드의 가치를 끌어올렸다. 루이비통은 명품시장의 판을 바꾼 '게임 체인저'였던 셈이다.

혹자는 루이비통이 높은 매출총이익으로 쉽게 돈을 번다고 생각할 수도 있다. 그러나 현대자동차와 루이비통은 비용구조가 다른 것뿐이다. 현대자동차는 전통적인 제조업 기업으로 막대한 매출원가를 지출하여 제품을 만드는 데 집중하는 반면, 루이비통은 명품회사로 자사의 제품이 명품으로 인정받을 수 있도록 막대한 판매관리비를 쓴다. 이처럼 비용구조와 돈을 버는 전략이 다르기 때문에, 이 두 기업을 매출총이익만 갖고 비교하기에는 무리가 있다.

바로 이럴 때 참고하는 것이 영업이익이다. 영업이익은 매출에서 매출원가와 판관비를 모두 뺀 이익이기 때문에 그 차이도 걸러진다. 단순히 매출이나 매출총이익보다는 영업이익을 가지고 비교하는 것이 훨씬 더 유용하다.

현대자동차의 2020년도 영업이익은 약 2조 원인 반면 루이비통의 영업이익은 11조원이다. 여전히 루이비통이 더 많은 영업이익을 가지고 있지만 그 격차는 매출총이익 차이(21조원)에 비해 훨씬 줄어들었다. 영업이익은 이렇게 비용구조가 다른 두 기업의 가치를 비교하는 데 유용하다.

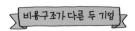

비용구조가 다른 두 기업

루이비통   현대차

매출	60조원	104조원
판매가	수백만원대	수천만원대
매출총이익	39조원	18조원
매출총이익률	64%	17%
영업이익	11조원	2조원

기업 가치 비교에 용이!

07 영업이익에 비해 순이익 작으면 영업외 체크

영업이익 다음으로 나오는 것은 '투자손익, 금융수익 및 비용, 기타수익 및 비용'이다. 이들은 영업활동 외에 발생한 각종 수익 및 비용들이다. 대부분 이자비용 혹은 투자자산과 관련이 있다. 직장인으로 치면 월급과 생활비 외에 별도로 발생하는 재테크 수입 및 이자비용인 셈이다.

• 256쪽의 현대자동차 손익계산서를 같이 보면서 읽으면 좋다.

영업외 수익과 비용에서 원인 찾기

영업외 수익과 비용은 기업이 사용 중인 부채의 양과 투자손익에 따라 크게 변동하기에, 미래 실적을 예상할 때는 영업이익을 더 선호하는 경향이 있다. 하지만 계속해서 영업이익에 비해 순이익이 잘 나오지 않는다면 영업외적인 부분에서 고질적인 원인을 찾아야 한다. 어디서 수익이 새고 있는지 계정별로 살펴보자.

영업외 수익/비용
- 투자손익
- 금융수익/금융비용
- 기타수익/기타비용

투자손익

먼저 투자손익에는 지분법 손익, 관계기업 투자 처분손익 및 투자주식 손상차손 등이 있다. 용어들이 하나같이 생소하고 어렵다. 그 이유는 공동기업이나 관계기업에서 발생하는 손익이기 때문이다. 지분만을 기준으로 했을 때 기업관계는 다음과 같이 정리할 수 있다.

• 실제로는 지분만이 아니라 영향력을 기준으로 판단한다.

✦ 지분율에 따른 기업관계	종속기업 : 지분 > 50%
	공동기업 : 지분 ≒ 50%
	관계기업 : 20% < 지분 < 50%

종속기업의 모든 매출과 비용은 지배회사의 손익계산서에 포함된다. 문제는 공동기업과 관계기업이다. 완전히 지배한다고 하기에는 지분이 과반에 못 미치고, 남이라고 하기에는 유의미한 지분을 가지고 있다.

이런 공동기업과 관계기업에서 발생한 이익이나 손실은 영업외 이익 혹은 손실로 분류하여 따로 다룬다. 관계기업에서 손해나 이익이 발생하면 지분법* 손익, 관계기업의 주식을 처분하는 과정에서 손해나 이익이 발생하면 관계기업 투자 처분손익, 그리고 관계기업이 투자했던 주식 처분과정에서 손상이 발생하면 관계기업 투자주식 손상차손으로 기록한다.

> • 지분법이란 기업이 재무제표를 작성할 때 출자회사의 경영실적을 지분율만큼 반영하는 것을 말한다.

이러한 용어들이 낯설게 느껴지는 것은 공동기업이나 관계기업을 보유한 대기업의 손익계산서가 아닌 이상 보기 힘들기 때문이다. 현대자동차의 경우 베이징현대자동차, 기아자동차, 현대건설, 현대차증권 등 약 13개의 공동기업 및 관계기업을 거느리고 있다.

금융수익 및 비용

그다음으로 나오는 것은 금융수익 혹은 비용으로, 비금융 회사가 금융을 통해 얻는 수익이나 비용을 뜻한다. 같은 금융수익이라도 금융업 회사가 올린 수입은 영업이익에 포함되지만, 비금융 회사가 올린 수입은 이처럼 영업 외로 분류된다.

다시 말해 현대캐피탈이 거둬들인 이자수익은 영업이익에 포함되지만, 현대자동차가 남는 돈을 은행에 넣어 얻은 이자는 영업외로 분류된다. 즉, 영업이익 다음에 등장하는 수입이나 비용은 그 회사의 영업과는 다소 거리가 있는 부수적인 이익 혹은 비용이다. 대표적인 금융수익 및 비용에는 이자와 외환차익, 외화환산이익 등이 있다.

이자 : 현대자동차의 2020년 손익계산서를 보면(주석 중 '금융수익 및 금융비용' 항목) 이자비용(3,620억원)보다 이자수익(4,010억원)이 더 많다. 기본적으로 재무상태가 매우 탄탄한 기업이다. 이를 증명하듯 현대자동차의 회사채 신용등급은 지난 몇 년 동안 최고등급인 AAA와 바로 아래 등급인 AA+ 사이를 오갔다.*

• 채권에는 발행자의 신용에 따라 신용등급이 매겨진다. 가장 높은 등급인 AAA에서부터 AA⁺, AA, AA⁻와 같은 식으로 세분화되어 있으며, 가장 낮은 등급인 D 등급까지 존재한다.

외화환산이익 : 외화환산이익은 기업이 외화로 된 자산이나 부채를 보유하고 있는 경우에 발생한다.

현대자동차는 미국과 유럽 등지에 지사를 두고 해외시장을 공략하고 있다. 미국 시장에서 소나타 한 대를 팔면 현대자동차에겐 차 한 대 값에 해당하는 달러가 생긴다. 그런데 현대자동차의 재무제표는 원화를 기준으로 작성하기에 달러나 달러로 된 자산은 원화로 바꿔서 표기해야 한다.

가령 2만 달러를 보유 중이라면, 작성일 기준 환율(환율 1,000원 가정)인 2,000만원(2만 달러×1,000원)으로 재무상태표에 기록한다. 문제는 환율이 계속해서 변한다는 것이다. 동일하게 2만 달러를 보유해도 환율 변동에 따라 원화로 표시되는 금액은 달라진다.

다음 재무제표를 작성하는 시점에 환율이 1달러당 1,100원으로 올랐다고 해보자. 이제 2만 달러의 가치는 원화로 2,200만원(2만 달러×1,100원)이 된다. 환율이 10% 상승함에 따라 2만 달러의 가치 또한 10% 늘어났다. 이렇게 늘어난 200만원을 외화환산이익이라고 한다. 즉 **외화환산이익**은 보유 중인 외화자산 혹은 부채의 가치를 원화로 바꾸는 과정에서 발생한 손익이다. 실제 돈이 오가는 것 없이(2만 달러는 아직 그대로 미국에 있다) 장부를 작성하는 과정에서 발생하는 손익인 것이다.

외환차익 : 외환차익은 외화환산이익과 비슷하지만, 실제로 돈이 오갔다는 차이가 있다.

이번에는 현대자동차가 현지에서 2만 달러를 빌렸는데, 돈을 갚는 시점에 환율이 1,000원에서 900원으로 내려갔다고 해보자.

환율이 1달러당 1,000원 하던 시절에 이 부채는 원화로 2,000만원(2만 달러×1,000원)이었으나, 환율이 내려가면서 원화로 1,800만원이 된다(2만 달러×900원). 현대자동차 입장에서는 내려간 환율 덕분에 갚아야 할 돈이 200만원 줄어든 셈이다. 이것을 **외환차익**이라고 한다. 외화환산이익과 달리, 외환차익은 이처럼 실제로 현금이 오가고 확정된 이익이다.

즉 외환차익과 외화환산이익은 외화로 된 자산 혹은 부채를 보유한 기업에서 환율변동으로 인해 발생한다. 다시 말해 회사가 영업을 잘해서 생긴 이익이 아니라 대외환경 변화로 얻어진 결과이다.

기타수익 및 비용

기타수익과 기타비용에는 본업과 무관하게 발생하는 수익 또는 비용들을 기록한다.

예를 들어 유형자산처분손익은 유형자산을 장부가격과 다른 가격에 판매할 때 발생한다. 유형자산의 장부가격은 취득가에서 감가상각을 제하는 식으로 계산하는데, 실제 판매가격은 장부가격처럼 딱 떨어지지 않는다. 유형자산도 어떤 의미에서는 중고물품이기 때문이다. 따라서 유형자산을 처분하는 과정에서 이익 혹은 손실이 발생하는 것이 상당히 자연스럽다. 이러한 자산의 처분손익은 회사의 본업과는 무관하게 발생하기 때문에 기타수익 및 비용으로 분류된다.

아울러 임대료 수익, 기부금 등도 기타수익 및 기타비용으로 들어간다. 말 그대로 '기타'이기 때문에 주력 영업활동과 무관하게 발생하는 수익과 비용이 모두 여기에 포함된다.

괴짜회계사의 한 줄 정리
영업이익 다음에는 영업외적으로 발생한 각종 수익과 비용이 기록된다.

영업외 수익/비용을 뺀 법인세비용차감전순이익

앞서 살펴봤던 영업외 수익과 비용은 현대자동차의 본업과 무관하게 환율이나 투자한 기업의 가치변화 등으로 생겨난 이익이나 손실이다. 이러한 영업외 수익과 비용을 제하고 난 것이 바로 **법인세비용차감전순이익**이다.

법인세비용차감전순이익은 말 그대로 법인세를 빼기 직전에 계산된 순이익이다. 법인세비용차감전순이익은 다음과 같이 계산할 수 있다.

> ✲ **법인세비용차감전순이익**
> = 매출 − 매출원가 − 판관비 − 영업외 수익과 비용 ①
> = 순이익 + 법인세 ②

갑자기 공식이 막 등장해서 당황스러울 수도 있지만 그럴 필요는 없다. 어차피 계산된 결과는 같다. 군이 ①과 ②로 나눠놓은 이유는 같은 숫자를 다른 각도에서 살펴보기 위함이다.

①에서 법인세비용차감전순이익은 매출에서 매출원가, 판관비 그리고 영업외 수익과 비용을 뺀 것이다. 공식이 길어진 이유는 매출에서 그만큼 많은 비용들을 뺐기 때문이다. 즉 법인세비용차감전순이익은 그만큼 많은 비용들이 걸러진 이익이다.

②처럼 법인세비용차감전순이익은 순이익에다 법인세를 더하는 방

식으로 계산할 수도 있다. 즉 법인세비용차감전순이익과 순이익은 한 끗 차이이다. 그러면 이 차이는 어디서 올까? 다름 아닌 법인세로부터 온다.

법인세는 탄력적으로 변한다

법인세는 기업이 얼마나 돈을 잘 버느냐에 따라서 탄력적으로 변한다. 현대자동차의 2020년 법인세 비용은 1,687억원이다. 불과 1년 전인 2019년만 하더라도 현대자동차의 법인세 비용은 1조원에 달했다. 법인세 비용이 이처럼 급감한 것은 코로나19 등의 영향으로 순이익이 반토막났기 때문이다. 이처럼 법인세는 기업의 실적에 비례해 부과된다.

　돈을 많이 버는 기업에는 누진세가 적용되어 막대한 법인세가 부과되고, 반면 적자를 겪는 기업은 법인세를 내지 않거나 이전에 냈던 것을 환급받기도 한다.*

* 이런 법인세의 고유 특성 때문에 법인세비용차감전순이익을 따로 구하는 것이다. 해당 기업이 세금을 제하고 기업 본연의 활동으로 얼마만큼의 이익을 내고 있는지 파악하고자 할 때 유용하다. 개인으로 치면 소득세를 제하기 전으로 생각하면 쉽다.

실무에서 많이 쓰이는 EBITDA

기업이 은행이나 투자자로부터 돈을 빌린다고 가정해보자. 매달 발생하는 이자와 약간의 원금을 갚기 위해서 반드시 일정 수준 이상의 이익을 벌어들여야 한다. 이것을 기업의 '채무지불능력'이라고 하는데, 채무지불능력을 평가할 때는 어떤 이익을 기준으로 할까? 채권자와 기업이 정하기 나름이다. 원금을 돌려받지 못할 손실을 우려하는 채권자는 기업이 지불해야 할 모든 비용을 제하고 난 이익을 기준으로 채무지불능력을 보수적으로 산정하길 원한다.

반면 돈을 빌리려는 기업은 최대한 적은 비용만을 제하고 난 이익을 기준으로 채무지불능력을 낙관적으로 산정하길 원한다. 기업과 채권자는 교섭으로 서로의 견해 차이를 좁히고, 대부분은 매출과 순이익 그 사이 어딘가에서 결정된다. 실무에서 많이 사용되는 그 어딘가가 바로 'EBITDA'이다. 이는 법인세비용차감전순이익과 비슷하지만 약간 다르다.

> ✬ EBITDA
> = 매출 − 매출원가 − 판관비 + 감가상각비 ①
> = 순이익 + 이자비용 + 법인세 + 감가상각비 ②

EBITDA는 법인세비용차감전순이익처럼 손익계산서에 포함되는 공식적인 수치가 아니다. 정보 이용자들(은행, 투자자)이 손익계산서를 토대로 자의적으로 계산하는 것이다.

EBITDA는 인수합병 시 기업의 가치를 산정하거나, 채무계약에서 채무지불능력을 가늠할 때 주로 사용된다. 예를 들어 기업가치는 EBITDA의 8배, 최대 대출가능 금액은 EBITDA를 이자비용으로 나눈 비율이 2배를 넘지 않는다는 식이다.

②를 보면, 채무지불능력을 추산하는 것이기 때문에 맨 먼저 순이익에 현재 내고 있는 이자비용을 더한다. 그다음으로 법인세와 감가상각비를 더한다. 이는 법인세와 감가상각비를 못 내서 이자를 못 갚는 기업은 없기 때문이다. 법인세는 이자를 지불하고도 이익이 남아 있을 때만 내는 비용이다. 감가상각비 또한 장부에서 발생하는 비용이긴 하지만 현금이 나가는 비용은 아니다. 따라서 이들 비용을 순이익에 더해 채무

지불능력을 추산한다.

또한 기업의 가치를 판단하기 위해 EBITDA를 쓸 때에는 인수합병의 결과에 따라 바뀌는 비용들을 배제시키려는 이유도 있다. 어느 기업이 인수합병되면 기존의 이자비용, 법인세, 그리고 감가상각비 등은 완전히 달라지기 때문이다. 이자비용은 인수합병 시 사용된 부채의 양, 모기업의 신용도에 따라 달라지며, 앞으로 지불해야 할 법인세 또한 모기업의 순이익 구간 등에 따라 달라진다. 감가상각비 또한 인수합병 과정에서의 회계처리에 따라 큰 변화를 맞이한다.

EBITDA라는 것 자체는 거래 참여자들이 자의적으로 만들어낸 개념이다. 당사자들만 동의하면 얼마든지 다른 이익을 사용하거나 다른 방식으로 계산할 수도 있다. 따라서 계산법을 억지로 이해할 필요도, 외울 필요도 없다. 그저 기업의 이익을 재는 데 널리 쓰이는 하나의 단위일 뿐이다.

EBITDA에서 우리가 주목할 것은 이익에 비용을 다시 더하는 논리 그 자체이다. 이러한 논리를 잘 활용하면 정보이용자들은 목적에 부합하는 맞춤형 이익을 계산하고 기업들을 비교할 수 있다.

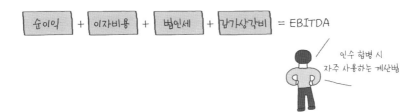

순이익 + 이자비용 + 법인세 + 감가상각비 = EBITDA

인수 합병 시 자주 사용하는 계산법

괴짜회계사의 한 줄 정리
EBITDA는 비용구조가 전혀 다른 기업의 현금창출능력을 비교하는 데 유용하다.

스타벅스, 버거킹이 법인세 줄이는 꼼수

법인세는 돈 잘 버는 기업에게 가장 비싼 단일 비용 항목이다. 그래서 많은 다국적 대기업들은 법인세를 조금이라도 낮추고자 여러 가지 창의적인 수단을 동원해왔다.

가장 대표적인 방법은 법인세가 낮은 국가에 지사를 설립한 뒤, 해외에서 발생한 수익을 이자비용과 로열티 형식으로 몰아주는 것이다.

스타벅스는 2017년 영국에서 2.8%의 법인세를 내서 빈축을 산 바 있다. 법인세가 비싼 영국에서 발생한 수익을 비용의 형태로 법인세가 저렴한 네덜란드 지사로 옮겼던 것이다. 국가 간의 세율과 해외법인세 규정이 다른 것을 교묘하게 이용한 것이다. 불법은 아니지만 편법이 의심되는 상황이었다. 언론의 탐사보도가 이어지자, 스타벅스는 자진해서 네덜란드에 있던 유럽 지사를 영국으로 옮기고 높은 법인세를 내고 있다.

아예 본사를 해외로 이전한 회사도 있다. 미국의 버거킹은 몇 년 전 캐나다 커피 체인 팀홀튼에 인수합병됐다. 이 인수합병은 버거킹이 인수하는 팀홀튼보다 훨씬 크고 유명한 회사였기 때문에 논란이 됐다. 이 거래에는 법인세가 중요한 요소로 작용했다는 것이 중론이다.

당시 미국 법인세는 캐나다 법인세보다 두 배 이상 높았다. 캐나다회사가 된 버거킹에는 캐나다 세법이 적용되어 법인세가 크게 줄었다. 당시 버거킹뿐만 아니라 제약회사를 비롯한 수많은 미국회사들이 절세를 목적으로 규모가 작은 해외 기업에 인수됐다. 이를 '세금 역합병(Tax Inversion) 전략'이라고 한다. 이런 역합병 꼼수는 트럼프 행정부에 들어 미국의 법인세가 크게 낮아지면서 자연스럽게 수그러들었다.

법인세

너무해

09 모든 비용이 걸러진 것, 순이익

손익계산서에서 마지막으로 나오는 것은 순이익이다. 순이익은 손익계산서상 Bottom Line, 즉 결론에 해당한다. **순이익**은 매출에서 모든 비용이 걸러진 이익이다. 기업의 주인인 주주들이 가져가는 이익이 바로 이 순이익이다.[*]

주주들의 몫, 그러니까 자본은 이 순이익만큼 변한다. 순이익에 따라 배당이 주어지거나 기업이 소유한 순자산이 늘어난다. 순이익이 주주 몫에 직접적인 영향을 미치다 보니 주주들은 당연히 궁금하다. 아니 그래서 내 몫이 얼만데? 이러한 물음에 답해줄 수 있는 것이 바로 '비율분석'이다.

> • 기업은 이 순이익을 배당이나 자사주 매입의 형태로 주주에게 돌려주거나, 다른 자산에 재투자할 수 있다. 이 중 주주들에게 돌려주지 않고 자산에 재투자한 이익이 바로 앞서 자본 편에서 설명했던 이익잉여금이다.

순이익을 주식수로 나눈 주당순이익

순이익을 활용한 비율분석에는 대표적으로 **EPS**(Earning Per Share, 주당순이익)와 **PER**(Price Earning Ratio, 주가수익비율)가 있다. 회계를 잘 모르더라도 주식투자를 해봤다면 한번쯤 들어봤을 것이다.

주당순이익(EPS)은 기업이 발생시킨 순이익을 주식수로 나눠놓은 것이다. 쉽게 말해 순이익을 N분의 1로 나눠서 주식 한 주당 떨어지는 이익을 계산한 것이다.

$$\bigstar \; 주당순이익(EPS) = \frac{순이익}{주식수}$$

• EPS, PER와 같은 배수를 구할 때 한 가지 유의할 점은 비지배 지분을 제외해야 한다는 것이다. 지배회사가 종속회사를 100% 소유하지 못할 경우, 비지배 지분의 몫만큼의 순이익을 감소시켜야 한다.

사례 현대자동차가 공시한 2020년도 기본 주당순이익은 약 5,000원이다(5,000원이 좀 넘지만 계산 편의상). 현대자동차의 순이익 1.9조원 중에서 지배주주 지분에 해당하는 순이익은 1.4조원이다.* 이 중 우선주에게 먼저 지급해야 할 4천억원을 제외한 1조원만큼이 보통주가 가져갈 몫이다. 이를 유통주식수 약 2억 주로 나누어 주당순이익을 계산할 수 있다.

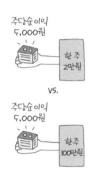

그런데 같은 주당순이익이라도 주가에 따라 의미는 전혀 달라진다. 극단적으로 말해 100만원짜리 주식의 주당순이익이 5,000원인 것과 2만원짜리 주식의 주당순이익이 5,000원인 것은 천지차이다.

현재 주당순이익이 앞으로도 유지된다고 가정할 때, 전자(100만원)의 경우 내가 투자한 돈을 회수하려면 무려 200년이 걸린다. 반면 후자(2만원)의 경우 4년만 지나면 내가 투자한 돈은 회수할 수 있다.

주가수익비율로 주가가 적정한지 판단한다

주가수익비율(PER)은 현재 주식가격을 주당순이익으로 나눈 것이다. 현재의 주가와 순이익을 비교해서 주가 수준이 높은지를 가늠해볼 수 있다. 주가수익비율이 높으면 높을수록 현재 주가가 순이익에 비해 높다는 것을 뜻한다. 반대로 주가수익비율이 낮을수록 현재 주가가 순이익에 비해 낮다는 의미이다.

$$\text{★ 주가수익비율(PER)} = \frac{\text{현재 주가}}{\text{주당순이익}}$$

사례 현대자동차의 2020년도 종가는 19만 2천원이다. 이 주가를 주당순이익(약 5,000원)으로 나눈 주가수익비율은 약 38배이다. 이는 같은 시기(2020년 12월 기준) 제조업 주가수익비율 평균인 40배와 비슷하고, 코스피 대형주 주가수익비율 평균인 약 29배보다는 높다.

한 가지 재미있는 것은, 현대자동차의 주가수익비율이 전년 대비 두 배이상 상승했다는 점이다. 이는 현대자동차의 실적과 주당순이익은 1년 사이 반토막이 났지만, 주가는 오히려 올랐기 때문이다.

주가는 미래 실적에 대한 전망에 따라 매겨진다. 코로나19 위기, 글로벌 부품공급 차질 등의 영향으로 인해 2020년 현대자동차의 실적은 크게 감소했다. 하지만 이러한 악재는 일시적인 것이다. 오히려 코로나19 위기 등이 해결되었을 때, 신차 구입을 미뤄왔던 사람들이 한꺼번에 구입에 나서서 수요가 폭발할 수도 있다.

다시 말해, 현재 실적은 저점을 찍었지만, 미래에 대한 전망 자체는 나쁘지 않다는 것이다. 주가는 실적 반등에 대한 기대감으로 1년 전보다 많이 올랐다. 그 결과 주가수익비율이 크게 증가한 것이다.

주식투자 시 주가수익비율 활용법

현재의 실적이나 주가수익비율만 가지고 주가를 예측하는 것이 어려운 이유가 여기에 있다. 현재의 실적이 그대로 유지될 것이라는 보장이 없기 때문이다. 기업의 미래 전망치가 악화되면 현재 실적이 좋아도 주가는 떨어진다. 반대로 순이익을 한 번도 내보지 못한 스타트업이라도, 미래 전망이 밝다면 수조원에 달하는 가치가 매겨질 수도 있다. 마치 쿠팡처럼.

따라서 주가수익비율은 기대치의 현실성을 검토할 때 사용하는 것이 좋다. 어떤 기업의 주가수익비율이 50배라고 가정하자. 현재의 실적이 계속 유지된다고 할 때, 꼬박 50년이 지나야 내가 주식에 투자한 돈을 회수할 수 있다. 하지만 미래 실적이 급성장한다면 회수에 걸리는 시간은 대폭 단축될 것이다. 예를 들어 실적이 두 배로 상승한다면, 투자금을 25년 만에 회수할 수 있을 것이다.

자, 그럼 이 기업의 실적이 정말로 두 배 이상 성장할 가능성은 얼마나 될까? 현재 주가수익비율이 이미 25배인 기업보다 두 배 더 높은 가격을 지불하고 살 만큼의 매력이 있는 주식인가? 이 기업의 과거 추이를 봤을 때 현재의 주가수익비율은 어느 정도 수준인가? 높은 기대치에 부합하는 실적을 내온 기업인가?

이러한 질문들에 답해가다 보면, 기업에 대한 확신이 생기거나, 반대로 현재의 주가가 비정상적으로 높다고 결론지을 수도 있다. 주가수익비율을 비롯한 회계 정보는 그 자체로 미래를 예측해주지는 않는다. 다만 좋은 질문과 분석으로 이끌어줄 뿐이다.

회계정보는 예측하지 않는다.
다만 이끌어줄 뿐이다.

손익계산서엔 없는 기타포괄손익

손익계산서 다음에는 **포괄손익계산서**라는 것이 나온다. 우리가 일반적으로 '실적'이라고 부르는 것이 담겨 있는 손익계산서는 당기순이익에서 끝난다. 이것을 편의상 본편이라고 하자. 기업이 맺고 있는 중요한 거래의 결과는 모두 이 본편에 담긴다.

그런데 기업이 맺는 거래 중에는 그다지 중요하지 않거나, 혹은 본편에 섞였다가는 오히려 정보이용자들을 헷갈리게 할 수 있는 거래도 있다. 이 거래가 **기타포괄손익**(OCI: Other Comprehensive Income)이다. 지금부터 우리가 살펴볼 포괄손익계산서는 손익계산서의 후속편으로, 본편에 미처 담기지 않은 기타포괄손익에 관한 거래가 담겨 있다.

다음은 현대자동차가 공시한 포괄손익계산서이다. 연결당기순이익은 1.9조원(표의 ①)이다. 여기에 기타포괄손익인 −1조원(표의 ②)이 더해진 것이 바로 총포괄이익 9,025억원(표의 ③)이다.

기타포괄손익에는 공정가치 측정 금융자산, 지분법, 해외사업 환산손익 등이 있다. 이 역시 순이익과 마찬가지로 큰 틀에서는 주주들을 위해 회사가 번 돈이다. 그런데 이것을 굳이 따로 떼서 기타포괄손익이라고 하는 이유는 뭘까? 확실히 벌었다고 하기엔 좀 애매한 측면이 있기 때문이다.

현대자동차의 포괄손익계산서

제53기 2020년 1월 1일부터 2020년 12월 31일까지
제52기 2019년 1월 1일부터 2019년 12월 31일까지

현대자동차주식회사와 그 종속기업   (단위 : 백만원)

과　　　　　　　　목	제53기		제52기
I. 연결당기순이익		1,924,553 ❶	3,185,646
II. 기타포괄손익		(1,022,025) ❷	631,221
1. 후속적으로 당기손익으로 재분류되지 않는 항목	123,151		(183,126)
(1) 기타포괄손익-공정가치측정금융자산관련손익	29,222		(37,965)
(2) 확정급여제도의 재측정요소	39,564		(53,144)
(3) 지분법이익잉여금	1,117		(108,983)
(4) 지분법자본변동	53,248		16,966
2. 후속적으로 당기손익으로 재분류될 수 있는 항목	(1,145,176)		814,347
(1) 기타포괄손익-공정가치측정금융자산관련손익	4,959		15,906
(2) 현금흐름위험회피파생상품평가손익	100,077		45,051
(3) 지분법자본변동	(278,999)		271,542
(4) 해외사업환산손익	(971,213)		481,848
III. 총포괄이익		902,528 ❸	3,816,867
1. 지배기업소유주지분	395,224		3,520,937
2. 비지배지분	507,304		295,930

별첨 주석 참조

임시적인 손익이 기록되는 기타포괄손익

기본적으로 자산은 회사가 '들인 돈'을 기준으로 작성한다. 그런데 시간
이 지날수록 들인 돈과 실제 자산의 가치에는 차이가 생긴다. 비싸게 주
고 산 자산이 싸질 수도 있고 반대로 더 비싸질 수도 있다.

　이렇게 발생하는 평가차익은 이익이긴 하지만 회계상으로만 존재하
는 것이며, 그 자산을 실제로 매각하지 않는 이상 손익이 확정되지도 않
고 배당을 해줄 수도 없다. 게다가 이런 손익의 대부분은 일회성이고 일
시적이다. 마침 달러를 많이 가지고 있는데 갑자기 달러 가치가 급등하
면 평가차익이 발생한다. 하지만 이것은 회사가 장사를 잘해서 벌었다

기보다 운이 좋아서 얻어걸린 것에 가깝다. 언제든 환율이 바뀌면 이러한 평가차익은 사라질 수 있기 때문이다.

이런 돈을 덥석 손익계산서에 포함하면, 자칫 회사가 일으킨 실제 이익의 규모를 축소하거나 과장할 수도 있다. 따라서 이 평가이익이나 손실이 확정되기 전까지 일시적으로 보관할 장소가 필요한 것이다. 이처럼 아직 손익에 반영되지 않은 각종 손익이 모이는 곳이 바로 '기타포괄손익'이다. 이것들은 기타포괄손익에 임시로 적혔다가 실제로 차익이 실현되면 순이익에 반영된다.

평가차익

기타포괄손익에는 여러 가지 종류의 거래가 적히는데, 대표적인 것이 금융자산을 공정가치로 평가할 때 발생하는 **평가차익**이다.

일반적으로 은행이나 보험회사는 고객에게 받은 예금 혹은 보험금(부채)을 가지고 대출이나 채권(자산) 등에 투자한다. 그런데 만기까지 보유할 예정이면 구입가를 기준으로 자산을 표시하면 되지만, 그렇지 않은 경우 공정가치로 평가해야 한다.* 이렇게 공정가치가 변해서 생긴 차익은 기타포괄손익에 일단 기록해뒀다가, 채권이 팔려서 손익이 실현되면 그때 손익계산서 및 이익잉여금에 반영한다.

• 52쪽에서 살펴본 금융자산의 보유 형태에 따른 가치평가 방식을 참고하자.

해외사업환산손익

비슷한 논리로 해외사업환산손익도 기타포괄손익에 기록한다. 해외에 자회사가 있는 기업은 외국통화로 된 자산이 생긴다. 가령 현대자동차의 재무제표는 원화로 작성하는데, 해외법인의 달러로 된 자산을 재무제표 작성일에 원화로 환산하다 보면 **해외사업환산손익**이 생긴다. 현대자동차가 직접 달러를 소유한 것도 아니고 종속회사의 자산을 환산하는 과정에서 생긴 서류상의 손익인 셈이다. 이를 손익계산서에 포함하기보다는 따로 기타포괄손익으로 빼서 적어두는 것이다.

순이익과 총포괄손익 사이에 기타포괄손익이라는 임시적인 손익이 있다. 손익계산서 다음에 포괄손익계산서라는 확장판이 있다는 것만 기억하자.

11

모든 자본변화를 보여주는 자본변동표

재무제표 5총사 중 하나인 자본변동표를 간단히 짚고 넘어가자. **자본변동표**는 자본의 구성요소인 자본금, 자본잉여금, 이익잉여금 등이 어떻게 변했는지 보여준다. 더불어 앞서 살펴본 총포괄이익을 비롯해 이익잉여금과 배당 등 자본에 변동을 주는 모든 것이 적혀 있다. 복습하기 딱 좋은 재료이다.

294쪽의 표는 현대자동차가 공시한 2020년도 연결자본변동표이다. 굉장히 많은 숫자와 계정이 등장하지만 쫄 것 없다. 우리에게 중요한 것은 이익이므로, 이익잉여금과 관련된 네 가지만 살펴보자.

기초 이익잉여금 + 총포괄이익 − 배당 = 기말 이익잉여금

연결자본변동표에서 눈여겨볼 4가지

맨 처음 나오는 68.2조원(표의 ①)은 **기초 이익잉여금**이다. 이는 전년(2019년 12월 31일)까지 현대자동차가 벌어들인 순이익 중 주주들에게 돌려주지 않고 맡아두고 있는 돈을 뜻한다.

여기에 순이익과 기타포괄손익을 합한 **총포괄이익** 1.5조원(표의 ②)을 수익으로 더한다.

마지막으로 현대자동차는 2020년에 **배당**으로 7,900억원(표의 ③)을 지

현대자동차의 연결자본변동표

과목	지배기업 소유주지분						비지배지분	총계
	자본금	자본잉여금	기타자본항목	기타포괄손익누계액	이익잉여금	소계		(단위: 백만원)
2020. 1. 1	1,489,999	4,197,015	(1,516,617)	(2,353,022)	66,249,633	❶ 0,065,902	6,299,952	76,365,754
총포괄이익:								
연결당기순이익	-	-	-	-	1,424,436	1,424,436	500,117	1,924,553
기타포괄손익-공정가치측정금융자산관련손익	-	-	-	31,927	(5,580)	26,347	7,914	34,161
현금흐름위험회피파생상품평가손익	-	-	-	90,265	-	90,265	9,812	100,077
지분법평가	-	-	-	(223,503)	1,118	(222,385)	(2,349)	(224,634)
확정급여제도의 재측정요소	-	-	-	-	31,989	31,989	7,595	39,584
해외사업환산손익	-	-	-	(955,228)	-	(955,228)	(15,985)	(971,213)
총포괄이익 소계	-	-	-	(1,056,639)	1,451,963	❷ 395,224	507,304	902,528
자본에 직접 반영된 소유주와의 거래								
배당	-	-	-	-	(790,489)	❸ (790,489)	(103,250)	(893,779)
종속기업의 증자	-	(2,596)	-	-	-	(2,596)	229,519	226,993
종속기업의 처분	-	-	-	-	-	-	(67,682)	(67,682)
자기주식 취득	-	-	(303,077)	-	-	(303,077)	-	(303,077)
자기주식 처분	-	(2,183)	119,302	-	-	117,119	-	117,119
기타변동분	-	(2,153)	-	-	799	(1,360)	(15,498)	(16,948)
자본에 직접 반영된 소유주와의 거래 소계	-	(6,922)	(183,775)	-	(789,698)	(980,393)	52,091	(927,312)
2020.12.31	1,489,999	4,190,099	(1,700,592)	(3,409,661)	66,911,900	❹ 480,633	6,980,337	78,340,970

급했다. 배당은 벌어들인 순이익을 주주들에게 현금으로 돌려주는 것이므로 뺀다. 따라서 **기말 이익잉여금**은 68.9조원(표의 ④)이다.

계산에 사용된 기초 이익잉여금과 기말 이익잉여금은 각각의 재무상태표에 나와 있는 이익잉여금 잔고와 정확하게 일치한다. 즉 자본변동표는 기초 재무상태표와 기말 재무상태표 간의 자본변동을 설명해주는 것이다. 엄청 복잡해 보이지만, 사실 그냥 보기 쉽게 자본변화를 정리한 것에 불과하다.

자본변동표의 핵심은 순이익

자본변동표에서 핵심은 순이익이다. 순이익은 자본변화에 가장 큰 영향을 주는 요인이기 때문이다.

이처럼 순이익이 기록되는 손익계산서는 자본변동표와 연결되어 있다. 또한 자본변동표는 재무상태표의 자본과 연결되어 있음은 물론이다. 편의상 재무상태표와 손익계산서, 자본변동표를 따로따로 설명하고 있지만 사실 서로 연결된 내용인 것이다.

다시 말해 우리 회사의 올해 실적이 좋았다는 것(손익계산서의 이익이 늘었음), 우리 회사 사장님이 외제차를 뽑았다는 것(그만큼 사장님 주머니 사정이 나아졌음)은 같은 이야기이고, 이는 자본변동표에도 자본이 작년에 비해 얼만큼 늘었는지 표시된다는 뜻이다.

회계라는 것은 이처럼 하나로 묶여 있는 정보체계이다. 회계를 잘한다는 것은 각기 다른 계정, 재무제표가 어떻게 서로 연결되어 있고, 어떠한 흐름이 생기는지 잘 이해하는 것이다. 독자 여러분도 재무제표를 읽을 때 이러한 접점을 잘 찾아보길 바란다.

괴짜회계사의 한 줄 정리

자본변동표는 순이익을 포함한 모든 자본변화를 설명해주는 재무제표이다.

현금은 기업에게 피 같은 존재이다. 아무리 많은 돈을 벌어다주는 자산이 있어도 현금이 제때 공급되지 않으면 모든 자산은 그 기능을 멈춘다. 발생주의 원칙으로 작성하는 다른 재무제표의 한계를 보완하는 현금흐름표를 살펴보자. 영업활동 현금흐름, 투자활동 현금흐름, 재무활동 현금흐름이 있다.

8

CHAPTER

다른 재무제표의 한계를 보완하는 현금흐름표

기업의 피 같은 존재, 현금

01

하청업체는 원청으로부터 일감을 받아 먹고산다. 원청에 대한 의존도가 높은 하청업체일수록 대금결제가 늦어져도 당당하게 요구하기 힘들다. 자칫 원청에 싫은 소리를 했다가 앞으로 일감이 끊길지도 모르기 때문이다.

유동성 확보는 기업의 생명

하청업체 사장님이 대금결제에 목을 매는 이유는 간단하다. 유동성 때문이다. 원청이 발주한 물품을 납품하기 위해 하청업체는 많은 지출을 해야 한다. 원재료 비용이며 직원들 월급, 임대료 등 여러 가지 지출이 있다. 여기에 공장을 짓는 데 들어간 돈 대부분을 빌려서 해결하기 때문에 은행에 갚아야 할 이자도 쌓인다.

이때 납품한 부품에 대한 결제가 제때 이뤄지지 않는다면 어떻게 될까? 돈의 흐름이 턱하고 막힌다. 당장 갚아야 할 은행이자, 직원들 월급, 원재료 구입비를 내지 못한다. 휴일을 반납할 정도로 바쁘게 공장을 돌리고 장부상으로는 이익이 쌓이는 것처럼 보여도 현금이 없어 망하게 된다. 허망하게도.

규모가 영세한 하청업체일수록 유동성이 좋지 못하다. 하루 벌어 하루 먹고사는 임금노동자와 비슷하다. 결제대금을 받아서 당장 닥치는 이자와 직원들 월급 주기에 급급하다. 그렇기 때문에 원청에서 대금결제가 예상치 못하게 늦어지거나, 현금이 아닌 어음으로 결제를 해주면 심각한 타격을 입는 것이다.*

우리가 앞에서 공부했던 재무제표들은 발생주의 원칙으로 작성됐다. 이 원칙에 따르면 언제 대금결제가 이뤄지는지는 그다지 중요한 요소가 아니다. 하지만 현실에서는 장부상으로 이익이 발생하는 기업이라도 현금회수가 제대로 안 되면 망한다. 현금은 기업에게 피와 같은 존재이다. 현금이 고갈되면 기업은 죽는다. 아무리 많은 돈을 벌어다 줄 자산이 있어도 모든 자산이 그 기능을 멈춘다. 그리고 망한 회사가 만든 재고는 할인매장에서 땡처리로 헐값에 팔려나간다. 자산이 아무리 많아도 수익창출이 안 되는 것이다.

• 다행히 어음제도는 2018년 초 중소·벤처기업인과 소상공인을 초청한 자리에서 문재인 대통령이 폐지를 약속한 후, 2020년까지 단계적으로 폐지됐다.

현금은 무엇이든 될 수 있다

현금은 그 자체로는 이익을 발생시키지 않기에, 기업은 전체 자산의 지극히 일부분만을 현금으로 보유한다. 현금이 너무 많아지면 금융상품 등에 투자해서 조금이라도 수익을 내려고 한다.

무엇이든 될 수 있다!

대신 현금은 무엇이든 될 수 있다. 자본주의 사회에서 현금은 물질세계를 구성하는 단위이다. 돈만 주면 어떠한 자산이든지 구입할 수 있다. 그러니까 현금은 그 자체로는 돈을 벌어다주지 못하지만, 다른 자산으로 바뀜으로써 이익창출에 기여하는 자산이다.

괴짜회계사의 한 줄 정리
현금은 다른 자산으로 형태를 바꿔 기업의 이익추구에 기여한다.

02

유일하게 현금주의로 작성한다

현금흐름표의 가장 큰 특징은 현금주의로 작성한다는 것이다. 반면 우리가 지금까지 살펴본 다른 모든 재무제표는 발생주의 원칙으로 작성한다.

손익계산서, 재무상태표는 발생주의로 작성

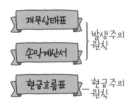

손익계산서의 매출은 언제 고객으로부터 현금을 받았는지가 아니라, 기업이 언제 거래에 대한 의무를 다했는지를 기준으로 잡힌다. 제품을 만들 때(혹은 돈을 지출할 때)가 아니라 매출이 발생할 때 비용으로 잡힌다. 수익이 발생할 때 그에 기여한 지출도 같이 비용으로 잡겠다는 것이다.

재무상태표 또한 발생주의 원칙에 따라 작성한 것이다. 재무상태표에서는 지출을 즉시 비용으로 처리하지 않고 자산으로 기록한다. 자산으로부터 돈을 버는 시기와 자산이 비용으로 잡히는 시점을 일치시키기위함이다. 예를 들어 재고자산이 비용으로 잡히는 것은 제품이 만들어질 때가 아니라 판매되어 매출이 발생할 때이다.

또한 재무상태표에 매출채권이 자산으로 기록되는 것, 미지급금이부채로 기록되는 것도 발생주의 때문이다. 재무제표 작성일을 기준으로아직 현금을 회수하지 못했거나, 반대로 현금으로 지급하지 못했더라도 발생주의에서는 이를 매출 혹은 비용으로 기록한다. 미처 받지 못한 돈(매출채권)은 자산으로, 갚지 못한 돈(미지급금)은 부채로 기록한다.

재무제표 전반에 발생주의 원칙이 사용되는 이유는 발생주의가 기업들의 실제 영업환경을 반영하기 때문이다. 기업의 비용 대부분은 이미 신용을 전제로 하고 있다. 가령 대형마트는 하루에도 몇 번씩 다양한 상품을 협력업체들로부터 납품받지만, 매일 대금을 결제하는 것이 아니라 보통 열흘 아니면 한 달 단위로 끊어서 정산한다.

이와 마찬가지로 기업은 직원들 월급부터 전기료, 임대료, 이자, 세금 등 거의 모든 비용을 외상하고 있다. 직장인들은 매일 노동하고 있지만 정산은 보통 한 달에 한 번씩 월급 형태로 이뤄진다. 만약 마지막 월급을 받은 지 보름 정도 지났다면 기업은 직원들에게 보름치 월급을 빚지고 있는 셈이다.

매일 현금정산할 수는 없다

현실에서 비용을 외상하는 이유는 여러 가지가 있다. 매일 현금정산을 하는 것은 많은 서류작업을 동반한 엄청나게 번거로운 작업이다. 정말로 이런 회사가 있다면 개인적으로 그 회사 경리팀에서는 절대 일하고 싶지 않다.

또한 당일 결제를 해주기 위해서는 그날 발생할 비용을 미리 대비해서 막대한 현금을 쌓아두고 있어야만 한다. 때문에 기업들은 고객들에게도 외상을 해준다. 대부분의 기업은 고객에게 물건을 하나라도 더 팔기 위해 매출채권, 신용카드, 어음 등을 포함한 다양한 결제수단을 받아준다. 기업이 구매자일 때 외상을 할 수 있는 것도 납품업체가 외상을 받아주기 때문이다.

발생주의의 한계를 보완한다

발생주의는 각 기업이 알아서 현금이 회수되는 속도와 지출되는 속도를 잘 조절할 것으로 가정하고, 거래의 발생 자체에 초점을 맞춰서 모든 거래를 기록한다. 하지만 모든 기업에서 이 속도 조절이 잘되는 것은 아니다. 결제대금을 받지 못해 생기는 고충은 발생주의로 작성된 재무제표상으로는 잘 드러나질 않는다. 이미 거래가 완료된 순간 매출과 이익이 기록되기 때문이다.

현금흐름표는 이러한 발생주의의 한계를 보완하고자 현금주의로 작성한다. **현금주의**에서 모든 거래는 오로지 현금이 지출되었는가, 아니면 유입되었는가를 기준으로 기록한다. 현금흐름표가 기업의 영업환경을 현실적으로 나타낸다고 볼 수는 없지만, 대신 거래로 인한 현금의 입출입을 드러내는 데 유용하다. 각기 다른 원칙으로 작성된 현금흐름표와 나머지 재무제표는 상호보완적인 셈이다. 재무제표를 읽는 가장 좋은 방법은 이처럼 여러 재무제표를 중첩해서 읽어보는 것이다.

괴짜회계사의 한 줄 정리
현금주의로 작성된 현금흐름표는 다른 재무제표들을 보완한다.

03 재무상태표 간 현금변화를 설명한다

나도 그랬지만, 현금흐름표를 처음 접하는 사람들은 어렵다고 생각한다. 앞서 살펴보았던 재무상태표와 손익계산서는 접점이 많았다. 둘 다 발생주의로 작성될 뿐 아니라 손익계산서에서 계산한 순이익이 이익잉여금으로 흘러가는 등 관계가 있었다.

그런데 현금흐름표는 현금주의 원칙으로 작성하기에 낯설고, 생김새 또한 다른 재무제표와 전혀 다르다. 본격적으로 현금흐름표를 살펴보기에 앞서, 현금흐름표 작성에 통용되는 논리와 규칙 몇 가지를 정리해보자.

현금흐름에는 플러스, 마이너스만 존재한다

현금흐름이란 돈이 들어오고 나가는 것을 측정한 것이다. 현금흐름표에는 오로지 현금의 유입과 유출만이 존재한다. 현금흐름표의 세계는 지극히 이분법적인 세계이다.

우리가 지금까지 살펴보았던 발생주의를 바탕으로 한 다른 재무제표에서는 모든 것이 이렇게 명확하지 않았다. 수입과 비용 어디에도 속하지 않는 자산과 부채가 많았다. 가령 재고를 만드는 것은 매출을 발생시키지도, 비용을 발생시키지도 않으며, 팔릴 때까지 유예된다. 하지만 현금흐름표의 세계에서는 오로지 플러스 혹은 마이너스만이 존재한다.

재고를 만드는 데 돈을 썼다면 현금은 감소한다(재고를 많이 생산한다는 것은 그만큼 많은 현금이 재고자산에 묶이게 된다는 것이다). 유형자산을 취득하는 것도 마찬가지이다. 발생주의에서는 유형자산을 취득하는 데 들어간 지출을 자산으로 잡아두었다가 이를 내용연수로 나누어 감가상각을 시킨다. 즉, 유형자산을 처음 취득할 때는 손익에 전혀 영향을 주지 않는다. 반면 현금흐름표에서는 유형자산 취득도 현금이 유출된 것으로 보아 마이너스로 잡힌다.

또한 부채의 증가는 현금흐름표에서는 현금이 늘었다는 플러스로 기록된다. 빌린 돈이든 번 돈이든 여튼 현금은 늘어난 것이니까. 그뿐 아니라 거래처에 갚아야 할 부채의 증가도 현금의 증가로 본다. 돈을 갚는 데 썼어야 할 현금이 그만큼 굳었기 때문이다. 은행으로부터의 대출, 거래처에 밀린 결제대금을 현금흐름상으로는 동일한 것으로 보는 것이다.

앞으로 현금흐름표를 살펴보면, 어떤 거래는 왜 현금의 플러스로 보고, 어떤 거래는 왜 마이너스로 보는지 헷갈릴 수 있다. 이럴 때는 잠시 생각해보자. 지금 내가 생각하는 플러스, 마이너스가 손익에 관한 것인지, 아니면 현금의 유입과 유출에 관한 것인지 말이다.

현금흐름표는 현금의 변화량을 보여준다. 자본변동표에 나타난 변화들(순이익, 총포괄이익, 배당 등)을 모두 더하면 전기 재무상태표와 당기 재무상태표 간의 자본의 변동을 알 수 있다. 마찬가지로 현금흐름표의 모든 현금흐름을 더하면 전기 재무상태표와 당기 재무상태표 간의 현금변화량을 알 수 있다.

만약 모든 현금흐름을 더했을 때 플러스가 더 많다면, 기말 재무상태표의 현금은 증가하게 된다. 반대로 마이너스가 더 많다면, 기말 재무상태표의 현금은 감소하게 된다. 현금흐름표는 전기와 당기 재무상태표 간의 현금변화를 설명해주는 재무제표인 셈이다.

참고로 현금흐름표에서 현금 유출, 즉 마이너스는 ( )로 표시한다. 다시 말해 현금흐름표에서 (1조원)은 −1조원으로 현금 유출을 표시한 것이다.

현금흐름표의 작성 원칙이 다르다 보니 다른 재무제표들과 동떨어진 것으로 생각하기 쉽다. 하지만 현금흐름표는 이처럼 재무상태표의 현금 변화를 이해하는 데 도움을 준다.

영업, 투자, 재무 3가지 현금흐름

현금흐름표의 중요한 특징 중 하나는 현금흐름을 영업, 투자, 재무 활동으로 나눠놓는다는 것이다. 단순히 현금이 증가했는지 감소했는지뿐 아니라, 어떤 활동을 통해 현금을 벌어들이고, 어떤 활동을 통해 현금을 썼는지 등의 흐름을 보여준다. 다음의 세 가지 경우 모두 현금흐름은 증가하지만 그 질에서는 분명한 차이가 있다.

① 매출이 증가해 현금을 벌어들인 경우
장사가 잘되어 현금이 늘어났다. 만약 기업이 현재와 같은 실적을 유지한다면 앞으로도 현금은 계속해서 늘어날 가능성이 높다.

② 기존 사업을 매각해 현금을 받은 경우
기존 사업 매각으로 현금이 늘어난 것은 일시적일 가능성이 높다. 당장의 현금 보유고는 늘어나지만, 이미 판매한 자산(사업)으로는 더 이상 현금이 창출되지 않는다.

③ 채권 같은 부채를 발행해 현금을 받은 경우

현금 증가가 일시적이라고 볼 수 있다. 채권 같은 부채를 발행하면 현금이 늘어나지만, 이자와 원금을 갚아야 하기 때문에 미래의 현금흐름은 감소한다.

현금이 얼마만큼 줄고 늘었는지 못지않게, 어떤 이유로 이러한 변화가 생겼는지도 중요하다. 현금흐름표는 현금변화의 질적 차이와 과정을 설명하기 위해 기업의 현금흐름을 영업, 투자, 재무 활동으로 나눈다.

현재 현금창출 능력을 보여주는 영업활동 현금흐름

장사가 잘되면

늘어나고

영업활동 현금흐름은 기업이 영업을 통해서 벌어들인 현금흐름이다. 대부분의 기업은 손익계산서에 기록된, 영업으로 일으킨 이익에 조정을 가하는 식으로 영업활동 현금흐름을 계산한다.

따라서 장사가 잘되는 회사일수록 영업활동 현금흐름 또한 늘어난다. 하지만 고객사로부터 결제가 늦어져서 현금회수가 제대로 되지 않을 경우 마이너스가 될 수도 있다. 현금수급에 차질이 발생하면 그 흔적이 영업활동 현금흐름에 드러나는 것이다. 따라서 영업활동 현금흐름은 기업의 현재 현금창출 능력을 반영한다고 할 수 있다.

미래 현금창출 능력을 보여주는 투자활동 현금흐름

자산을 처분하면

늘어나고

투자활동 현금흐름은 일상적인 영업 외에 자산을 취득하거나 처분하는 과정에서 발생한 현금의 유출입을 기록한 것이다.

투자활동 현금흐름은 미래의 현금창출 능력과 관련이 있다. 기업이 자산을 취득하는 근본적인 이유는 미래에 발생할 경제적 이익 때문이다. 대부분 재무적으로 건강한 기업은 영업활동 현금흐름으로 벌어들인 돈을 투자활동 현금흐름에 투자한다. 현재의 남는 현금을 소모해, 미래에 벌어들일 현금흐름을 늘리는 것이다.

반대로 투자활동 현금흐름이 플러스라면 기업이 자산을 매각했다는 것을 의미한다. 현재의 투자활동 현금흐름은 매각대금만큼 늘어나겠지만, 앞으로는 그 자산이 기존에 벌어들이던 영업활동 현금흐름은 그만큼 감소한다.

현금흐름 간 균형을 잡아주는 재무활동 현금흐름

재무활동 현금흐름은 부채나 자본의 증감으로 인한 현금의 유입 혹은 유출을 기록한 것이다. 기업이 채권이나 주식을 발행할 경우 재무활동 현금흐름은 늘어나고, 이자나 배당을 줄 경우 감소한다.

앞서 영업활동 현금흐름은 현재의 현금창출 능력을 보여주고, 투자활동 현금흐름은 미래의 현금창출 능력을 나타낸다고 했다. 이상적인 기업은 이처럼 현재의 남는 현금과 미래의 기회를 적절하게 맞바꾸어 현금흐름의 균형을 추구하지만, 갑자기 한쪽에서 현금이 넘치거나 부족해질 수도 있다.

가령 너무나도 매력적인 투자기회를 포착했는데, 영업활동 현금흐름만으로는 이를 실현시키기 어려울 수 있다. 이럴 때 기업은 외부로부터 자금을 조달하기도 한다. 이것이 재무활동 현금흐름이다.

반대로 현재 벌어들이는 현금이 넘치면, 기업은 이 남는 현금을 기존 부채를 갚거나 주주들에게 배당을 주는 등 재무활동으로 써버릴 수 있다. 따라서 재무활동 현금흐름의 중요한 역할은 영업활동과 투자활동 현금흐름 간의 균형을 잡아주는 것이다.

SK주식회사로 이해하는 현금흐름표의 구성

다음은 SK주식회사가 공시한 2019년도 현금흐름표이다.

SK주식회사의 현금흐름표

• 현금흐름표의 날짜는 '2019년 1월 1일부터 12월 31일까지'라고 되어 있다. 현금흐름표는 손익계산서처럼 특정기간 동안 발생한 거래를 정리한 재무제표이다. 따라서 날짜가 '~부터 ~까지'라고 되어 있다.

연 결 현 금 흐 름 표
제 29(당) 기 2019년 1월 1일부터 2019년 12월 31일까지
제 28(전) 기 2018년 1월 1일부터 2018년 12월 31일까지

SK주식회사와 그 종속기업 (단위: 백만원)

과 목	주석	제 29(당) 기		제 28(전) 기	
Ⅰ. 영업활동으로 인한 현금흐름			7,978,837 ❶		7,856,509
1. 연결당기순이익		1,607,249		6,151,141	
2. 비현금항목 조정	33	9,892,839		5,625,298	
3. 운전자본 조정	33	(1,406,713)		(1,736,169)	
4. 이자의 수취		251,698		235,557	
5. 이자의 지급		(1,445,879)		(1,210,594)	
6. 배당금의 수취		394,087		304,499	
7. 법인세의 납부		(1,314,444)		(1,513,223)	
Ⅱ. 투자활동으로 인한 현금흐름			(10,686,502) ❷		(10,181,756)
1. 장·단기금융상품의 순증감		588,755		(518,981)	
2. 장·단기대여금의 순증감		(307,529)		(48,019)	
3. 단기투자증권의 순증감		35,037		(49,791)	
4. 장기투자증권의 처분		276,235		490,158	
5. 관계기업및공동기업투자의 처분		784,919		139,606	
6. 유형자산의 처분		170,799		519,662	
7. 무형자산의 처분		23,975		14,992	
8. 매각예정자산의 처분		–		100,493	
9. 장기투자증권의 취득		(757,735)		(577,922)	
10. 관계기업및공동기업투자의 취득		(2,794,541) ❹		(1,471,119)	
11. 유형자산의 취득		(7,824,981) ❸		(6,275,589)	
12. 무형자산의 취득		(570,144)		(928,053)	
13. 연결범위변동으로 인한 현금의 순증감		(364,140)		(1,796,249)	
14. 사업양도		–		179,399	
15. 기타투자활동으로 인한 현금유출입액		52,848		39,657	
Ⅲ. 재무활동으로 인한 현금흐름			3,868,453 ❺		1,929,728
1. 단기차입금의 순증감		2,413,278 ❻		737,302	
2. 사채및차입금의 증가		9,536,823 ❼		13,278,054	
3. 장기미지급금의 증가		–		44,666	
4. 사채및차입금의 감소		(5,964,859) ❾		(9,239,190)	
5. 장기미지급금의 감소		(429,462)		(582,532)	
6. 리스부채의 감소		(1,117,974)		–	
7. 배당금의 지급		(1,816,265) ❽		(1,511,072)	
8. 연결자본거래로 인한 현금유출입액		925,881		(782,203)	
9. 기타재무활동으로 인한 현금유출입액		321,031		(15,297)	
Ⅳ. 현금및현금성자산의 순증감			1,160,788		(395,519)
Ⅴ. 외화환산으로 인한 현금및현금성자산의 변동			37,932		32,712
Ⅵ. 기초 현금및현금성자산			6,783,035 ❿		7,145,842
Ⅶ. 기말 현금및현금성자산			7,981,755 ⓫		6,783,035

영업활동 현금흐름은 기업의 본업이라 할 수 있는 영업을 통해 벌어들인 현금이다. SK의 경우 2019년도 영업활동에서 약 8조원(표의 ①)의 현금흐름이 발생했다. SK는 장사를 통해 벌어둔 돈을 아무런 이익이 생기지 않는 현금으로 쌓아두지 않고, 적극적으로 활용해서 다른 자산을 취득했다. 이러한 흔적은 투자활동 현금흐름에 남는다.

SK는 무려 10.7조원(표의 ②)에 달하는 현금을 투자활동에 사용했다.* 유형자산을 취득하거나(표의 ③), 관계기업 및 공동기업에 투자(표의 ④)하는 데 매우 적극적으로 썼다.

• 이처럼 현금유출이 발생한 경우, 마이너스된 금액만큼을 괄호( ) 안에 기입한다.

SK는 2019년에 장사로 번 돈보다(8조원) 훨씬 많은 현금을 투자(10.7조원)에 사용했다. 영업활동과 투자활동만 보면 현금의 순유출이 2.7조원 발생한 셈이다. 이렇게 현금 유출이 발생했을 때 기업에게는 두 가지 선택지가 존재한다. 기존에 보유한 현금으로 감당하는 것, 외부로부터 조달하는 것이다. SK는 이 중 후자를 선택했다.

SK는 2019년도에 약 3.9조원(표의 ⑤)의 현금을 재무활동으로 조달했다. 구체적으로 단기차입금(표의 ⑥)과 사채(표의 ⑦)로 대규모의 자금을 유치했다. 동시에 배당(표의 ⑧)과 만기가 도래하는 사채(표의 ⑨)를 갚는 데도 현금을 사용했다.

참고로 SK는 최근 몇 년간 공격적인 경영에 나서고 있는 것으로 보인다. SK의 주력이라고 할 수 있는 SK이노베이션은 기존 정유사업 위주에서 화학, 배터리, 신소재 등으로 사업분야를 점차 넓히고 있는데, 이러한 사업 확장에는 막대한 돈이 든다. 실제로 SK는 지난 3년간 매년 10조원이 넘는 돈을 투자활동에 지출했다.

SK는 여기에 소모된 현금의 대부분을 안정적으로 발생되어 온 영업활동 현금흐름으로 해결했다. 그래도 부족한 현금에 대해서는 차입금이나 사채를 늘리는 등 재무활동 현금흐름을 통해 메웠다. 현재 장사가 잘되는 정유사업으로 버는 돈을 적극적으로 비정유사업 부분에 투자하고 있는 셈이다. 동시에 그룹 차원에서 투자를 늘려 신성장 동력을 확보하려는 전략으로 보인다.•

앞에서 살펴본 세 가지 현금흐름을 모두 더해보자.

SK주식회사의 현금흐름표 요약

영업활동으로 인한 현금흐름	8조원
투자활동으로 인한 현금흐름	−10.7조원
재무활동으로 인한 현금흐름	3.9조원
현금 및 현금성자산의 순증감	**1.2조원**

재무상태표의 현금은 이 세 가지 현금흐름이 모두 더해진 금액(1.2조원)만큼 변하게 된다. SK의 기초 현금(2018년 12월 31일)은 6.8조원(표의 ⑩)인데 기말 현금(2019년 12월 31일)은 8조원(표의 ⑪)이다. 이는 기초 현금에 영업, 투자, 재무 활동 현금흐름이 더해졌기 때문이다. 이처럼 현금흐름표는 전기 재무상태표와 당기 재무상태표 간의 현금 변동액수를 설명한다.

괴짜회계사의 한 줄 정리

현금흐름표는 특정기간 동안 기업에 발생한 현금의 증감을 기록한다.

04 영업활동 현금흐름 구하는 법

기업이 일상적인 영업활동을 통해 벌어들이는 영업활동 현금흐름을 계산하는 방법에는 크게 직접법과 간접법이 있다. 직접법은 기업이 맺은 거래에 현금 유입과 유출을 하나씩 더하는 방식이다. 하지만 이렇게 원천에 따른 현금 유출입을 계산하려면 많은 시간이 걸린다.

　그래서 대부분의 기업은 간접법으로 현금흐름을 계산한다. 각 거래에서 발생한 현금의 유출입을 일일이 더하는 대신, 이미 손익계산서에서 계산된 당기순이익에 조정을 가해 계산하는 것이다. 그런데 손익계산서의 순이익은 발생주의 원칙에 따라 계산된 것이므로, 현금흐름표의 현금주의 원칙에 따라 변환하려면 여러 가지 조정을 거쳐야 한다.*

*그럼에도 이미 계산된 순이익에 조정을 가하는 간접법이 직접법보다 훨씬 쉽다.

순이익에 비현금항목과 운전자본을 조정해 더한다

SK주식회사 또한 간접법을 사용해 영업활동 현금흐름을 계산한다. 그래서 현금흐름표의 시작이 연결당기순이익이다. 연결당기순이익에 비현금항목 조정(+9.9조원)과 운전자본 조정(-1.4조원) 등을 더하여 영업활동 현금흐름을 계산한다. 이처럼 순이익에 조정을 가해 현금흐름을 계산할 경우 구체적으로 어떤 조정을 가했는지도 공시하도록 되어 있다. 다음은 SK가 주석에서 공시한 조정에 관한 내용이다.

• 308쪽 SK주식회사 현금흐름표의 '비현금항목 조정'과 '운전자본 조정'을 보면 주석의 번호가 있다. 33번 주석을 확인하면 다음과 같은 표를 볼 수 있다.

33. 현금흐름표에 관한 정보

(1) 비현금항목 조정

(단위: 백만원)

구 분	당기		전기
퇴직급여	410,807		371,291
감가상각비	5,981,265	❶	4,538,295
무형자산상각비	1,532,482	❷	1,332,831
대손상각비	181,731		163,308
재고자산평가손실(환입)	(191,358)		280,275
이자비용	1,440,705	❸	1,248,371
외화환산손실	295,606		245,185
파생상품평가손실	226,656		1,039,748
매출채권처분손실	26,568		7,140
종속기업및관계기업투자처분손실	7,665		59,366
관계기업투자손상차손	16,109		–
유형자산처분손실	127,130		170,727
유형자산손상차손	227,813		74,402
무형자산처분손실	3,722		12,817
무형자산손상차손	388,558		91,192
법인세비용	1,035,908	❹	2,092,785
지분법손익	(527,778)		(3,667,928)
이자수익	(269,995)		(251,492)
외화환산이익	(261,183)		(237,780)
파생상품평가이익	(245,749)		(826,681)
배당금수익	(23,439)		(32,924)
매출채권처분이익	(15,855)		–
종속기업및관계기업투자처분이익	(358,028)		(816,291)
유형자산처분이익	(31,114)		(231,235)
무형자산처분이익	(3,458)		(3,303)
기타	(81,929)		(34,801)
합 계	9,892,839		5,625,298

실제 현금에 영향을 미치지 않는 비현금 항목

비현금 항목 조정에서는 실제 현금에는 영향을 미치지 않는 거래들을 걸러낸다. 가장 대표적인 조정은 감가상각비(표의 ①), 무형자산상각비(표의 ②) 등이다. 유형자산의 감가상각과 무형자산의 상각은 발생주의적 개념으로, 이들 자산을 구입하는 데 쓰인 현금은 이미 자산을 처음 취득할 때 전부 지출된 것이지만, 수익 비용 대응의 원칙에 따라 지출이 비용화되는 시기를 수익을 얻는 시기와 일치시키기 위해 유예시켰을 뿐이다. 따라서 현금흐름표에서 감가상각과 상각 비용은 조정액으로 다시 더해진다.

사례 현금 30억원을 들여 세 가지 소원을 들어주는 요술램프를 구입했다. 이 사실을 발생주의와 현금주의로 각각 기록하면 어떻게 될까?

나는 요술램프가 들어주는 소원 하나당 10억원을 들인 셈이다. 발생주의로 이 거래를 기록한다면 요술램프는 나에게 30억원짜리 유형자산일 것이고, 내가 소원 하나를 빌 때마다 10억원의 감가상각이 발생할 것이다. 내가 요술램프를 몇 번 썼느냐에 따라 그해의 감가상각비용은 달라진다.

반면 현금주의에서는 내가 처음에 요술램프를 구입할 때 30억원의 현금을 썼다는 사실만 중요하다. 따라서 유형자산인 요술램프의 취득은 투자활동 현금흐름에서 지출로 기록된다. 요술램프를 구입한 이후로 내가 언제, 몇 번의 소원을 빌었는가는 현금흐름에 전혀 영향을 미치지 못한다. 이미 투자활동 현금흐름에서 지출로 기록된 지난 일이기 때문이다.

감가상각비와 상각비를 더한다

SK주식회사가 재무상태표에서 공시한 감가상각비는 6조원, 무형자산 상각비는 1.5조원이다. 이는 현금흐름표의 비현금 항목 조정 중 가장 큰 조정 항목이다. 이렇게 액수가 큰 이유는 판매관리비와 매출원가로 나뉘어 있던 감가상각비가 모두 더해졌기 때문이다.

이 책을 비롯한 대부분의 회계 관련 서적은 손익계산서를 설명하면서 감가상각에 대한 개념을 설명한다. 왜냐하면 감가상각은 손익에 직접적으로 영향을 미치는 비용이기 때문이다. 하지만 정작 손익계산서만 봐서는 기업 전체에서 발생한 감가상각비를 알 수 없다. 매출과의 연관성, 또는 생산시설이냐 본사건물이냐에 따라 감가상각비는 매출원가 혹은 판매관리비가 되기 때문이다.

정확한 감가상각비용은 영업활동 현금흐름에 나온다. 여기 나온 조정액수(감가상각비 6조원, 무형자산 상각비 1.5조원)만큼이 SK주식회사 전체에서 발생한 감가상각비와 무형자산 상각비의 규모이다.

일반적으로 건강한 회사들의 영업활동 현금흐름은 플러스이다. 한창 성장하는 회사의 경우 적극적인 투자 때문에 감가상각비용이 많아 순이익이 마이너스가 될 수는 있다. 하지만 감가상각과 무형자산 상각비까지 다시 더해서 영업활동 현금흐름을 계산해보면 플러스인 경우가 많다.

그런데도 영업활동 현금흐름에 마이너스가 발생했다는 것은 영업활동에서 발생한 적자폭이 심각한 수준이거나(장사가 잘될수록 손실이 많이 발생하는 경우), 아니면 결제대금의 현금회수가 정상적으로 이뤄지지 않는 것을 의미한다. 따라서 영업활동 현금활동이 마이너스라면, 투자자들은 그 원인이 무엇인지를 정확하게 이해하는 것이 중요하다. 일시적인 착시일 수도 있지만, 영업활동에 정말로 심각한 문제가 있는 것일 수도 있기 때문이다.

이자비용과 법인세를 더하고 뺀다

감가상각비와 상각비 다음으로 큰 비현금 항목 조정에는 이자비용(표의

③ 그리고 법인세 비용(표의 ④)이 있다. 여기서 다시 더해지는 이자비용과 법인세 비용은 손익계산서에서 순이익을 계산하는 과정에서 뺀 비용이다. 즉 발생주의적으로 계산한 비용이다. 현금흐름표는 비현금 항목 조정으로 이자비용과 법인세를 다시 더한 다음, 실제 지급한 이자와 법인세만큼을 다시 뺀다.

왜 굳이 이렇게 번거롭게 조정하는 것일까? 손익계산서에서 발생주의적으로 계산한 비용과 실제 지급된 현금금액이 다르기 때문이다. SK주식회사의 경우 비현금 항목에서 더한 이자비용, 이자수익, 법인세는 다음과 같다.

SK주식회사의 이자비용, 이자수익, 법인세 비용

이자비용	1조 4,407억원
이자수익	−2,700억원
법인세 비용	1조 360억원

반면 영업활동 현금흐름에서 조정된 이자의 지급, 수취 및 법인세 납부 기록은 다음과 같다.

SK주식회사의 이자 지급 및 수취, 법인세 납부

이자 지급	1조 4,459억원
이자 수취	2,517억원
법인세 납부	−1조 3,144억원

보다시피 손익계산서상 비용 및 수익과 실제 수취되거나 지급된 현금의 금액은 다르다. 이자비용이나 이자수익은 차이가 미미하지만, 법인세

• SK주식회사의 경우 법인세 비용이 2018년도 1.9조원에서 2019년도 1조원 정도로 크게 감소했다. 법인세가 줄었다는 것은 그만큼 순이익이 감소했다는 것이다.
왜 이렇게 실적이 크게 바뀐 것일까?
지분법 손익 때문에 그렇다. SK주식회사는 관계회사로 SK하이닉스에 투자하고 있다. 2018년도 반도체 호황으로 인해 SK하이닉스는 2년 연속으로 최대 실적을 냈다.
이로 인해 SK하이닉스의 지분을 갖고 있던 SK주식회사 또한 2018년도 한 해 동안 SK하이닉스로만 무려 3.1조원에 달하는 지분법 이익을 얻었다.
한편 2019년도에 반도체 호황이 끝나자 SK하이닉스의 실적은 줄어들었고, 이로 인해 SK주식회사의 지분법 손익 또한 감소한 것이다.

같은 경우에는 차이가 꽤 난다.*

직접적인 현금 유출입이 없는 거래 조정

SK주식회사는 손익계산서에서 계산된 법인세보다 약 3,000억원 정도 많은 법인세를 납부했다. 가장 큰 이유*는 손익계산서상 계산된 법인세는 올해 발생한 순이익에 부과된 법인세인 반면, 실제 납부하는 법인세는 작년도 순이익을 기준으로 하기 때문이다. 개인으로 치면 내가 올해 연말정산으로 돌려받는 돈(혹은 내야 하는 돈)은 나의 작년도 세금공제액을 기준으로 한 것과 마찬가지이다.

비현금 항목 조정에는 그 외로도 퇴직급여, 각종 평가손실 혹은 평가이익, 환산이익 혹은 환산손실 등이 있다. 이들은 발생주의적으로는 이익이나 손실이 맞지만, 직접적인 현금 유출 혹은 유입을 발생시키지는 않는다는 것이 특징이다.

예를 들어 직원들에게 지급해야 할 의무가 있는 퇴직급여는 손익계산서에서 이익을 줄이는 비용이지만, 실제로 퇴직 전까지는 지급되지 않는 비용이다. 따라서 이러한 손익계산서의 이익 혹은 손실은 비현금 항목 조정으로 영업활동 현금흐름에 다시 더해지거나 빼진다.

회사를 운영하는 데 사용되는 운전자본

비현금 항목 조정 다음에는 운전자본 조정이 이뤄진다. 운전자본이란 회사를 운전(운영)하는 데 사용되는 자본이란 뜻이다. 여러 차례에 걸쳐 회사를 돈 버는 기계장치에 비유했다. 이 기계장치를 가동하려면 공장에 인력과 원재료를 투입해야 할 뿐 아니라 월세, 세금, 수도 및 전기요

• 이것 말고도 이연법인세 등 여러 가지 원인이 존재한다.

금 등 많은 돈이 끊임없이 들어간다. 이렇게 기업이 영업을 하는 데 사용하는 자본을 **운전자본**이라고 한다.

기업은 과연 얼마만큼의 돈을 운전자본으로 사용하고 있을까? 가장 간단하게 생각해볼 수 있는 것은 유동자산이다. 유동자산은 현금이나 1년 내에 현금화가 예상되는 단기금융상품, 매출채권, 재고자산 등을 의미한다. 좀더 많은 돈을 벌 수 있는 유형자산이나 장기 프로젝트에 투자하지 않고, 유동자산의 형태로 보유한다는 것 자체가 회사가 이만큼의 자금을 운영 목적으로 보유 중이라는 뜻이다.

하지만 기업이 유동자산 전체를 운전자본으로 사용할 수 있는 것은 아니다.* 왜냐하면 유동자산 일부는 만기가 다가오는 유동부채를 갚는 데 써야 할 돈이기 때문이다. 따라서 기업운영에 실제로 묶인 운전자본은 유동자산에서 유동부채를 제외한 나머지다.

* 자본이란 단어는 자산에서 부채를 뺀 나머지를 말한다. 유동자산은 운전'자본'이라기보다는 운전'자산'에 더 가깝다.

운전자본 증가 시 현금보유량 감소

운전자본이 많아진다는 것은 무엇을 의미할까? 기업을 운영하는 데 묶인 현금이 늘었다는 의미이다. 경기변화 등으로 인해 재고자산이 늘었거나, 아니면 회수되지 않는 매출채권이 늘었을 수도 있다. 그 원인이야 어찌됐든, 중요한 것은 운전자본이 증가하면 영업활동 현금흐름은 감소한다는 것이다. 늘어난 운전자본만큼 많은 현금이 회사 운영에 묶여 있기 때문이다.

다음은 SK주식회사가 공시한 운전자본 조정이다. 유동자산인 재고자산이나 매출채권이 증가하면 현금은 상대적으로 감소한다. 그만큼 유동자산에 묶인 현금이 늘었기 때문이다. 반면 확정급여채무 등의 유동

SK주식회사가 주석으로 공시한 운전자본 조정[*]

• 308쪽 SK주식회사 현금흐름표의 '운전자본 조정' 항목을 보면 주석의 번호가 있다. 33번 주석을 확인하면 옆과 같은 표를 볼 수 있다.

(2) 운전자본 조정

(단위: 백만원)

구 분	당기	전기
재고자산의 감소(증가)	53,525	(1,070,936)
매출채권의 감소	179,301	315,418
미수금의 감소	137,070	148,505
매입채무의 감소	(158,477)	(539,666)
미지급금의 증가(감소)	45,483	(26,818)
선수금의 증가(감소)	(164,157)	243,352
확정급여채무의 감소	(208,194)	(226,526)
사외적립자산의 증가	(363,255)	(244,286)
기타 영업관련 자산부채의 증감	(928,009)	(335,212)
합 계	(1,406,713) ❶	(1,736,169)

부채가 감소할 때 현금은 줄어든다. 부채를 갚느라 그만큼 현금을 썼기 때문이다. SK주식회사의 경우 운전자본이 전체적으로 증가했기 때문에 현금이 1.4조원(표의 ①)만큼 감소했다. 비현금 항목 조정과 더불어 운전자본 조정은 발생주의로 계산하는 손익에 영향을 미치지는 않지만, 현금주의로 계산하는 현금흐름에는 영향을 주는 계정들에 조정을 가하는 것이다.

괴짜회계사의 한 줄 정리

영업활동 현금흐름은 순이익에 비현금 항목 및 운전자본 조정을 거쳐 계산한다.

05 기업의 관심 분야를 알려주는 투자활동 현금흐름

투자활동 현금흐름에서 투자활동이란 비유동자산을 취득하는 것을 말한다[*]. 비유동자산에는 유형자산, 무형자산, 금융상품, 그리고 관계기업에 대한 투자 등이 포함된다.

> *유동자산을 취득하는 것은 영업활동에 포함되는 운전자본을 늘린 것으로 본다.

투자활동 현금흐름 마이너스의 의미

건강한 기업은 영업활동을 통해 만든 잉여 현금흐름을 투자활동에 재투자한다. 재투자가 이뤄지지 않으면 기업의 영업활동 현금흐름은 서서히 감소한다.

가령 SK하이닉스가 투자한 반도체 설비자산은 시간이 지남에 따라 진부화된다. 단순 마모뿐 아니라 기술표준과 생산공정이 바뀐다. 따라서 기업이 경쟁력을 유지하고 지금과 비슷한 수준의 영업활동 현금흐름을 앞으로도 만들기 위해서는 지속적인 투자를 해야 한다.

이러한 투자자산에 대한 지출은 투자활동 현금흐름에 마이너스로 기록된다. 투자활동 현금흐름이 마이너스라는 것은, 현재 남는 현금을 미래의 영업활동 현금흐름 증가를 위해 썼다는 의미이다.

투자활동 현금흐름이 플러스일 때 살펴야 할 것

팔면 투자활동 현금흐름은 ⊕

원유사업 매각

생산공장 매각

투자활동으로 현금 유입이 발생했다면 투자자들은 그 원인을 제대로 이해하는 것이 중요하다. 당장 현금이 늘어난 것은 반가운 일이지만 그만큼 다른 자산이 감소했을 것이기 때문이다. 이는 그 자산을 통해 벌어들일 것으로 예상되었던 미래의 영업활동 현금흐름이 감소한다는 의미이다. 결국 투자활동에서 대규모 현금 유입이 발생했다면 다음과 같은 질문을 해봐야 한다.

판매한 자산은 기업에 얼마나 중요한 것인가?

매각한 자산이 기업에게 어떤 의미인지를 따져보는 것이 중요하다. 어떤 사업부를 매각했다면, 정리한 사업부가 과거 얼마만큼 현금창출에 기여해왔고 얼마만큼 유망했는지를 잘 따져봐야 한다. 유망하고 핵심적인 사업부를 파는 것은 기업에 큰 손실이다. 반면 비핵심적인 사업부나 이미 성장이 한계에 다다른 사업부를 정리하는 것은 좋은 일이다.

얼마를 받고 팔았는가?

자산의 가치 못지않게 중요한 것이 얼마를 받고 팔았느냐이다. 아무리 핵심사업부이고 전망이 유망한 자산이라고 해도 미친 가격을 제시했으면 파는 게 맞다.

경영진은 어떤 계획을 가지고 있는가?

투자활동으로 대규모 현금을 받았다면 경영진은 이를 어떻게 사용할지에 대한 계획이 있어야 한다. 아무리 좋은 사업을 넘겼다고 해도, 매각

대금으로 더 좋은 사업을 시작한다면 걱정 없다. 문제는 경영진이 매각 대금을 현명하게 재투자할지, 아니면 이상한 곳에 손을 댔다가 날려버릴지 알 수가 없다는 것이다. 그래서 평소 경영진이 어떠한 능력과 판단을 보여줬는지 맥락을 파악하는 것이 중요하다. 이전에도 현명하게 행동해온 경영진은 좋은 선택을 할 가능성이 높지만, 무능함만을 보여준 경영진은 이번에도 망칠 확률이 높다.

이 맥락이라는 것이 1년치 현금흐름표에 모두 담겨 있을 수는 없다. 현금흐름 중에서도 특히 투자활동 현금흐름은 변동성이 크다. 특정 자산을 매입하거나 매각하는 것에 따라 플러스가 될 수도 혹은 마이너스가 될 수도 있기 때문이다. 그래서 몇년치 현금흐름표를 놓고 전체적인 추세를 파악하는 것이 중요하다. 올해의 투자활동 현금흐름이 이례적인지, 아니면 반복되어 벌어지는지, 혹은 그 규모가 예년보다 크거나 작은지 등을 통해 사안의 중요도를 판단해야 한다.

나머지 재무제표에 미친 영향 검토

그다음에는 나머지 재무제표(재무상태표의 자산 변화, 손익계산서의 순익 변화 등)와 주석공시 등을 샅샅이 찾아 그 영향에 대해 검토해봐야 한다. 그래서 기업의 재무제표를 읽는 것은 탐정놀이를 하는 것과 비슷하다. 재무제표에 나와 있는 숫자들은 이미 지난 일이다. 또한 기업들은 이를 누구나 열람할 수 있도록 공시하고 있다. 이러한 정보로 무엇인가 가치 있는 것을 얻기 위해서는 흩어져 있는 단서들을 모아 숫자에 맥락과 의미를 부여해야 한다.

SK주식회사로 투자활동 현금흐름 이해하기

다음은 SK주식회사의 2019년도 투자활동 현금흐름의 일부이다. 이를 통해 실전에서 무엇을 살펴봐야 하는지 알아보자.

SK주식회사의가 공시한 투자활동 현금흐름

Ⅱ. 투자활동으로 인한 현금흐름			(10,686,502)		(10,181,756)	❶
1. 장·단기금융상품의 순증감	588,755			(518,981)		
2. 장·단기대여금의 순증감	(307,529)			(48,019)		
3. 단기투자증권의 순증감	35,037			(49,791)		
4. 장기투자증권의 처분	276,235			490,158		
5. 관계기업및공동기업투자의 처분	784,919			139,606		
6. 유형자산의 처분	170,799			519,662		
7. 무형자산의 처분	23,975			14,992		
8. 매각예정자산의 처분	–			100,493		
9. 장기투자증권의 취득	(757,735)			(577,922)		
10. 관계기업및공동기업투자의 취득	(2,794,541)	❷		(1,471,119)		
11. 유형자산의 취득	(7,824,981)	❸		(6,275,589)		
12. 무형자산의 취득	(570,144)	❹		(928,053)		
13. 연결범위변동으로 인한 현금의 순증감	(364,140)			(1,796,249)		
14. 사업양도	–			179,399		
15. 기타투자활동으로 인한 현금유출입액	52,848			39,657		

SK는 2년 연속으로 10조원(표의 ①)이 넘는 현금을 투자활동 현금흐름에 사용해왔다. 2019년도엔 관계기업 및 공동기업 투자의 취득에 2.8조원(표의 ②), 유형자산 취득에 7.8조원(표의 ③), 무형자산의 취득에 5,700억원(표의 ④)을 각각 사용했다. 이 현금은 SK주식회사가 '혼자' 사용한 것일까?

SK주식회사는 지주회사이다. 지주회사는 직접 사업을 하기보다는 다른 회사를 거느리고 이들을 경영하고 관리한다. 스포츠로 치면 선수보다는 단장인 셈이다. SK주식회사는 수많은 종속기업과 관계기업을 보유하고 있다.

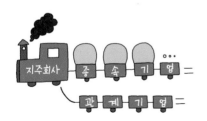

지배회사의 재무제표는 종속회사의 재무제표를 연결하므로, 투자활동 현금흐름에 표시된 자산의 취득 대부분은 SK주식회사 소유 종속회사에서 발생한 투자활동이다[*].

SK이노베이션과 SK텔레콤 등의 종속회사가 어떤 사업에 얼마만큼의 자금을 사용했는지 확인해보려면 각 종속회사가 공시한 재무제표를 참조하면 된다[**].

SK주식회사는 종속기업뿐 아니라 관계기업 또한 보유하고 있다. 관계기업이란 해당 회사가 유의미한 영향력을 행사하고 있는 기업으로, 종속기업처럼 실질적으로 지배하고 있지는 않지만 상당한 지분과 지배력을 행사하고 있다. 50% 이상의 지분을 가진 경우 종속기업, 20% 이상 50% 이하의 지분을 가진 기업은 관계기업으로 간주한다.

- 예를 들어 SK이노베이션은 2019년도 동안 유형자산 취득에 약 2.6조원의 현금을, 무형자산 취득에는 1,800억원을 사용했다. 지주회사의 현금흐름은 이처럼 종속기업의 현금흐름이 모두 더해져서 발생한 결과이다.

[**] 종속회사인 SK이노베이션과 SK텔레콤도 상장회사이기 때문에 독자적으로 재무제표를 작성해 공시한다.

보유 지분에 따른 구분

구분	종속기업	관계기업
보유 지분	50% 이상 (상장기업의 경우, 최대주주이면서 30% 이상의 지분 보유 시)	20% 이상 ~ 50% 이하
재무제표 연결 여부	○	×
자산평가 방식	장부가치	시장가치
순자산의 가치변동이 손익계산서에 반영	×	○
한 줄 정리	종속기업의 영업활동이 모기업의 손익계산서에 포함	관계기업 지분의 시장가치 변화가 모기업의 손익계산서에 반영

SK주식회사의 대표적인 관계기업에는 SK하이닉스가 있다. SK주식회사는 SK하이닉스의 지분 중 약 20%를 보유 중인데, 종속기업처럼 완전히 지배하는 것이 아니기 때문에 SK하이닉스의 자산과 부채는 연결 또

는 합산되지 않는다.

대신 SK하이닉스 순이익의 일부는 지분을 소유한 SK주식회사의 것이 된다. 따라서 SK주식회사 같은 지주회사에게 관계기업에 대한 투자와 지분법 손익은 상당히 중요하다.

SK주식회사는 2019년도에 약 2.8조원의 현금을 관계기업에 투자했는데, 빈그룹(VIC, Vingroup Joint Stock Company)이라는 곳에만 1.2조원을 사용했다. 빈그룹은 베트남 시가총액 1위의 대기업이다. 2018년도에 베트남 2위 기업 마산기업에 대규모 투자를 했던 것까지 생각하면, SK주식회사는 베트남 시장 공략에 상당히 열을 올리고 있는 것을 알 수 있다.

이처럼 투자활동 현금흐름과 관련 공시를 참조하면 기업의 자금이 어디로 움직이는지를 파악할 수 있다.

괴짜회계사의 한 줄 정리

투자활동 현금흐름을 참조하면, 기업이 어디에 중점적으로 투자하고 있는지 알 수 있다.

영업활동과 투자활동 사이, 재무활동 현금흐름

06

재무활동은 부채와 자본과 관련된 활동을 뜻한다. 앞서 살펴본 영업활동 현금흐름은 기업이 영업을 통해 벌어들인 돈이고, 투자활동 현금흐름은 투자에 사용한 돈이다. 재무활동 현금흐름은 이 두 현금흐름 사이에 간극이 발생할 때 활발해진다.

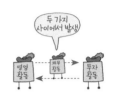

가령 직장인에게 월급은 영업활동 현금흐름이다. 보통은 주어진 월급 안에서 아끼면서 그럭저럭 살아가지만, 주택이나 자동차 구입 등으로 가끔씩 목돈 나갈 일이 있다. 이는 투자활동 현금흐름과 유사하다. 큰 지출을 해야 하는데 돈이 부족해지면 어떻게 할까? 보통은 모자란 돈을 은행이나 금융기관으로부터 빌린다. 이렇게 돈을 외부로부터 조달하는 것이 바로 재무활동 현금흐름이다. 또한 월급(영업활동 현금흐름)을 모아서 대출금을 상환하는 것도 재무활동 현금흐름이다.

부채가 늘면 증가, 자본이 사용되면 감소

재무활동 현금흐름에서는 부채의 증감, 혹은 자본거래로 인해 발생한 현금의 유출입을 기록한다. 기업의 사채나 차입금 등 부채가 늘어나면 재무활동 현금흐름은 늘어난다. 반면 주주들에게 배당금을 주거나 자사주를 매입할 경우, 기업에 남아 있는 현금의 양이 그만큼 줄어들기에 재무활동 현금흐름은 감소한다.

다음은 SK주식회사가 공시한 재무활동 현금흐름 내역이다.

SK주식회사가 공시한 재무활동 현금흐름

III. 재무활동으로 인한 현금흐름			3,868,453 ❶	1,929,728
1. 단기차입금의 순증감	❹	2,413,278		737,302
2. 사채및차입금의 증가	❷	9,536,823		13,278,054
3. 장기미지급금의 증가		-		44,666
4. 사채및차입금의 감소	❸	(5,964,859)		(9,239,190)
5. 장기미지급금의 감소		(429,462)		(582,532)
6. 리스부채의 감소	❺	(1,117,974)		-
7. 배당금의 지급	❻	(1,816,265)		(1,511,072)
8. 연결자본거래로 인한 현금유출입액		925,881		(782,203)
9. 기타재무활동으로 인한 현금유출입액		321,031		(15,297)
IV. 현금및현금성자산의 순증감			1,160,788	(395,519)

• 308쪽 SK주식회사 현금흐름표를 참조하자. 투자활동 현금흐름 10.7조원에서 영업활동 현금흐름 8조원을 빼면 2.7조원이다. 재무활동 현금흐름 3.9조원은 이 금액보다 많다.

SK주식회사는 재무활동 현금흐름으로 3.9조원(표의 ①)의 현금이 유입됐다. 이 금액은 앞서 영업활동 현금흐름을 초과해서 지출한 투자활동 현금흐름 유출액을 메우고도 약간 남는 수준이다.* SK주식회사는 재무활동으로 인한 현금 유입 덕분에 현금 보유량을 오히려 늘릴 수 있었다.

부채의 사용

재무활동 현금흐름에서 가장 눈에 띄는 것은 사채 및 차입금의 증가(표의 ②)이다. 하지만 이 부채의 대부분은 다시 만기가 돌아온 사채 및 차입금(표의 ③)을 갚는 데 사용됐다. 따라서 2019년 동안 순증가한 사채 및 장기차입금(빌린 돈)은 약 3.6조원(9.54조원−5.96조원=3.57조원) 규모이다. 그 외로도 SK주식회사는 2019년 동안 단기차입금을 2.4조원(표의 ④)가량 늘렸다. 반면 리스부채는 1.1조원(표의 ⑤)가량 줄였다. 전체적으로 부채와 관련된 활동이 활발했던 가운데 총부채의 양도 늘었기에 재무활동 현금흐름은 증가했다.

자본의 사용

반면 자본과 관련해서는 별다른 활동이 없었다. 배당금을 지급하는 데 1.8조원(표의 ⑥)을 사용했는데, 이는 SK주식회사뿐 아니라 종속회사들의 배당금을 모두 합한 것이다. 그 외에 유상증자 등을 통해 새로운 자본을 조달하지는 않았다. 순이익과 영업활동 현금흐름이 계속 넉넉한 플러스를 기록하는 등, 현금창출 능력에는 문제가 전혀 없어서 그럴 필요가 없었기 때문이다.

게다가 주력 계열사인 SK텔레콤과 SK이노베이션이 모두 AA^+ 투자등급 이상의 좋은 신용도를 가지고 있기에 돈을 빌릴 여력도 충분하다. 따라서 약간 부족한 현금은 얼마든지 빌려서 해결할 수 있다.

SK주식회사는 부채가 늘어난 데 반해 새로운 자본을 조달하지는 않았기 때문에, 부채비율(총부채를 총자본으로 나눈 비율)은 다소 올라갔다. 공시에 따르면 SK주식회사의 부채비율은 2018년도 134.7%에서 2019년도 153%로 증가했다. 이러한 비율 자체는 걱정할 수준이 아니다. 다만 최근 공격적으로 이뤄졌던 신규투자에서 어느 정도 성과를 내는 것은 필요해 보인다. 부채 자체보다 중요한 것은 결국 부채를 끼고 투자한 자산에서 수익이 나느냐이다.

괴짜회계사의 한 줄 정리

재무활동으로 인한 현금은 영업활동이나 투자활동에서 부족한 현금을 메우는 역할을 한다.

지금까지 배운 기초회계를 통해 실전에서 어떻게 재무제표를 분석하는지 알아본다. 시가총액으로 기업의 규모를 가늠하고, 재무안정성과 성장가능성을 평가하고, 현재의 수익성이 어디서 오는지 파악하면 적어도 나쁜 기업을 걸러낼 수 있다. 여기서 소개하는 재무제표 분석 4가지 노하우는 투자의 밤바다를 항해할 당신에게 등대 같은 역할을 할 것이다.

돈이 되는 재무제표 분석 노하우 4가지

01 시가총액으로 기업 규모 가늠하기

고전 게임의 대명사인 체스나 바둑부터 현대인이 즐기는 LOL(리그오브 레전드)나 배틀그라운드 같은 대전게임까지 여기에는 한 가지 공통점이 있다. 모든 플레이어가 동등한 조건에서 게임을 시작한다는 것이다. 프로기사라고 해서 돌을 두 번씩 둘 수 있는 것이 아니듯이, 프로게이머라고 평타 공격력이 센 것은 아니다. 같은 포석 혹은 스킬이라도 어떤 상황에서 어떻게 썼느냐에 따라 그 효과는 전혀 달라진다.

갑자기 게임 이야기를 꺼낸 이유는 회계 실력에 대해 이야기하기 위해서다. 상장기업의 재무제표는 모두가 읽어볼 수 있도록 공시한다. 그러니까 나 같은 개미투자자와 워런 버핏 같은 거물 투자자가 보는 재무제표 자체는 같다. 다만 실력 있는 투자자일수록 같은 재무제표를 보고도 더 많은 정보를 얻어내고 깊이 있는 분석을 한다.

가능한 많은 재무제표 찾아보기

우리는 지금까지 각각의 재무제표가 어떻게 생겼고, 그 안에 어떤 의미가 담겼는지 하나씩 알아봤다. 영어로 치면 이제 겨우 알파벳과 기초문법 정도 배운 셈이다. 기초를 응용해서 문장을 만들고 회화에 익숙해지기까지는 많은 노력이 필요하듯, 회계 기초지식을 바탕으로 재무분석을 하기 위해선 지속적인 노력이 필요하다.

회계공부를 이어가는 데 가장 좋은 방법은 최대한 많은 재무제표를 직접 찾아보는 것이다. 하지만 막상 실제 재무제표를 봤을 때 여전히 이해가 안 되는 부분이 있을 수 있다.

앞으로의 공부는 이렇게 부족한 부분을 메워나가는 방향으로 해야 한다. 교과서만 읽어서는 이해하지 못했던 부분도 오답노트를 만들면서 왜 틀렸는지 공부하면 이해가 될 때가 있다. 품을 들여 배운 내용은 수고스러운 만큼 기억에도 오래 남는다.

조금이라도 관심이 가는 회사가 있다면 무조건 재무제표부터 살펴보는 습관을 만드시라. 당신이 다니는 회사, 투자 중인 회사는 물론 요즘 주가가 많이 오르는 회사, 신문에 자주 언급되는 회사까지. 이렇게 여러 회사의 재무제표를 뒤적이다 보면 재무제표를 통해 기업을 바라보는 하나의 관점이 생길 것이다.

상장주식수에 주가를 곱한 것, 시가총액

재무제표를 이해하는 자신만의 관점 혹은 루틴이 만들어지기까지는 시간이 오래 걸린다. 또 막상 재무제표를 찾아보면 막막할 수 있다. 그래서 내가 재무제표를 살펴보는 방식을 공유하고자 한다. 꼭 이렇게 읽어야 된다기보다는 '이렇게 읽을 수도 있구나' 하는 정도로 참고하면 된다.

일단 재무제표 분석에 앞서 먼저 살펴보는 것이 하나 있다. 바로 시가총액이다. **시가총액**은 상장주식수에 주가를 곱해 계산하는데, 시가총액이 클수록 그 종목이 그만큼 시장에서 높은 가치평가를 받는다는 의미이다. 시가총액을 맨 먼저 살펴보는 이유는 분석하려는 기업의 규모가 어느 정도 되는지를 가늠해보기 위함이다.

기업 규모
살펴기

주가 × 상장주식수
= 시가총액

같은 대기업이라도 기업 간 거래(B2B)의 비중이 높은 기업은 시가총액에 비해 덜 알려지는 경향이 있다. 예를 들어 고려아연은 일반인에게 덜 알려졌지만, 2021년 5월 4일 기준 시가총액이 8조원이 넘는 엄청난 대기업이다. 반면 신세계, 오뚜기의 시가총액은 각각 3.1조원, 1.9조원 수준이다. 시가총액과 네임밸류가 꼭 비례하지는 않는 셈이다.

또한 비슷해 보이는 기업이라도 실제로는 꽤 차이가 나는 경우가 있다. 2021년 5월 4일 종가를 기준으로 할 때, 경쟁사로 분류되는 네이버(60조원)와 카카오(51조원)의 시총은 차이가 적지만, 1등 전자회사 삼성전자의 시가총액은 무려 555조원으로 하이닉스(96조원)나 LG전자(26.5조원)와는 압도적인 차이가 난다.

기업의 규모를 파악할 때는 기업에 대한 평소 이미지보다 시가총액을 통해 대략적인 감을 잡을 필요가 있다. 참고로 코스피에는 800여 개의 기업이 상장되어 있다. 시가총액을 기준으로 10조원은 상위 30위권, 3조원은 상위 100위권에 각각 해당한다(2021년 5월 4일 종가 기준). 시가총액이 1조원이 넘는 기업도 코스피에 상장된 기업 중에서도 상위 200위 내외인 상당한 대기업이다.

> **괴짜회계사의 한 줄 정리**
> 기업에 대한 평소 이미지가 아닌, 시가총액으로 기업의 규모를 가늠해야 한다.

재무안정성을 평가하는 2가지 방법

시가총액으로 기업 규모를 파악했다면, 주가수익비율을 통해 그 기업이 어떤 가치평가를 받고 있는지를 살펴볼 필요가 있다.

$$\star \; \text{주가수익비율(PER)} = \frac{\text{주가}}{\text{주당순이익(EPS)}}$$

주가수익비율이 높다는 것은 그 기업의 주가가 주당순이익에 비해 높은 평가를 받고 있다는 것이다. 예를 들어 A사의 PER는 25배이고, B사의 PER는 50배라고 가정해 보자. A사의 현재 주가는 순이익의 25배이고, B사의 주가는 50배이다. 현재 순이익만 봤을 때, B사의 주가는 A사보다 두 배 더 비싼 상태라고 볼 수 있다.

왜 이러한 주가수익비율의 차이가 발생할까? 미래 순이익에 대한 기대치가 다르기 때문이다. B사의 주가가 비싸다는 것은 어디까지나 현재 순이익을 전제로 한 것이다. 하지만 B사의 미래실적이 A사보다 두 배 이상 높다면? 오히려 B사의 주식이 A사의 주식에 비해 더 저평가되어 있다고 볼 수도 있다.

따라서 단순히 PER만 따질 것이 아니라 여러 가지 맥락을 같이 살펴봐야 한다.

① 시장 평균과 비교하면 어떤가?
② 동일업종의 기업들과 비교하면 어떤가?
③ 같은 기업의 과거 PER와 비교하면 어떤가?

내가 투자하려는 기업의 PER가 시장 평균 추세나 경쟁기업에 비해 높다면, 현재 주가가 순이익 대비 높다는 것을 의미한다. 그만큼의 프리미엄을 지불하면서 투자할 가치가 있는지, 실적 성장 전망치가 지나치게 낙관적이지 않은지 등을 따져보아야 한다.

반대로 내가 투자하려는 기업의 PER가 현저히 낮다면, 주식을 싸게 살 수 있는 좋은 기회일 수 있다. 다만, 왜 이런 투자기회가 존재하는지, 혹시 내가 알지 못하는 리스크는 없는지, 앞으로 실적이 갑자기 나빠지는 것은 아닌지를 판단해야 한다.

가치투자의 리스크를 줄이는 재무안정성

나는 저평가된 기업에 투자하는 것을 선호한다. 아무리 잘나가는 기업에 투자하더라도 고점에서 물리면 돈을 잃는다. 종목을 잘못 선택해서가 아니라 비현실적으로 높은 가격을 지불했기 때문이다. 고평가를 받는 기업의 실적은 기대에 조금만 미치지 못하더라도 주가가 크게 하락할 수 있다.

반면 그저 그런 기업이라고 하더라도, 엄청나게 할인된 가격에 주식을 살 수 있다면 큰돈을 벌 수 있다. 2008년 글로벌 금융위기, 2020년 코로나19 발생 직후와 같은 위기상황에서 주가는 폭락한다. 이런 특수상황(저점)에서 하락폭이 컸던 종목에 집중적으로 투자하면 엄청난 수익을 거둘 수 있다. 다시 말해 투자의 수익률을 결정짓는 것은 종목 자체뿐만 아니라 그 종목을 사면서 지불한 가격이다. 주가수익비율(PER)은 내가 지불하는 가격이 고평가 구간인지, 저평가 구간인지를 알 수 있다는 점에서 중요하다.

그러나 가치투자에도 리스크는 존재한다. 가장 큰 리스크는 기업이 존속하기 어려울 정도로 재무안정성이 악화되거나, 곧 파산을 앞둔 경우이다. 이 경우 과거 손익을 가지고 주가를 평가하는 게 무의미하다.

그다음 리스크는 기업이 기술발전이나 코로나19 같은 대외환경 변화를 제대로 따라가지 못하는 경우이다. 그래서 진정한 의미의 가치평가를 하려면 단순히 가격이나 PER만 보고 판단하는 것이 아니라, 재무안정성과 수익성장성을 함께 봐야 한다. 바로 우리가 지금까지 배웠던 재무제표 수치를 활용하는 것이다.

주식에 투자한다는 것은, 그 기업이 앞으로 벌어다줄 미래이익에 대한 소유권을 갖는 것이다. 따라서 가장 먼저 고려해야 할 것은 그 기업이 앞으로도 존속할 수 있는가이다. 이를 판단하는 데 도움이 되는 것이 재무안정성이다. 재무안정성은 기업이 부채를 갚을 수 있는 능력을 말한다.

재무안정성이 떨어지는 기업은 위태롭다. 당장 벌어들이는 이익이 많다고 해도, 위기상황이 발생하면 극복할 능력이 없다. 이미 빌린 돈이 많기 때문이다. 반면 재무상태가 탄탄한 기업은 빚을 갚지 못해 망할 위험은 적다. 때문에 재무안정성을 평가할 때는 유동성과 장기지급능력을 동시에 고려해야 한다.

기업의 유동성을 평가하라

먼저 **유동성**은 곧 만기가 도래할 부채(유동부채)를 갚을 능력을 말한다. 아무리 자산이 많다 해도, 유동부채를 갚을 현금을 구하지 못하면 부도가 난다. 따라서 유동성을 평가할 때는 유동부채 대비 유동자산이 얼마나 되는지를 비교해 봐야 한다. 다음은 유동비율을 계산하는 공식들이다.

$$\text{현금비율} = \frac{\text{현금 및 예금 등}}{\text{유동부채}} \times 100$$

$$\text{당좌비율} = \frac{\text{당좌자산}}{\text{유동부채}} \times 100$$

$$\text{유동비율} = \frac{\text{유동자산}}{\text{유동부채}} \times 100$$

모든 공식을 달달 암기할 필요는 없다. 어차피 인터넷에 검색하면 1초면 나온다. 좀더 중요한 것은 각 공식에 사용되는 논리이다.

위 공식에서 보다시피, 분모는 유동부채로 고정되어 있다. 곧 만기가 도래할 부채는 정해져 있기 때문이다. 대신 분자는 뒤로 갈수록(현금 → 당좌 → 유동) 숫자가 커진다. 비율 분석에 사용되는 자산의 범위가 넓어졌기 때문이다.

현금비율은 현재 가진 현금만으로 유동부채를 갚을 능력을 측정한 것이다. 반면 **유동비율**은 현금뿐 아니라 매출채권 및 기타채권, 재고자산까지 더한 유동자산 전체로 유동부채를 갚을 능력을 측정한 것이다.

어떤 공식을 적용해야 할지는 기업의 상황에 따라 조금씩 다르다. 재고자산의 비중이 크지 않고, 현금흐름표에서 드러난 현금창출 능력이 양호한 기업을 평가할 때는 유동비율을 쓰는 게 맞다. 반면 유동부채가 많고, 현금 고갈이 문제인 회사를 평가할 때는 좀더 엄격하게 현금비율을 사용해 따져보자.

재무적으로 건강한 기업들은 유동비율이 높고, 영업활동을 통해 많은 현금을 벌어들인다. 문제가 되는 경우는 유동비율이 점점 낮아지고, 영업활동 현금흐름에서 유출이 발생하는 기업이다. 이런 기업은 외부로부터 현금을 지속적으로 조달해야만 유지가 가능한데, 이미 유동성 문제가 발생했기에 돈을 빌리기가 매우 어려워진다. 이 두 가지 요인이 겹치는 기업에 대해서는 특히 주의가 필요하다.

장기지급 능력을 파악하라

유동성이 유동부채와 유동자산에 초점이 맞춰져 있어 단기지급 능력을 보여준다면, 부채비율과 이자보상배율은 기업의 **장기지급 능력**(Solvency Ratio)을 보여준다.

부채비율은 얼마인가?

부채비율은 부채가 자본에 비해 얼마나 큰지를 보여준다.

$$✦ \text{부채비율} = \frac{\text{총부채}}{\text{총자본}} \times 100$$

자본 대비 부채는 얼마인가?

$$\frac{총부채}{총자본} \times 100$$

기업이 소유한 모든 자산은 부채 혹은 자본으로 조달된 것이다. 이 중 부채의 비율이 높으면 그만큼 기업이 높은 레버리지로 운영된다는 것이고, 장기적으로 봤을 때 부채를 갚을 능력이 떨어질 가능성이 높다.

부채비율은 업종마다 다르다. 예대마진으로 먹고사는 금융업은 부채비율이 매우 높은 반면 철강·화학·반도체 등 중공업 기업은 부채비율이 낮다. 따라서 부채비율이 어느 정도인지를 평가할 때는 반드시 동종업종의 다른 기업과 비교해 볼 필요가 있다.

이자보상배율은 얼마인가?

장기지급 능력 평가 시 고려해야 할 두 번째 요소는 이자보상배율이다. 이자보상배율은 영업이익을 이자비용으로 나누어 계산하는 것으로, 이를 통해 기업이 이자를 갚고도 넉넉한 수익을 올리고 있는지 알 수 있다.

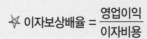

$$✧ \text{이자보상배율} = \frac{영업이익}{이자비용}$$

이자를 갚고도 영업이익이 남는가?

$$\frac{영업이익}{이자비용} \times 100$$

부채는 채권자로부터 빌리는 것과 동시에, 미래의 자신으로부터 빌리는 것이기도 하다. 미래의 소득 일부를 희생해야만 이자와 원금을 갚을 수 있기 때문이다.

앞에서도 강조했지만, 부채의 사용 자체는 가치중립적이다. 기업이 부채를 생산성 높은 자산에 효율적으로 투자할 경우 주주가 가져갈 수 있는 이익의 양은 늘어난다. 반면 빚을 내서 시작한 투자가 실패했을 때는 주주가 입을 피해는 배가 된다.

이자보상배율이 중요한 이유가 여기에 있다. 이자보상배율이 높다는 것은 현재 기업의 영업이익이 이자를 갚고도 남을 정도로 넉넉하다는 것이며, 미래 소득의 일부를 희생해도 문제없을 정도로 기업이 운영되고 있다는 것이다. 가장 위험한 것은 부채비율은 계속해서 늘어나는데, 영업이익이 정체되거나 오히려 떨어지는 경우이다. 사업의 성과는 전혀 나타나지 않는데 부채만 쌓여간다면 늘어나는 부채를 갚을 길이 없다.

야구에서 나쁜 타자는 스트라이크존을 벗어나는 공에도 방망이를 휘두르는 타자이다. 이런 공은 어차피 쳐봐야 파울이나 아웃이 되기 쉽다. 나쁜 투자자도 이와 비슷하다. 나쁜 투자자는 이슈, 테마주를 쫓아 트레이딩을 한다. 이렇게 끌려다녀서는 타율이 낮을 수밖에 없다.

노련한 타자가 타격존을 좁히고 치기 어려운 공은 그냥 흘려보내듯이, 현명한 투자 또한 잘못된 투자 선택을 피하는 것으로부터 시작해야 한다. 때문에 재무안정성 파악이 중요하다. 단기지급 능력을 보여주는 유동성, 장기지급 능력을 보여주는 부채비율 및 이자보상배율을 살펴보면 당장 망할 기업인지 정도는 알 수 있다.

워런 버핏은 야구보다 투자가 훨씬 낫다고 이야기한다. 야구에서는 타자가 스트라이크존으로 들어오는 공 세 개를 치지 못하면 아웃된다. 하지만 투자에서는 아무리 많은 기회를 그대로 흘려보내도 쫓겨나지 않기 때문이다. 자신 있는 기업에만 투자하라. 당신의 투자 승률 또한 올라갈 것이다.

괴짜회계사의 한 줄 정리
유동비율, 부채비율, 이자보상배율을 따져보면 재무안정성을 알 수 있다.

03

성장가능성을 평가하는 법

재무안정성은 잘못된 투자를 거르는 데 유용할 뿐

재무안정성은 오답(잘못된 투자)을 거르는 데는 매우 중요한 지표이다. 하지만 정답(성공적 투자)을 고르는 데는 큰 도움이 되지 못한다.

주식의 가격은 기업이 미래에 벌어다줄 수익을 기반으로 매겨진다. 기업이 벌어들일 수익이 감소하면 주가는 떨어진다. 공기업인 한국전력이나 KT는 재무적으로 매우 탄탄한 기업이다. 하지만 주가는 지난 10년 간 내림세이다. 돈을 잘 벌지 못했기 때문이다. 재무안정성이 뛰어난 기업이기에 망하지는 않겠지만, 투자자들은 이익 감소로 손해를 입었을 것이다.

미래실적을 예측하려면 사업보고서 봐야

주식투자를 결정할 때는 반드시 미래실적이 어떻게 변할 것인지를 예측해야 한다.

기업의 미래실적은 재무제표만 본다고 알 수 있는 것이 아니다. 재무제표에는 과거 실적에 관한 정보만 담겨 있기 때문이다. 기업의 미래가 어떻게 바뀔지 예상하려면 경영전략, 사업모델 그리고 제품 등을 종합적으로 검토해야 한다. 이러한 검토에 가장 좋은 자료는 사업보고서이다. 사업보고서 등의 공시자료는 생각보다 많은 정성이 들어가고 유용한 정보들이 담겨 있다.

투자는 제한된 정보로 미래를 추측하는 것이다. 전문가, 애널리스트도 미래를 정확히 알고 목표가격을 제시하는 것이 아니다. 단지 자신들이 아는 것을 토대로 추측할 뿐이다. 괜히 남의 말만 듣고 알지도 못하는 기업에 투자했다간 큰 손실을 입을 수도 있다는 뜻이다.

내가 확신이 드는 기업 찾아가는 법

그럴 바에야 내가 확신이 드는 기업에 투자하는 것이 낫다. 내가 좋아하는 제품을 만드는 기업, 예측 가능한 사업모델을 갖고 있는 기업, 그리고 신뢰할 수 있는 경영진이 운영하는 기업에 투자해야 한다. 그래야만 일견 지루하다 느낄 수 있는 사업보고서를 정독할 수 있는 힘도 생긴다.

예를 들어 어느 투자자가 미드 〈브레이킹 배드〉를 보고 제작사인 HBO에 투자하고 싶어졌다고 해보자. 자신이 좋아하는 제품과 주식투자를 연결짓는 것 자체는 나쁘지 않다. 문제는 이러한 아이디어의 현실성을 검토해가는 과정 역시 추상화될 가능성이 높다는 것이다. 강조하지만 반드시 재무제표와 사업보고서를 봐야 한다.

먼저 그 제품 및 서비스가 기업의 이익에서 차지하는 비중을 재무제표에서 따져봐야 한다. HBO는 미국 통신사 AT&T의 자회사이다. 그런데 AT&T 영업이익에서 HBO를 비롯한 미디어 사업부의 비중은 17%밖에 되지 않는다. 반면 이동통신사업 비중은 58%에 달한다. HBO 때문에 AT&T에 투자하려 한다면, 적어도 본업인 이동통신사업에서 다른 사업자들에게 밀리지 않을 것이란 확신이 있어야 한다는 뜻이다.

그다음에는 HBO의 미래를 예측해봐야 한다. 유료채널인 HBO의 구

독자는 코로나19 기간 동안에 폭발적으로 성장했다. 매출로 봤을 때 이미 넷플릭스 다음 가는 구독서비스 업자가 되었다.

이러한 구독 성장세가 코로나19 이후로도 유지될 수 있을까? HBO가 디즈니나 넷플릭스와의 경쟁에서 승리할 수 있을까? 〈브레이킹 배드〉 이후로도 경쟁력 있는 콘텐츠를 내놓을 수 있을까? 이러한 질문들에 대한 답은 주관적일 수밖에 없다. 결국에는 내가 이 회사의 제품과 서비스에 확신이 있느냐 하는 문제로 귀결된다. 재무제표와 사업보고서는 그러한 확신을 얻는 데 필요한 수치들을 제공해준다.

현재 유료 가입자는 몇 명이고(따라서 얼마나 더 늘어날 수 있고), 이들이 지불하는 가격은 얼마이며(경쟁자들에 비해 높은지 낮은지), 제작비용은 어느 수준인지 등을 살펴봐야 한다.

다시 말해 재무제표는 기업의 성장성을 검토하는 데 보조적으로 사용할 수 있다. 가장 직관적인 방법은 매출성장률 혹은 이익증가량을 살펴보는 것이다.* 주의해야 할 점은 전년도 성장률만 보고, 이러한 성장이 앞으로도 유지될 것이라고 섣불리 단정지어서는 안 된다는 것이다.

막연하게 작년에 장사를 잘했으니 올해도 장사를 잘할 것이라 믿는 것은 잘못됐다. 이러한 성장률이 유지될 수 있을지 판단하려면, 사업보고서에 기반한 기업의 비즈니스 모델 자체에 대한 확신이 있어야 한다. 이미 발표된 과거 실적은 주가에 대한 반영이 끝난 죽은 정보이다. 죽은 정보만 가지고 주식을 사는 것은 주식투자에서 돈을 잃는 지름길이다.

* 주식에서 돈을 벌려면 모두가 아는 정보(이미 지난 일)를 가지고 투자를 하는 것이 아니라, 불확실한 미래를 예측할 수 있어야 한다. 그래서 나는 매출성장률 같은 과거 수치는 추세를 파악하는 정도로만 사용한다.

괴짜회계사의 한 줄 정리
기업의 가치평가에서 가장 중요한 것은 성장가능성이다.

현재의 수익성이
어디서 오는지 파악하기

04

기업의 수익성을 가장 잘 나타내는 지표는 자기자본이익률(ROE : Return On Equity)이다. **자기자본이익률**은 순이익을 자기자본으로 나누어 계산한다.

$$\bigstar \ \text{자기자본이익률} = \frac{\text{순이익}}{\text{자기자본}} \times 100$$

자기자본이익률이 높은 기업일수록 주어진 자본을 가지고 많은 순이익을 만들고 있다는 의미이다.

A사의 자기자본이익률이 20%이고, B사의 자기자본이익률이 10%라고 가정해보자. 똑같이 100만원을 투자했을 때, 주주들을 위해 A사는 20만원의 순이익을 가져오는 반면, B사는 10만원밖에 만들지 못한다. A사가 B사보다 훨씬 더 효율적으로 많은 이익을 벌어들이는 것이다. 전 세계 일등기업들은 두 자릿수 이상의 높은 자기자본이익률을 장시간에 걸쳐 기록한 기업들이다. 이런 기업들에 투자해야 큰돈을 벌 수 있다.

기업의 자기자본이익률은 어떻게 결정될까? 이를 분석한 것이 듀퐁 분석이다.

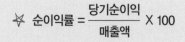

$$\text{✦ 듀퐁분석}$$

$$= \frac{\text{당기순이익}}{\text{매출액}} \times \frac{\text{매출액}}{\text{총자산}} \times \frac{\text{총자산}}{\text{자기자본}} \times 100$$

순이익률   총자산회전율   레버리지비율

뭔가 엄청난 변형이 가해진 것 같지만, 실제로는 분자와 분모에 매출액과 총자산을 곱한 뒤 이를 보기 좋게 묶은 것에 지나지 않는다. 소거해보면 결국 순이익과 자기자본만 남는다.

그러면 듀퐁분석은 왜 이렇게 복잡한 변형을 가하는 것일까? 기업이 순이익을 뽑아내는 원인을 분석하기 위해서다. 위 공식에 나타난 그 원인은 크게 세 가지이다. 이는 기업이 순이익을 발생시키는 전략과 동일하다.

질적 생산성을 파악하는 순이익률

$$\text{✦ 순이익률} = \frac{\text{당기순이익}}{\text{매출액}} \times 100$$

수익성 파악
① 순이익률

$$\frac{\text{당기순이익}}{\text{매출액}} \times 100$$

첫 번째 전략은 제품가격에 마진(순이익)을 많이 집어넣는 것이다. 순이익률이 높을수록 매출로 얻을 수 있는 순이익은 늘어난다. 순이익률이 10%인 기업은 매출 100만원당 10만원을 순이익으로 가져가지만, 순이익률이 15%인 기업은 15만원을 순이익으로 올린다. 투자자는 이러한 순이익률이 지속 가능한

지 따져봐야 한다. 즉 경쟁에서 다른 기업의 도전을 방어할 수 있는 능력인 '경제적 해자(Economic Moat)'를 가지고 있는지 파악해야 한다. 성 주위에 파인 연못인 해자가 공성전에서 적의 공격을 차단하듯, 넓은 경제적 해자를 갖고 있는 기업은 경쟁으로부터 이익을 지킬 수 있다. 대표적인 경제적 해자에는 지적재산권, 상표, 디자인과 같은 무형자산과 전환비용(Switching Cost) 등이 포함된다.

가령 아이폰이 지속적으로 높은 가격에 팔릴 수 있는 이유는 애플의 로고(무형자산)가 박혀 있기 때문이다. 또한 IOS에서 안드로이드OS로 옮기는 것이 어렵기 때문에(전환비용) 애플 유저들은 지속적으로 새로운 모델의 아이폰을 사는 경향이 있다. 순이익률을 분석할 때는 기업의 이러한 경제적 해자를 같이 떠올려보는 것이 유용하다.

양적 생산성을 파악하는 자산회전율

$$\text{✷ 자산회전율} = \frac{\text{매출액}}{\text{총자산}} \times 100$$

순이익을 많이 발생시키는 두 번째 전략은 같은 자산을 최대한 활용해 매출의 양을 늘리는 것이다. 같은 생산라인이라도 얼마만큼 효율적으로 가동하느냐 혹은 얼마만큼 가동률을 끌어올리느냐에 따라 생산성은 달라질 수 있다.

순이익률은 매출 대비 순이익을 계산한 것으로 기업의 질적인 경쟁력을 볼 수 있는 반면, 자산회전율은 자산 대비 매출액을 측정한 것으로 기업의 양적인 생산성을 알 수 있다. 물론

수익성 파악
②자산회전율

$$\frac{\text{매출액}}{\text{총자산}} \times 100$$

가장 좋은 것은 양과 질을 동시에 잡는 것이지만, 현실에서 이 둘은 어느 정도 상충된다.

가령 가죽가방을 만드는 회사가 모든 제작공정을 수작업으로 고집한다면, 명품화를 통해 높은 순이익률을 유지할 수 있을지도 모른다. 하지만 하루 수작업으로 생산할 수 있는 가방의 개수는 매우 적기에 매출의 양은 감소하고 자산회전율도 떨어질 것이다. 반대로 제작공정에 전면적으로 기계를 도입하면 자산회전율을 끌어올릴 수 있다. 문제는 이렇게 기계로 찍어져 나온 제품을 여전히 명품가격을 받고 팔 수 있는가 하는 것이다.

루이비통이 세계 최고의 명품이 될 수 있었던 것은 이 두 가지 난제를 동시에 풀었기 때문이다. 루이비통은 생산공정을 현대화했음에도 여전히 높은 순이익률을 유지하고 있다.

대부분의 기업은 양과 질 사이에서 갈등한다. 할인을 많이 해주면 더 많은 매출을 올릴 수 있지만, 한 번 저가 브랜드로 인식되고 나면 순이익률은 계속 내려갈 수 있다. 반대로 고가전략을 구사할 경우 순이익률은 올라가지만, 그에 맞는 품질을 갖추지 못할 경우 소비자들로부터 외면 받아 시장점유율이 크게 떨어질 수 있다. 결국 적당히 할인도 해주고 브랜드 가치도 지키면서 순이익을 최대화할 수 있는 조합을 찾아야 한다.

일반적으로 지적재산권에 기반한 경제적 해자가 넓은 게임업계(리니지 게임 속 아이템에는 원가가 없다), 제약회사(특허를 바탕으로 신약을 독점생산한다), 카지노(강원랜드 등) 업계는 순이익률이 높은 편이다. 롤렉스와 같은 명품업체는 아예 고가를 유지하기 위해 의도적으로 생산량을 조절한다.

반면 중공업 기업들은 높은 설비투자가 필요한 대신 이로 인해 발생하는 매출의 양도 많다. 그래서 철강·화학·전자·조선 회사들은 자산회전율이 좋은 편이다. 초기 투자 이후 꾸준히 매출이 발생하는 편의점과 통신회사들도 자산 대비 매출액이 높은 편이다.

기업이 순이익을 늘리는 데 무엇을 더 중시해야 하는지에 대한 정답은 없다. 박리다매를 추구해 매출을 먼저 늘리든, 고급화 전략을 통해 높은 순이익률을 추구하든, 중요한 것은 이로 인해 발생하는 순이익의 양이다.

자본이 가져가는 이익률을 파악하는 레버리지비율

자산 대비 순이익을 얼마나 내는지는 순이익률과 자산회전율을 곱해 계산하는데, 이를 '총자산순이익률(ROA: Return on Asset)'이라 한다. 총자산순이익률이 높은 기업일수록 보유자산 대비 높은 순이익을 벌어들이는 기업이라는 뜻이다.

$$✦ \ \text{총자산순이익률(ROA)} = \frac{\text{당기순이익}}{\text{매출액}} \times \frac{\text{매출액}}{\text{총자산}}$$

$$= \text{순이익률} \times \text{자산회전율}$$

우리가 최종적으로 계산하려는 앞서 배운 자기자본이익률(ROE)은 총자산순이익률에 한 가지를 더 곱해 계산한다. 바로 **레버리지비율**이다.

$$✦ \ \text{레버리지비율} = \frac{\text{총자산}}{\text{자기자본}} \times 100$$

수익성 파악
③ 레버리지비율

$$\frac{총자산}{자기자본} \times 100$$

자기자본이익률을 결정짓는 마지막 요소는 레버리지비율이다. '자산 = 부채 + 자본'에서 알 수 있듯이, 기업의 모든 자산은 부채 아니면 자본으로부터 나온 것이다. 레버리지비율은 총자산에서 자기자본이 차지하는 비율을 나누어 계산한다.

레버리지비율을 높이는 방법에는 두 가지가 있다.

하나는 부채를 적극적으로 활용하여 자산을 구입하는 것이다. 이 경우 자기자본(분모)은 변하지 않으면서 총자산(분자)은 늘어난다. 부채는 항상 정해진 원금과 이자만을 갚으면 된다. 주주들은 부채를 통해 구입한 사업에서 발생할 이익을 채권자와 나누지 않아도 된다. 따라서 자금조달 시 부채 사용 비중을 높이게 되면 자본이 가져갈 몫이 늘어난다.

두 번째 방법은 자기자본(분모)의 양을 줄이는 것이다. 기업이 벌어들인 이익을 활용해 자사주를 매입하면 발행주식의 수와 자본은 감소한다. 기업의 당기순이익이 그대로라고 할 때, 자사주 매입을 통해 발행주식수가 절반으로 줄어들면 주당순이익은 두 배가 된다. 즉, 발행 주식수가 감소할수록 기존 주식의 가치는 점점 상승하는 것이다. 현명한 경영진은 무리하게 사업을 확장하는 대신 벌어들인 이익의 상당 부분을 자사주 매입 등에 사용한다. 자사주 매입 자체는 순이익이나 매출에 영향을 미치지 않지만 자본을 감소시킨다. 이를 통해 주주들이 가져갈 이익, 자기자본이익률이 높아지는 것이다.

괴짜회계사의 한 줄 정리
자기자본이익률이 높을수록 기업은 주주들을 위해 많은 이익을 창출한다.

투자의 밤바다를 항해할 당신에게

회계법인에 들어가서 알게 된 사실이 하나 있다. 많은 회계사들이 의외로 투자에 젬병이라는 것이다.

여기에는 그럴듯한 설명을 붙일 수 있다. 재무제표에는 기업의 과거 실적이 담기고, 실적이 발표됨과 동시에 주가에 반영이 완료된다. 일종의 죽은 정보이다. 반면 투자는 미래에 대한 예측을 토대로 결정을 내린다. 뛰어난 투자자들은 불완전한 정보를 바탕으로 추측을 잘하는 사람들이다.

즉, 회계사들은 재무제표를 완벽하게 이해하는 데는 능숙하지만, 불확실한 미래를 추측하는 데는 그다지 뛰어나지 않은 셈이다. 다시 말해 투자를 잘하기 위해서 회계를 완벽하게 마스터할 필요는 없다는 말이다.

그저 재무제표를 볼 줄 알면 충분하다.

성공하는 투자자들은 모두 재무제표를 본다. 워런 버핏처럼 전설적인 투자자들도 충분한 시간을 들여 기업의 재무제표를 꼼꼼히 읽는다. 물론 회계감사인들이 재무제표를 검토하듯이 숫자 하나하나를 파고드는 것은 아니다. 투자자들은 확신을 얻기 위해 재무제표를 읽을 뿐이다. 워런 버핏의 말 중에 "정확하게 맞히려다가 완전히 틀리는 것보다 대충이라도 맞히는 편이 낫다"는 말이 있다.

기업의 내부정보나 주가변동을 정확하게 예측해보려는 것은 부질없는 짓이다. 그보다는 재무제표에 주어진 숫자들을 가지고 여러 가지 가능성을 검토해보는 것이 낫다. 재무제표로 미래를 알 수는 없어도, 투자의 승산이 있는지는 가늠해볼 수 있기 때문이다.

나는 회계사 중에는 다소 특이한 편에 속한다. 몇 년째 전 재산을 주식에 몰빵해오고 있다. 그 과정에서 무수히 많은 시행착오를 거듭해왔고, 지금도 투자를 할 때마다 끊임없이 스스로를 의심한다. '내 예측이 이번에도 빗나가면 어쩌지? 지금 놓치고 있는 게 뭐지? 돈을 잃으면 어떡하지?' 투자가 잘 안 될 때면 한 치 앞도 보이지 않는 밤바다를 혼자 헤매고 있는 듯한 기분이 든다. 이러한 공포와 막막함 속에서 나를 지탱해주었던 것은 회계적 사고능력이다.

회계적 사고는 막연한 두려움을 구체적이고 검증가능한 질문으로 바꿔줬다. 그리고 이 질문들의 답을 스스로 찾아가는 과정에서 잘못된 전제를 발견하거나 반대로 기업에 대한 확신을 얻었다. 불확실성과 리스크는 투자의 적이 아니라 한 부분이며, 회계적 사고는 투자에 내재된 리스크를 좀더 정확하게 이해하고 검토하는 데 큰 도움을 줬다.

이 책은 이러한 나의 경험을 바탕으로 쓰여졌다. 이 책이 독자 분들에게도 보탬이 되었으면 좋겠다. 이 책 한 권을 읽었다고 해서 재무제표에 대한 모든 것을 완벽히 알 수는 없을 것이다. 하지만 재무제표라는 큰그림을 이해하고 그 속에 담긴 의미는 알 수 있을 것이다. 이를 통해 완전히 잘못된 투자만큼은 피할 수 있었으면 한다. 지금까지 이 책을 읽어주신 독자 분들께 진심으로 감사의 말씀을 드린다.

이 책은 여러 명의 선의가 모여 만들어졌다. 원고의 전체적인 방향을 잡는 문제부터 세세하게 문장을 다듬는 것까지 김정수 님의 도움을 받았다. 엉성한 원고를 정성을 다해 번듯한 책으로 탈바꿈해주신 스마트북스 출판사 분들께도 진심으로 감사하다. 마지막으로 비싼 해외대학 등록금을 대며 나를 키워주신 부모님(하늘에서 보고 계시죠? 아버지), 원고 작업하는 동안 가정을 지탱해준 내 아내 Alexis Wang에게 사랑을 담아 감사의 마음을 전한다.